道路边坡创面成土特性

艾应伟 陈 娇 等 著

科学出版社

北 京

内 容 简 介

　　本书以道路边坡为对象，论述了不同形态道路边坡创面的成土特性。内容主要包括：道路边坡治理现状、生态恢复特点及其影响因素；道路边坡土壤养分特性与土壤水分特性；道路边坡植物多样性与植被恢复；道路边坡土壤微生物特性与土壤酶特性；道路边坡土壤结构特性；道路边坡土壤腐殖质特性；道路边坡土壤重金属污染特性。

　　本书可供从事土壤学、地理学、园林学、生态学、岩土工程学和环境科学等方面的科技工作者、大专院校师生以及企业工程技术人员阅读参考。

图书在版编目(CIP)数据

道路边坡创面成土特性/艾应伟等著. —北京：科学出版社，2016.11
ISBN 978-7-03-049997-4

Ⅰ.①道⋯　Ⅱ.①艾⋯　Ⅲ.①边坡-道路工程　Ⅳ.①U416.1

中国版本图书馆 CIP 数据核字(2016)第 229650 号

责任编辑：张井飞/责任校对：韩　杨
责任印制：张　伟/封面设计：耕者设计工作室

科学出版社 出版
北京东黄城根北街 16 号
邮政编码：100717
http://www.sciencep.com

北京科印技术咨询服务公司 印刷
科学出版社发行　各地新华书店经销

*

2016 年 11 月第　一　版　　开本：787×1092　1/16
2018 年 4 月第三次印刷　　印张：14 1/4
字数：400 000

定价：118.00 元

(如有印装质量问题，我社负责调换)

撰 写 人 员

第一章 道路边坡治理与生态恢复·····················艾应伟

第二章 道路边坡土壤养分特性与植物多样性··刘浩、陈娇、艾应伟

第三章 道路边坡土壤水分的时空变异········李伟、王明田、刘浩

第四章 道路边坡植被恢复·····················艾应伟、王倩、于燕华

第五章 道路边坡土壤微生物的时空变异·····艾应伟、裴娟、王倩

第六章 道路边坡土壤酶的时空变异·····艾应伟、答竹君、李沛锡

第七章 道路边坡土壤结构特性·············陈娇、曾丽霞、艾应伟

第八章 道路边坡土壤有机质·············高宏英、黄成敏、艾小燕

第九章 道路边坡土壤重金属污染特性·················陈朝琼、艾应伟

序

道路是经济社会发展的重要基础设施。随着社会进步和城乡建设的快速发展，各地道路建设也越来越多。道路特别是高速公路、高速铁路建设中，伴随着大量的开山劈石，造成了很多裸露的道路边坡。因山体切挖形成的道路边坡，不仅破坏了自然景观，而且引起的水土流失、地质灾害和生态破坏现象十分严重。

道路边坡生态修复关系到交通安全、造林绿化、国土治理、水土保持、环境保护等多个行业领域，涉及土壤学、岩土工程学、生态学、地理学、植物学、水土保持学、园林学等多个学科的交叉融合。道路边坡生态修复是促进我国道路建设与生态文明建设协同发展的重要抓手，具有大量的社会需求和广阔的发展前景。

道路边坡所处生境十分特殊，而且大部分是裸露的岩石边坡，植物生长所必需的土壤条件遭到剥离，致使植物难以生存。土壤是生命之基，道路边坡土壤是道路边坡生态修复的根本保障。

本书作者艾应伟教授及其研究团队，针对道路边坡生态修复中的关键科学问题，对道路边坡创面成土特性做了开创性的研究工作，在国际上最早提出了边坡人工土壤的概念，对裸露边坡土壤修复与植被重建的相互关系和作用机制进行了率先研究，取得了很好的研究成果，引起了社会的广泛关注和高度评价。

本书是作者总结 10 余年系统深入研究的成果撰写而成，并获得了国家科学技术学术著作出版基金项目的资助。本书的出版将对科学建设道路、维护生态安全起到重要的指导作用。

中国工程院院士

2016 年 10 月

前　言

道路作为重要的交通运输功能载体，对经济和社会的发展有显著促进作用，是不可缺少的人流、物流基础设施。由山地、丘陵和地形比较崎岖的高原所构成的山区是世界陆地的主要组成部分，也是陆地的主要地貌骨架。世界山区面积占整个陆地的30%，而中国山区面积占全国陆地的69%。在山区的道路工程建设中经常要开挖大量边坡，道路边坡的开挖破坏了原有土壤植被覆盖层，导致出现大量的次生裸地以及产生严重的水土流失现象，造成生态环境的极大破坏，边坡岩土体的崩塌、滑坡、泥石流等失稳破坏形式还会给人民生命和财产带来巨大的损失。

道路边坡的不稳定性通常分为表层不稳定性、浅层不稳定性和深层不稳定性。道路坡面不稳定过程受不同形态的能量驱动，其结果是产生以侵蚀形式发生的坡面物质的迁移。道路边坡的稳定性与坡面的土壤侵蚀直接相关，而坡面的土壤侵蚀又受边坡坡度、坡长、植被、气候等因素的综合影响。道路修建后形成的道路边坡土层十分瘠薄，甚至坡面岩石直接裸露。降雨、重力的作用使得道路边坡土壤极易发生侵蚀，细沟侵蚀、侵蚀沟以及坡面物质大量位移等侵蚀现象非常严重。

道路的修建对原有生境中各种生态过程产生直接或间接影响，其影响尺度从种群一直延伸到景观。在景观尺度上，道路边坡的开挖不可避免地会对道路周边原有的土壤和植被造成严重的破坏，形成大量的裸露岩石边坡和光秃的斑块，从而导致景观破碎化现象。景观破碎化会影响到原有物种的组成和迁移，改变物种的分布和区域生态多样性。景观破碎化对周围生境的破坏作用远大于道路边坡建设本身导致的生境破坏。

道路边坡按边坡创面的状况可分为土质边坡与岩石边坡。岩石边坡比土质边坡的异质性强，不具备植物生长所必需的土壤环境。岩石边坡生态护坡是在坡面构建基质-植被综合保护体系，通过体系本身的护坡工程性能保护整个坡面，可看作是特殊的复合材料系统。生态护坡工程是一个在岩石边坡创面上形成人工客土、培养植物的过程。生态护坡工程中所需人工土壤是岩石边坡生态护坡的物质基础，既要满足能较好地附着和固定在岩石边坡创面上，又要能为植物的持续生长提供水分和营养物质。

人工防护和绿化是道路边坡生态恢复的重要手段，因社会对环保要求的不断提高，对裸露道路边坡的生态恢复治理问题日益引起人们的重视。随着国家对基础设施建设投资力度的加大，特别是道路建设的飞速发展，科学、合理重建道路边坡土壤植被系统是当今协调道路工程建设与生态环境建设的根本出路。道路边坡生态恢复是对因道路工程建设而遭受生态破坏的边坡，通过人工设计和恢复措施，恢复和重新建立一个可持续演替发展的、健康的生态系统，以达到稳定边坡、保持水土、改善环境的目的，进而提高道路沿线的生态环境质量。

道路边坡土壤是植物形成、生长和演替的基础，而植被在道路边坡防护以及生态景观恢复方面有着不可取代的重要作用。植被在道路边坡保护和侵蚀控制方面的功能是土壤植被系统中土壤与植被相互作用的结果。土壤植被系统是在一定地区由植物根系分布范围内的土壤、母质和岩石以及以植被为主的生物群所构成的有机整体，良好的土壤植被系统是提高道路边坡生态护坡效果的根本措施。道路边坡创面的成土特性不仅关系到道路边坡土壤的质量，而且与道路边坡的生态护坡效果密切相关。因此，针对道路工程建设产生的不同形态的道路边坡，开展道路边坡创面成土特性研究成果的系统论述与经验总结，在理论上和应用上都具有十分重要的意义。

本书的主要内容有：第一章介绍道路边坡治理现状、生态恢复特点及其影响因素；第二章至第四章论述道路边坡土壤养分特性、土壤水分特性、植物多样性、植被恢复方面的基础研究成果；第五章至第六章论述道路边坡土壤微生物特性和土壤酶特性方面的基础研究成果；第七章至第九章论述道路边坡土壤结构特性、土壤腐殖质特性、土壤重金属污染特性方面的基础研究成果。

本书是在艾应伟承担的国家自然科学基金项目（40571064、40771087、41171175）、四川省科技支撑计划项目（07FG001-018、2016FZ0056）等多项国家和地方重点科研任务的基础上，总结10余年系统深入研究的成果，由艾应伟、陈娇、刘浩、李伟、陈朝琼、王倩、于燕华、裴娟、答竹君、艾小燕、曾丽霞、高宏英、李沛锡、黄成敏、王明田共同撰写而成。本书作者来自四川大学、中国科学院水利部成都山地灾害与环境研究所、四川省气象局等多家单位。本书主要有以下特点：

(1) 针对道路边坡创面成土特性的基础研究，立足于创新，围绕自然地理学、岩土工程学、土壤学、园林学等不同学科的交叉融合，注重理论探讨与技术开发的紧密结合，取得了一些新的研究进展和新的见解。在 *Nature* 出版集团旗下期刊 *Scientific Reports* 以及 *Journal of Hazardous Materials*、*Ecological Engineering* 等知名期刊上发表了一系列学术论文，并且获得了"泥岩源基材对石质边坡生态防护的方法"、"泥岩岩石边坡绿化基质的制备方法"、"边坡人工土壤改良剂"等一系列授权发明专利。

(2) 研究内容涉及道路边坡创面土壤植被系统的综合研究，结构层次清晰，系统性强。既有创新性的应用技术知识内容，又有深入的基础理论研究成果；既有前瞻性的长远目标研究，又有现实意义的实际应用研究。不仅在人工土壤研究方面有理论上的突破，而且为人工土壤的后续研究提供了很有参考价值的数据资料。所形成的"裸露边坡土壤修复关键技术及成土特性"成果荣获 2014 年度四川省科技进步一等奖。

(3) 对道路边坡创面土壤特性的影响因素、变化趋势及其与自然边坡土壤、农田土壤的差异性进行了系统的研究论述。这不仅对丰富土壤发生学的内涵有积极作用，而且对认识道路边坡这一特殊生境条件下土壤植被系统的结构功能、道路边坡防护以及景观恢复都有着重要的指导意义。

当然，关于道路边坡创面成土特性的研究还有许多未知的理论和应用问题需要人们去探索，并不能因为本书的出版而画上句号。无论是在各地区道路边坡创面成土特性的研究广度上，还是在对道路边坡创面成土特性各学科专业研究的深度上，都还需要进一步加强研究工作。

本书的出版得到了 2016 年度国家科学技术学术著作出版基金项目的资助。本书的研究数据资料是在国家自然科学基金项目（40571064、40771087、41171175）、四川省科技支撑计划项目（07FG001-018、2016FZ0056）资助下取得的，并得到了许多老师、同事、朋友的热情帮助。在此一并表示衷心的感谢。

由于作者的水平有限，书中难免存在疏漏之处，恳请广大读者和有关专家批评指正。

艾应伟

2016 年 8 月 26 日

目　　录

第一章　道路边坡治理与生态恢复

　　道路作为重要的交通运输功能载体，是不可缺少的人流、物流基础设施。山地、丘陵和地形比较崎岖的高原所构成的山区是世界陆地的主要组成部分，也是陆地的主要地貌骨架。世界山区面积占整个陆地的30%，而中国山区面积占全国陆地的69%。为了开发山区、建设山区、改变山区经济滞后的面貌，提高人民生活水平，交通是否便利是需要首先考虑的问题，公路、铁路建设对促进山区经济和社会的发展起着十分重要的作用。近年来，随着基础设施建设项目投资力度的不断加大，公路、铁路建设项目越来越多。在山区的铁路、公路工程建设中，道路多穿行于河谷山川之间，经常要开挖大量边坡。边坡的开挖破坏了原有土壤植被覆盖层，导致出现大量的次生裸地以及产生严重的水土流失现象，造成生态环境的破坏。边坡岩土体的崩塌、滑坡、泥石流等失稳破坏形式还会给人民生命和财产带来巨大的损失（杨喜田等，2000；张俊云等，2000；Salvini et al., 2013）。

　　道路的修建对原生境中各种生态过程产生直接或间接影响，其影响尺度从种群一直延伸到景观（Andrews, 1990；李月辉等，2003）。在景观尺度上，边坡的开挖不可避免地会对道路周边原有的植被和土壤造成严重的破坏，形成大量的裸露岩石边坡和光秃的斑块，从而导致景观破碎化现象（Miller et al., 1996）。景观破碎的影响对周围生境的破坏作用远大于道路建设本身导致的生境破坏。Miller 等（1996）的研究结果得出，道路密度与景观破碎化程度并非一定是正相关关系，道路对其周围生境的作用存在差异性。McGarigal 等（2001）的研究认为道路对景观格局的影响存在尺度的差异性，从更大空间尺度上来看，对景观格局的影响可能并不显著。

　　景观的破碎和斑块化，影响了原有物种的组成和迁移，从而影响了物种的分布，导致区域生态多样性的丧失，并且这一影响通常是长远的（Dale et al., 1993；Turner et al., 1996）。道路生态学的研究最初主要集中在道路影响下路旁植被的变化和对小型哺乳动物活动造成的影响。道路在较小尺度上的影响主要体现在对环境的理化影响上，由此导致对物种组成和迁移的影响等（Forman and Alexander, 1998；Forman et al., 2003）。张镱锂等（2002）对青藏公路格尔木至唐古拉山段对沿线景观格局的影响的研究表明，道路的建设导致沿线景观破碎化程度加剧、景观多样性加剧。

　　山区道路建设破坏了原有土壤植被覆盖层，形成了大量的裸露道路边坡创面，这些创面很容易受到降雨的影响，导致出现严重的水土流失现象。边坡岩土体的崩塌、滑坡、泥石流等失稳破坏形式还会给人民生命和财产带来巨大的损失（Morgan et al., 1995；杨喜田等，2000；张俊云等，2000）。王代军等（2000）的研究表明，裸露的公路边坡风速比林地大15倍、比草地大8倍，道路边坡风蚀严重，极其不利于水分保持。路堤边坡的主要侵蚀形式是沟蚀，沟蚀量较面蚀量大得多，主要侵蚀因子是次降水量及路堤顶面宽度。除此之外，道路边坡由于土壤渗透性差，边坡土壤对降水截流较小，容易产生水土流失，导致坡面土壤贫瘠、立地条件差，往往不利于植物生长。由此可见，对道路边坡的治理与恢复已经迫在眉睫。

第一节　我国道路边坡治理现状及其对策

　　道路建设对经济和社会的发展有显著促进作用,但同时给环境带来一定的影响和破坏。道路建设不仅大量使用土地资源,而且还要经常挖山填方,所产生的道路边坡一方面会引起水土流失、滑坡、泥石流、局部小气候的恶化、光声污染及生物链的破坏,另一方面会造成道路景观环境的破坏。人工防护和绿化是道路边坡生态恢复的重要手段,因社会对环保要求的不断提高,对裸露道路边坡的生态恢复治理问题日益引起人们的重视。随着国家对基础设施建设投资力度的加大,特别是道路建设的飞速发展,给人们带来便利生活的同时,所带来的副作用也会越来越严重。科学治理道路边坡对公共安全和生态环境的危害,是促进我国道路建设健康发展的根本出路。

一、道路边坡种类与特点

　　在山区的道路修建过程中,因山区地形、地貌变化大,地质构造和岩土类别复杂,所形成的道路边坡类型也是多种多样。目前,依据分类原则、分类标准和分类目的不同,国内外对道路边坡已有很多分类方法。但其共同特点是:或只着眼于变形形式的分类,或仅对某一种(或几种)边坡变形(如滑坡)按不同的准则进行细部分类。一般而言,按边坡与工程关系可分为自然边坡和人工边坡;按人工边坡的形成方式可分为填方路堤边坡和挖方路堑边坡;按边坡变形情况可分为变形边坡和未变形边坡;按边坡岩性把未变形边坡统分为岩质边坡、土质边坡和土石边坡;按边坡高度不同可分为超高边坡、高边坡、中边坡和低边坡;按边坡坡度不同可分为平缓边坡、陡坡边坡、急坡边坡和悬坡(姜德义和王国栋,2003)。

　　道路工程建设对生态系统的破坏具有工程规模大、持续时间长、影响不可逆和影响范围大等特点,这不仅会产生廊道效应、接近效应、城镇化效应等造成生态环境的影响和破坏,还会导致道路边坡小气候复杂以及限制因素增多(王代军等,2000;舒翔等,2001)。裸露的公路边坡风速比林地大 15 倍、比草地大 8 倍,道路边坡风蚀严重,极其不利于水分保持,加之边坡土壤渗透性差等原因,边坡土壤对降水截流较小,容易产生水土流失,导致坡面土壤贫瘠,立地条件差,往往不利于植物生长(欧宁等,2003)。公路和铁路工程的岩质边坡在山区道路边坡中占有相当大的比重,一般设计坡度都在1 : 0.75 以上,有的可达 1 : 0.3。其边坡坡度大,雨水径流速度大,在高降雨地区极易形成冲刷侵蚀,坡面自然风化的土壤颗粒很难留存,受水力和重力作用而堆积坡脚。岩质边坡不同于土质边坡,不具备植被形成所必需的土壤条件及养分条件,其岩体保水功能差,含有的活化养分低,植物很难从边坡岩层中吸收水分及养分,致使植物难以生存(张俊云等,2000)。

二、道路边坡治理现状

　　我国在道路边坡创面生态工程方面虽然取得了一定的成果和效益,但由于对植被演替规律的深层次规律认识不足，在道路边坡创面生态工程的实施上仍带有很大的盲目性和随意性。其研究和应用尚处于初级阶段，还存在以下问题：普遍采用单一或简单的混合草种而抛弃乔灌木，草本植物在护坡前期效果不错，但由此建立的生态系统相当脆弱，很容易遭破坏；在栽种草本植物时，过多地把注意力放在国外草种的引进上，而忽视了在本地适应更好、更易于形成良好群落结构和稳定关系的地方草种（王代军等，2000；张俊云等，2002；欧宁等，2003）。

道路边坡防护设计中大量采用浆砌片石护坡、锚索护坡等劳动密集型的边坡防护方式。这些防护方式由于材料简单、施工干扰大，导致质量难以控制。许多道路建设的设计文件中都没有对环境生态进行专门设计。大量采用的浆砌片石护坡及喷射水泥砂浆等防护方式完全封闭了植物生长的环境，使得由于道路开挖而破坏的自然植被永久不能恢复。少量的绿化设计往往只是局部贴草皮，没有对边坡整个植被的逐步恢复进行考虑。缺乏植物覆盖的边坡加剧了水土流失，给生态环境带来了不利影响。

我国的道路建设，特别是高速公路建设因起步较晚，建设资金有限，在观念上、技术上和建设规模上与发达国家相比有一定的差距，在道路边坡设计、边坡防护治理措施方面普遍存在以下问题：地貌破坏，植被难以恢复，造成大量水土流失；高填深挖，边坡不稳定性增大；大量采用石料，资源紧张，成本高；路容外观较差，噪声大等（舒翔等，2001）。相比之下，美国、日本等发达国家非常重视保护生态环境。这些国家建设高速公路的时间比较早，很早就已将生态保护和恢复措施纳入了高速公路建设之中，并且为此进行了长期的研究和实践。如今这些国家已基本废除了浆砌片石和喷射水泥砂浆护面等破坏自然环境的工艺，在边坡防护中取而代之的是各种柔性支护和绿化措施，基本上实现了全路段绿化（李旭光等，1995；王代军等，2000）。

近年来，我国在道路建设中普遍采用了三维网植草、喷混植草和客土喷播等国外的生态护坡工程技术对高速公路岩质边坡进行防护和绿化，但其余道路边坡除少数需要浆砌片石、喷射水泥砂浆护面、浆砌挡墙和砌石护坡等传统工程护坡方式进行边坡治理外，大部分边坡一是采取传统的树、草单种或混种的方式进行边坡治理，二是未进行人工绿化而保持原貌，这当中还包括少部分高速公路边坡（舒翔等，2001；张俊云等，2002；欧宁等，2003）。建设时期久远的道路边坡，特别是较偏远的山区公路边坡除个别采取了工程护坡处理外，大多数是直接种植树、草或未作任何绿化处理，其边坡创面上的植物基本上是自然生长所形成的。随着人们对生态环境保护的要求越来越高，对我国道路边坡绿化工作提出了更高的要求。我国道路边坡种类繁多且面积较大，大多数边坡绿化水平还远远未达到生态恢复和边坡治理的目的，道路边坡每年植被恢复与重建所需草种、生态种植基等的费用将会非常大，因此道路边坡生态绿化的任务还十分艰巨。

三、道路边坡治理对策

科学合理的设计施工是防范道路边坡不稳定性，实现生态防护，提高经济效益的根本途径。道路边坡的设计施工应遵循可持续发展战略，预防因规划和建设项目实施后对环境造成不良影响，促进经济、社会和环境的协调发展。在选线设计、施工建设及运营管理中，做到进行精心设计，使边坡处于安全稳定的环境中。应采用合理边坡坡率和边坡形式，充分地确保路基的稳定，充分考虑桥、涵、路的结合，减少高填深挖，设置合适的防护工程,注意防水和排水,临河路堤要防河渠水的冲刷与浸泡（杨喜田等，2000；舒翔等，2001）。全面贯彻环境保护的思想，以少占林地、少占农田、保护水源地、保护水源林和渔地等为目标，采用土地复垦恢复植被等一切必要的措施，恢复自然，保护环境。道路边坡从设计到施工，应引入竞争机制，选择一个资质好的承包单位，先提出多个设计方案，邀请专家评审，确定最佳方案，再进行施工。施工过程中，应进行工程监理，以确保方案正确、投资合理和施工质量良好，使治理工程达到预期目的。

在维护边坡稳定与恢复边坡生态景观的实践中，以植被为主体的坡面生态工程逐渐发展起来，植被越来越成为控制侵蚀和稳定边坡的一个有效措施（Coppin and Richarids, 1990; Nordin, 1993; Gray and Sotir, 1996）。道路边坡的不稳定性通常可分为表层不稳定性、浅层不稳定性和深层不稳定性，在我国的广大山地，表层和浅层的不稳定过程是边坡最常见的两类侵蚀类型，植被对解决这两类不稳定性具有很大潜力（Coppin and Richarids, 1990; 周跃，2000）。道路坡面过程受不同形态的能量驱动，其结果是以侵蚀形式发生的坡面物质的移迁。植被作为地表的保护层，能够以不同方式影响坡面侵蚀过程。决定土壤侵蚀过程的重要因素有气候、土壤、水文和地形，前面三个受植被的影响，草本植物及灌木的枝叶和根系集中分布于土壤表面，能够削弱有效降水量和调节土壤的抗蚀性，植被对坡面的水文和机械保护效应所产生的深根锚固、浅根加筋、降低孔压、削弱溅蚀和控制径流的生态作用，使坡面具备抗蚀护坡的工程性能（Coppin and Richarids, 1990; 台培东等，2001; 张俊云等，2002）。

道路边坡土壤是植物形成、生长和演替的基础，而植被在道路边坡防护以及生态景观恢复方面有着不可取代的重要作用。植被在道路边坡保护和侵蚀控制方面的功能是土壤植被系统中土壤与植被相互作用的结果。土壤植被系统是在一定地区由植物根系分布范围内的土壤、母质和岩石以及以植被为主的生物群落所构成的有机整体，在系统内部，植被稳定土壤，土壤反过来养育植被，两者构成了所谓的"固结-维养关系"，使其具有克服不稳定因素，保持系统的稳定性以及保证土壤和植被之间的相互作用、促进整个系统发育演化的双重作用（周跃，2000）。应充分发挥土壤保持技术、地表加固技术在道路边坡防护中的作用，建立良好的土壤植被系统，提高道路边坡的生态护坡效果。通过对坡面的有效覆盖和及时地保护表土，使其免受表面侵蚀和土壤退化的影响。通过植物根系固持土壤，降低土壤空隙水压来加固和提高抗滑力。土壤保持技术主要包括草皮移植、草播种、乔灌播种、抗蚀网格和活枝网格，地表加固技术主要技术包括活枝扦插、枝条篱墙、活枝捆剁、排水式活枝捆剁、沟壑式栽种、压条和枝干篱墙等。

利用植物进行道路边坡坡面植被恢复，建立新的植物群落时需要合理选择植物的物种，使其具有适应性、生物多样性和功能性。为保证有良好的植被，在植物选择上，应废除传统的单一植草观念，选择适合当地气候及地质条件的植物，并对植物进行目标群落设计，以求达到恢复自然的目的。植物种类选择有别于普通植草，植物物种可尽量采用与当地天然植被类似的种类，使植被可以实现从草坪到树林的演替，而且乡土植物更容易与当地自然融为一体，使得人工植被更接近原始生态环境。

道路边坡坡面植被重建的设计与施工过程中，所选物种必须具有耐瘠性、耐旱性、深根性、青绿期长、再生能力强、生长迅速、抗病虫害能力强和抗外界干扰能力强等特点。生物多样性是生态系统稳定的基础，较高水平的生物多样性有利于生态系统功能的发展和优化。道路边坡应采用乔、灌、草、藤、花等植物进行合理配植，使同一群落内功能相似类群的物种多样性增加，提高生态系统对环境变化的应变性及功能性。道路生态防护的植物物种选择与搭配是道路建设工程中可持续发展的对策之一。植物物种选择与搭配应使环保机能、景观机能及安全机能都相应得到提高，使其同时具有治理水土流失、绿化、美化、改善行车条件、防止眩光和降低噪声等多种功能。

第二节　道路边坡的生态恢复

道路边坡由于受到了不同程度的人为或自然灾害破坏，从景观、运行安全和生态多样性保护等角度考虑，道路边坡的治理与恢复问题亟待解决。我国的道路建设，特别是高速公路建设起步较晚，建设资金有限，在观念上、技术上和建设规模上与发达国家相比都有一定的差距（舒翔等, 2001）。

在道路边坡设计、边坡防护治理措施方面，很长时期内都存在着以边坡稳定为全部目的的传统思路，采取石料、混凝土砌筑挡土墙和护面，或浆砌片石和喷射水泥砂浆护面等工艺。这样的治理方式其优点在于使用混凝土和石料等材料便于进行精确的力学分析以稳固边坡，采用这样的方式虽然能克服边坡带来的严重的水土流失、滑坡和泥石流等灾害，但是大量采用的浆砌片石护坡及喷射水泥砂浆等防护方式完全封闭了植物生长的环境，使得由于道路开挖而破坏的自然植被永久不能恢复（艾应伟等, 2006）。同时使用传统的边坡治理手段还会带来严重的环境问题，如视觉污染、景观破碎和生态多样性丧失等。

理想的边坡治理结果是恢复边坡原有生态系统，而达成这一目标则需要突破传统的绿化观念，从生态学的角度看待边坡治理，即利用恢复生态学的基本理论指导边坡治理。道路边坡的生态恢复是相对生态破坏而言的，其概念源于生态工程或生物技术，是通过人工设计的恢复措施，在受干扰破坏的生态系统的基础上，恢复和重新建立一个具有自我恢复能力的健康的生态系统（包括自然生态系统、人工生态系统和半自然半人工生态系统）（Lewis, 1989）。植被恢复是生态恢复的主要内容，是生态恢复的关键步骤。边坡植被恢复作为恢复生态学的重要组成，是以植物学、水土保持学和草坪学等为理论基础。边坡植被恢复在国外有 Biotechnique、Vegetation 或 Revegetation 等名称，在国内则称为植被护坡、坡面生态工程或坡面植被恢复等。

植被护坡是指单独用活的植物或者植物与土木工程和非生命的植物材料相结合，以减轻坡面的不稳定性和侵蚀。植被护坡的定义缺乏对生态学动态和完整性的描述，应结合植被恢复的演替和恢复后期形成的稳定群落以完善植被恢复的概念。植被恢复应是以恢复生态学原理作指导，对因工程建设而遭受生态破坏的道路边坡，通过人工设计和恢复措施，恢复和重建一个可持续演替发展的、健康的生态系统，以达到稳定边坡、保持水土、改善和美化环境目的，进而提高道路沿线的生态环境质量，使其更好地为经济建设服务（刘春霞和韩烈保, 2007）。随着社会的进步与发展，人们逐渐意识到以恢复道路建设所造成的景观破碎和生态多样性丧失的生态恢复手段的重要性，出现了多项以生态恢复原理治理道路边坡的研究。

在维护边坡稳定与恢复边坡生态景观的实践中，以植被为主体的坡面生态工程逐渐发展起来，植被成为控制侵蚀和稳定边坡的一个有效措施，受到人们越来越多的重视（Coppin et al., 1990; Nordin, 1993; Gray et al., 1996）。坡面植被的特征（盖度、多度、频度和生物量等）常作为评判道路边坡生态恢复方法的标准（Muzzi et al., 1997）。目前常见的道路边坡生态恢复手段包括：水力播种、喷洒表面土、覆盖隔膜和添加腐殖酸等（Rokich et al., 2000; Jochimsen, 2001; Patzelt et al., 2001; Holl, 2002）。水力播种技术被广泛应用于道路建设形成的边坡恢复，其主要通过促进植被的生长而减缓侵蚀（Muller et al., 1998; Andrés and Jorba, 2000; Bochet and García-Fayos, 2004）。单一的恢复手段通常不能达到满意的恢复效果，现阶段道路边坡生态恢复方法的热点在于综合一种或几种恢复手段，以期达到最优坡面恢复效果。

Brofas 和 Varelides（2000）的研究比较了水力播种、水力播种+覆盖稻草、水力播种+塑料网、水力播种+沥青固定四种不同恢复方法在 3 年调查时期内的植被盖度、物种多样性和植被生物量，结果显示水力播种虽然在恢复初期效果一般，但随着时间的增长，恢复效果逐渐改善。Paschke 等（2000）的研究结果发现，在岩石边坡的生态恢复方法中，相比添加有机肥料、覆盖由山杨编织的覆盖物、添加聚丙烯酰胺和挖土坑等恢复方式，添加有机肥料结合覆盖植被覆盖物的坡面植被的平均盖度最高。

除了植被的特征外，许多研究还结合土壤的性质和侵蚀状况对道路边坡的生态恢复进行评价。Montoro 等（2000）比较了水力播种+植物覆盖物、水力播种+腐殖酸、水力播种+植物覆盖物+腐殖酸三种综合的恢复手段，结果发现水力播种结合植物覆盖物和腐殖酸的恢复效果最佳，该方法不仅能有效地增加植被盖度，同时对于减少土壤流失和坡面径流十分有效。Muzzi 等（1997）的研究比较了水力播种+耕作、水力播种+草垫、稻草覆盖物+沥青、水力播种+耕作+黄麻垫子和耕作+黄麻垫子五种恢复手段，得出稻草覆盖物+沥青、水力播种+耕作+黄麻垫子和耕作+黄麻垫子三种恢复方法在增加坡面植被盖度和多样性以及减少坡面土壤侵蚀方面都有很好的效果。Gao 等（2007）通过正交试验得出了喷播基材的最佳比例，其结果为道路边坡恢复中优化坡面植被组成、减少坡面侵蚀提供了理论依据。

水力播种等生态恢复的方法由于可在短期内提供较高的植被盖度，以达到减缓坡面侵蚀的作用，这样的方法越来越多地被人们接受，取代了传统的恢复方式（Muller et al., 1998; Andrés and Jorba, 2000; Bochet and García-Fayos, 2004）。但是，当满足了景观和美学的需要时，人们关注的重心便转移到工程的造价上。水力播种作为一项有效但昂贵的技术，在生态恢复应用的过程中受到许多的限制，如气候、土壤营养和土壤质地等都能极大地影响水力喷播的效果（Roberts and Bradshaw, 1985）。Matesanz 等（2006）的实验结果认为，在满足一定的条件时（图 1-1），水力喷播并不适宜应用于道路边坡的生态恢复。

人工混合基材是水力喷播中的重要组成部分，传统的水力喷播混合基材的主要部分常使用农田土壤和水泥（张俊云等, 2000; Gao et al., 2007）。农田土壤的施用，不但造成

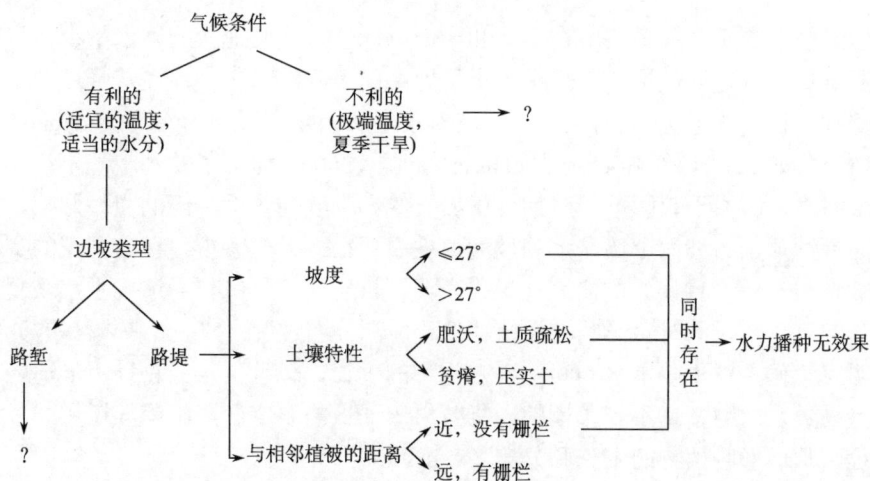

图 1-1　水力播种对植物盖度和物种丰富度没有显著影响的条件（Matesanz et al., 2006）

"?"表示植物移居的困难条件，在这种条件下水力播种的效果是未知的

了土地资源的浪费，而且会加剧土地的退化（李绍才等，2006）。这与目前国内外提倡的资源节约理念格格不入。人工混合基材是一种人工土壤，它是由固体、液体和气体三相物质组成的既具备土壤的一般特性，又具备一定强度和抗蚀性能的多孔人工材料。客土喷播复绿过程中所采用的人工土壤的组成是根据不同立地条件以及植被恢复目标而确定的。在极度退化的岩石坡面，人工土壤既要具备土壤的一般特性，又要含有更丰富的营养物质，具有良好的持水性、透气性、坡面依附性和稳定性，使其既能保水、保肥、透气、透水，适于植物生长，又能有效抵抗水蚀和风蚀，抑制水土流失。有研究利用城市废弃淤泥和固体废弃物作为喷播基材的主要成分应用于生态恢复的实验中（De Oña and Osorio, 2006; Osorio and De Oña, 2006）。但是必须警惕这些废弃物中的有毒物质对植被和土壤的污染，同时这些物质的收集和运输将加大生态恢复的成本。Brofas 和 Varelides（2000）的实验采挖了矿区附近的岩土作为喷播基材的主体，可能会给生态恢复的植物带来重金属的污染。

第三节　影响道路边坡生态恢复的因素

近年来，道路边坡的生态恢复方法及其影响因素是恢复生态学领域研究的热点。水力播种等恢复的方法在大多数的道路边坡上能达到理想的恢复效果，但还必须取决于很多其他的影响因子。Tilton（1996）曾经总结了水力播种等生态恢复方式成功的关键，分别是：①喷播基材的性质和含量；②边坡的特征；③正确的选择植物种子；④减少种子因坡面径流或风力作用造成的流失；⑤改良土壤以促进植物生长。

一、气候因素对道路边坡生态恢复的影响

研究区域的气候条件对于区域内道路边坡的生态恢复过程有着重要的影响。目前道

路边坡生态恢复的研究大多集中在干旱和半干旱地区，这些地区的降水量少，将直接或间接地影响生态恢复的效果。干旱和半干旱地区由于降水量较少，在该区域的生态恢复实践都受到了极大的考验，同时极端的温度对于生态恢复有不利的影响（Call and Roundy, 1991; Visser et al., 2004）。Bochet 和 García-Fayos（2004）研究了欧洲半干旱气候中的道路边坡生态恢复，由于该区域长时期受干燥气候和频繁高强度降雨的交替影响，导致该地区坡面侵蚀加剧、坡面土壤贫瘠和坡面植被高死亡率，生态恢复在该区域的实践举步维艰。Mitchley 等（1996）的研究结果也表明，极度的干旱气候易造成生态恢复过程中植物较高的死亡率，同时会影响坡面植物的移居和分布过程。Muzzi 等（1997）的研究结果表明，气候条件影响了水利喷播引入物种的生长，一旦引入的物种不能适应当地的气候，将导致水力喷播达不到预期的恢复效果。局域的温度和降雨差异还影响了土壤的成土过程，从而影响植物的生长和分布（Tsui et al., 2004）。

二、边坡性质对道路边坡生态恢复的影响

Bochet 和 García-Fayos（2004）的研究结果表明，边坡的坡度、坡型和坡向极大地影响了道路边坡上植被的生长与分布，从而影响了道路边坡的生态恢复。45°或大于 45°的边坡坡度会严重阻碍坡面植被的生长，这样的坡度不利于植物种子在坡面土壤中的附着。Andrés 等（1996）的研究结果得出了类似的结论，普通的生态恢复手段并不适于坡度接近 45°或大于 45°的边坡。造成陡坡不利于生态恢复现象的原因主要是坡面土壤中的种子不易附着，土壤容易缺失水分且有向坡下移动的趋势（Cerdà and García-fayos, 1997; García-fayos and Cerdà, 1997）。

生态恢复的道路边坡通常分为路堑边坡和路堤边坡。相对于路堤边坡，路堑边坡的坡面更易导致坡面土壤侵蚀和流失，不适宜植被生长和分布，生态恢复更加困难。Bochet 等（2007）的研究结果得出，相对于路堤边坡，路堑边坡坡面土壤或基材中的肥力（磷、氮和有机质的含量）非常贫瘠，植物所需的水分含量同样很低。Arnaezvadillo 和 Larrea（1994）对林区高速公路边坡的调查得出，在其他条件都相同的前提下，路堤边坡坡面植被的平均盖度（20%~25%）远大于路堑边坡（1%~5%）。路堑不同于路堤，不具备植被形成所必需的土壤环境，一般缺少植物生长所必需的土壤条件及养分条件，其岩体保水功能差，含有的活化养分低，植物很难从边坡岩层中吸收水分及养分来供应自身的生长发育，致使植物难以生存（张俊云等, 2000）。

坡向的不同影响了道路边坡上植被的生长和分布。道路建设不可避免地会形成不同坡向的边坡，不同坡向上受到的太阳辐照时间和风力作用强度不同，影响了坡面温度、土壤和植被的含水量，从而决定了生态恢复的效果（Balisky and Burton, 1995; Jover, 1997）。太阳辐照量越大、辐照时间越长，相应的坡面温度就越高、土壤中的含水量就越低、植物所能获得的水分也就越少（Andrés et al., 1996）。Cano 等（2002）的研究结果得出，随着东南—西南—南的坡向变化，坡面温度呈现递增的趋势，土壤水分随着这样的趋势减少，植物所能获得的水分也随之减少。伴随着这样的坡向变化以及温度和水分变化趋势，坡面的植被密度、生物量、总盖度和种子萌芽率随之降低。除此之外，坡向的不同也会导致坡面土壤侵蚀的区别（Arnáez and Larrea, 1995; Andrés and Jorba,

2000）。Bochet 和 García-Fayos（2004）的研究得出，降雨过后，相对于北面朝向的边坡，南面朝向边坡上的土壤干燥速度更快，更易达到植被的凋萎点。然而，不同气候条件下，不同坡面特征的坡向对于生态恢复的效果截然不同，在具体的区域中，有关坡向的研究应该区别对待。

此外，道路边坡生态恢复过程中，也应充分重视坡位的影响。坡位影响土壤表层的径流、土壤温度、土壤侵蚀甚至土壤的发生。道路穿行于山区河谷与丘陵地区，山区形成的边坡坡高、坡陡且坡长较长，而丘陵区形成的边坡则相对矮小，坡面长度也相对较短。Tsui 等（2004）在山区的试验结果得出，不同坡位的气候条件、成土过程及地形因素极大地影响山区的道路边坡生态恢复。丘陵区道路边坡上不同的位置土壤形成决定了不同的土壤性质（Brubaker et al., 1993）。而不同的土壤性质则会影响植被的生长、分布、凋落量状况及腐烂的程度。将土壤养分、植被的空间变化与坡位联系起来，并找到相关的特征，对于预测和认识生态恢复的过程至关重要（Schimel et al., 1991）。

三、植物对道路边坡生态恢复的影响

Bradshaw（1997）在总结恢复生态学的要点时提出了"成功的生态恢复，包括植被的重建和土壤改良的结论"。植物已被广泛应用于控制坡面土壤侵蚀和水土流失，对于边坡的稳定有着重要的作用（Elwell and Stocking, 1976; Wischmeier and Smith, 1978; Andrés and Jorba, 2000）。植物可以减少降雨造成的边坡土层表面的土壤侵蚀和径流，并通过它们的根系对土壤起到稳固的作用（Tromble, 1987; Bochet et al., 2000; Donjadee and Tingsanchali, 2013）。Muller 等（1998）对道路边坡植物的调查结果得出，长期的以自然发生的植被恢复应作为生态恢复的重点。但是，有关生态恢复系统规律却鲜有研究，认识完整的生态恢复过程应作为该领域的研究重点（Harris and Hobbs, 2001; Schafers and Sýkora, 2002）。

道路边坡生态恢复对于植被的研究主要集中在植物种子选择和植物生长环境两个方面。植物种子选择是生态恢复过程中一个非常关键的步骤（Siniscalco et al., 1998）。Bautista 等（1997）对西班牙东部半干旱地区的研究结果显示，在 6~12 个月的恢复过程中，应用于生态恢复的植物引入种逐渐从恢复区域消失。Muller 等（1998）调查了水力播种生态恢复得出，随着时间的推移引入物种的平均多度显著下降（96%~46%），在水力播种后 8 年，仅剩下一种草本植物，并且是作为整个恢复区域的优势种存在。一旦出现极端恶劣条件导致这个物种的消失，那么该区域的生态恢复将更加困难。Prach 和 Pyšek（2001）的研究结果得出，生态恢复的方法显著增加了受破坏区域中植物的出现概率，但也可能因植物对环境的不适应，而遭受二次破坏。

黑麦草（*Lolium* sp.）曾被认为能在生态恢复过程中体现极强竞争力的植物物种（González, 1998; Hoffman and Isselstein, 2004）。然而在地中海气候的研究中，瑞士黑麦草（L. *rigidum*）在高速公路边坡生态恢复初期的建群过程并没有达到理想的效果（Matesanz et al., 2005）。用于水力播种中的植物种子需谨慎地选择，否则它们之间潜在的抑制作用会影响生态恢复的效果，如瑞士黑麦草（L. *rigidum*）不但会阻碍恢复区域本地种的生长，同样会影响其他喷播混合种子的生长（Emeterio et al., 2004）。道路边坡生

态恢复中采用本地种植的方法被越来越多的人们认同。Tormo 等（2007）的研究结果得出，在生态恢复的过程中应用本地种植物比商业品种植物在增加坡面植被盖度上效果更好。本地种植物更能适应当地的气候和土壤环境，在演替的过程中能够更好地适应物种之间的竞争，经历稳定的演替过程，逐渐形成成熟的群落。

道路边坡生态恢复过程中，植物种子选择至关重要，而且植被恢复是一个十分漫长的过程，在这个过程当中道路边坡上植物生长环境的影响不可忽视。道路边坡与周围可能存在的植物及其繁殖体的距离必须考虑到生态恢复当中，因为距离的远近影响了植物种子的扩散和分布，从而影响了本地植物的移居过程（Matesanz et al., 2006）。植物的移居通常由能有效迁移的植物繁殖体而决定，而这一过程常因适宜的植物种子库与目标区域的距离较远而受到限制（Bochet et al., 2007）。

道路边坡作为典型的受严重干扰的环境，坡面裸露缺乏植被覆盖，没有原生植物与人工恢复的植物竞争，对于了解植被的移居过程是一个非常理想的对象。对于道路边坡植被调查的研究多专注于区域的降雨、温度和土壤营养等决定道路边坡坡面植被分布的因素（Frenkel, 1970; Holzapfel and Schmidt, 1990; Heindl and Ullmann, 1991; Godefroid and Tanghe, 2000），对于源自周围植物种子移居到道路边坡坡面的分布规律却缺乏了解（Alborch et al., 2003）。Bochet 和 García-Fayos（2004）的研究结果建议，在今后的道路修建过程中，应适当地保留边坡周边自然生长的本地植物区域，这样可以增强适宜本地生长的植物种子从附近区域移居。这个过程能够更好地促进道路边坡坡面植物的演替，以达到更好的生态恢复效果。

四、土壤性质对道路边坡生态恢复的影响

植物对边坡的稳定和景观恢复等作用越来越多地受到人们的重视，而作为植物生长载体的土壤却常常被忽略。道路修建后形成的道路边坡土层十分稀薄，甚至坡面岩石直接裸露，降雨和重力的作用使得坡面极易发生土壤侵蚀和水土流失，细沟侵蚀和侵蚀沟以及坡面物质的大量位移等侵蚀现象非常严重（Bochet and García-Fayos, 2004）。坡面生态恢复的方法通常是利用植被结合土壤来控制土壤流失和坡面径流（Snelder and Bryan, 1995），植被通过拦截降雨来减少坡面土壤侵蚀，同时通过根系稳固土壤（Cabezas et al., 1991; Bochet et al., 2000）。不同的坡面土壤性质会影响到植被特征、凋落量状况以及植物腐烂程度，土壤的性质（如酸度和有效养分）还会影响植物的类型（van Breemen et al., 1997; Finzi et al., 1998; van Breemen and Finzi, 1998）。道路边坡土壤是植物形成、生长和演替的基础，而植被在道路边坡防护以及生态景观恢复方面有着不可取代的重要作用。道路边坡的稳定性与坡面的土壤侵蚀直接相关，而坡面的土壤侵蚀又受边坡坡度、坡长、植被和气候等因素的综合影响。植被在道路边坡保护和侵蚀控制方面的功能是土壤植被系统中土壤与植被相互作用的结果。因此，将土壤养分与植被的变化联系起来，找到相关的特征，对于预测和认识生态恢复的过程至关重要（Schimel et al., 1991）。

目前对于道路边坡土壤的研究主要集中在土壤的改良方面。土壤的有效营养成分是控制植物竞争、生长和分布的关键因子。改良土壤的营养成分可以影响植被的演替过程，影响植被在后期演替过程中植物物种间的竞争（Ganade and Brown, 2002）。Bradshaw

（1990）的研究结果表明，在受到高度干扰的生境中，土壤营养的施用对于植物的生长和移居至关重要。道路边坡生态恢复过程中，坡面肥料的添加不但能增加植物的生物量，还能够影响植物的丰富度和多样度。但添加肥料的结果很容易使得坡面某一种或几种单一的植物物种在较短的周期内成为优势种，而影响整个生态恢复区域的生物多样性。因此，肥料的添加应该设立一个临界值，以确保生态恢复的效果。道路边坡坡面上自然生长植物的建立和移居是一个漫长的过程，但 Cotts 等（1991）的研究认为，通过改良土壤的方法可在植物的建立和移居过程中起到促进的作用。道路边坡坡面上表面土的应用（通常需经过预处理），可改良土壤的理化特性，从而促进坡面植被的建立和生长（Harwood et al., 1999）。同时，表面土中可以加入种子以促进本地植物在坡面的自然恢复。由于植物很难在裸露的边坡上生长，即使水力播种也不能在坡度大于 45°的坡面上取得较好的生态恢复效果（Bochet and García-fayos, 2004）。于是，改良的水力喷播方法——客土喷播被应用于常规方法难以治理的道路边坡（Gao et al., 2007）。通过将人工土壤、黏合剂和营养物质等喷播基材利用水力播种的方式对坡面进行治理，能取得较好的应用效果，并已广泛应用于道路边坡的生态恢复当中。

五、土壤重金属对道路边坡生态恢复的影响

道路旁土壤中各种污染物的输入严重影响土壤安全，尤其重金属污染物不易清除，道路交通被认为是土壤中多种重金属污染的重要来源，国内外很多区域污染调查发现：公路和铁路边土壤重金属超量富积（Lau and Chan, 2003; Moreno et al., 2003; Snowdon and Birch, 2004）。道路在修建和运营期间对道路生态环境带来了不同程度的植被破坏和土壤重金属污染等问题，对土壤微生物、植物和土壤动物带来直接或间接危害。重金属被动植物吸收后通过食物链传递放大，并参与物质循环导致大气和水体污染，从而对人类健康及赖以生存的环境和生态系统产生危害（索有瑞和黄雅丽, 1996）。同时道路引起的重金属污染影响路域植被恢复的稳定性和持续性，所以应引起特别重视（吴春华, 2004）。

公路两侧大气和土壤污染长期以来是国内外关注的热点，围绕公路两侧污染范围、程度、来源及生物有效性，前人做了大量的研究工作（索有瑞和黄雅丽, 1996; Viard et al., 2004; 李波等, 2005）。相比之下，对铁路周围土壤重金属污染研究仅有零散报道，且主要研究对象是各铁路职能区的固定排放源，对列车运行通过的非站段铁路线两侧土壤重金属污染水平和分布规律研究很不充分（刘建华和卢建敏, 1997; Corfa et al., 2004; Plakhotnik et al., 2005）。重金属对道路边坡植被的生物学特性、群落组成、竞争和生长有着重要的影响（Atkins et al., 1982; Rutter and Thompson, 1986）。了解道路旁边土壤中重金属元素污染水平及在距铁路不同距离和不同地形条件下的污染状况，有利于引导道路周边受环境污染区域的生态恢复建设，以期实现公路建设与生态环境可持续的协调发展。

参 考 文 献

艾应伟, 刘浩, 范志金, 等. 2006. 我国道路边坡治理现状及其对策. 水土保持研究, 13(5): 222-224.

姜德义, 王国栋. 2003. 高速公路工程边坡的工程地质分类. 重庆大学学报, 26(11): 114-116.

李波, 林玉锁, 张孝飞, 等. 2005. 宁连高速公路两侧土壤和农产品中重金属污染的研究. 农业环境科学学报, 24(2): 266-269.

李绍才, 孙海龙, 杨志荣, 等. 2006. 岩石边坡基质–植被系统的养分循环. 北京林业大学学报, 28(2): 85-90.

李旭光, 毛文碧, 涂相有. 1995. 日本的公路边坡绿化. 公路交通科技, 12(2): 59-64.

李月辉, 胡远满, 李秀珍, 等. 2003. 道路生态研究进展. 应用生态学报, 14(3): 447-452.

刘春霞, 韩烈保. 2007. 高速公路边坡植被恢复研究进展. 生态学报, 27(5): 2090-2098.

刘建华, 卢建敏. 1997. 微波溶样/原子吸收法测定铁路危货站固体废弃物中的重金属. 铁道劳动安全卫生与环保, 24(2): 124-127.

欧宁, 李轩, 陈永安. 2003. 高速公路岩质及不稳定边坡工程与生物防护结合技术研究. 公路, 1: 106-110.

舒翔, 杜娟, 曹映泓, 等. 2001. 生态工程在高速公路岩石边坡防护工程中的应用. 公路, (7): 86-89.

索有瑞, 黄雅丽. 1996. 西宁地区公路两侧土壤和植物中铅含量及其评价. 环境科学, 17(2): 74-76.

台培东, 李培军, 贾宏宇, 等. 2001. 排土场边坡人工沙棘灌丛对风滚植物的固留作用及生态效应. 应用生态学报, 12(6): 833-836.

王代军, 胡桂馨, 高洁. 2000. 公路边坡侵蚀及坡面生态工程的应用现状. 草原与草坪, 3: 22-24.

吴春华. 2004. 植物多样性对铅污染土壤的响应及其生态学效应. 杭州: 浙江大学博士毕业论文.

杨喜田, 董惠英, 黄玉荣, 等. 2000. 黄土地区高速公路边坡稳定性的研究. 水土保持学报, 14(1): 77-81.

张俊云, 周德培, 李绍才. 2000. 岩石边坡生态护坡研究简介. 水土保持通报, 20(4): 36-38.

张俊云, 周德培, 李绍才. 2002. 高速公路岩石边坡绿化方法探讨. 岩石力学与工程学报, 21(9): 1400-1403.

张镱锂, 阎建忠, 刘林山, 等. 2002. 青藏公路对区域土地利用和景观格局的影响——以格尔木至唐古拉山段为例. 地理学报, 57(3): 253-266.

周跃. 2000. 植被与侵蚀控制: 坡面生态工程基本原理探索. 应用生态学报, 11(2): 297-300.

Alborch B, García-Fayos P, Bochet E. 2003. Estimación de los filtros ecológicos que controlan la colonización de taludes de carretera a partir del estudio del banco de semillas del suelo. Ecología, 17: 65-75.

Andrés P, Jorba M. 2000. Mitigation strategies in some motorway embankments(Catalonia, Spain). Restoration Ecology, 8(3): 268-275.

Andrés P, Zapater V, Pamplona M. 1996. Stabilization of motorway slopes with herbaceous cover, Catalonia, Spain. Restoration Ecology, 4(1): 51-60.

Andrews A. 1990. Fragmentation of habitat by roads and utility corridors: a review. Australian Zoologist, 26(3): 130-141.

Arnáez J, Larrea V. 1995. Erosion processes and rates on roadsides of hill-roads(Iberian System. La Rioja, Spain). Physical, Chemical and Earth Sciences, 20: 395-401.

Arnaezvadillo J, Larrea V. 1994. Erosion models and hydro geomorphological functioning on hill-roads (Iberian System, La-Rioja, Spain). Zeitschrift Fur Geomorphologie, 38(3): 343-354.

Atkins D P, Trueman I G, Clarke C B, et al. 1982. The evolution of lead tolerance by Festuca rubra on a motorway verge. Environmental Pollution Series A Ecological and Biological, 27(3): 233-241.

Balisky A C, Burton P J. 1995. Root-zone soil temperature variation in association with microsite characteristics in high-elevation forest openings in the interior of British Columbia. Agricultural and Forest Meteorology, 77: 31-54.

Bautista S, Abad N, Lloret J, et al. 1997. Siembra de herbáceasy aplicación de mulch para la conservación de suelos afectados porincendios forestales. In: Vallejo V R(ed.). La Restauración de la Cubierta Vegetal de la Comunidad Valenciana. Valencia: Fundación CEAM-Consellerı´a de Agricultura Y Medio Ambiente: 395-434.

Bochet E, García-Fayos P. 2004. Factors controlling vegetation establishment and water erosion on motorway slopes in Valencia, Spain. Restoration Ecology, 12(2): 166-174.

Bochet E, García-Fayos P, Tormo J. 2007. Road slope revegetation in semiarid Mediterranean environments. Part I : Seed dispersal and spontaneous colonization. Restoration Ecology, 1: 88-96.

Bochet E, Poesen J, Rubio J L. 2000. Mound development as an interaction of individual plants with soil, water erosion and sedimentation processes on slopes. Earth Surface Processes and Landforms, 25(8): 847-867.

Bradshaw A D. 1990. The reclamation of derelict land and the ecology of ecosystems. In: Jordan III W R, Gilpin M E, Aber J D(eds.). Restoration ecology, a synthetic approach to ecological research. Cambridge : Cambridge University Press: 53-74.

Bradshaw A. 1997. Restoration of mined lands-using natural processes. Ecological Engineering, 8(4):255-269.

Brofas G, Varelides C. 2000. Hydro-seeding and mulching for establishing vegetation on mining spoils in Greece. Land Degradation and Development, 11(4): 375-382.

Brubaker S C, Jones A J, Lewis D T, et al. 1993. Soil properties associated with landscape positions. Soil Science Society of America Journal, 57(1): 235-239.

Cabezas J, Vaquero P, Escudero J C. 1991. Valoración de las lluvias interceptadas por especies de matorral dotadas de distintas estrategias estructurales. Ecología, 5: 163-171.

Call C A, Roundy B A. 1991. Perspectives and processes in revegetation of arid and semiarid rangelands. Journal of Range Management, 44(6): 543-549.

Cano A, Navia R, Amezaga I, et al. 2002. Local topoclimate effect on short-term cutslope reclamation success. Ecological Engineering, 18(4): 489-498.

Cerdà A, García-Fayos P. 1997. The influence of slope angle on sediment, water and seed losses on badland landscapes. Geomorphology, 18(2): 77-90.

Coppin N J, Richards I G. 1990. Use of vegetation in civil engineering. Boston: Butterworths.

Corfa E F, Maury P, Segers A, et al. 2004. Short-range evaluation of air pollution near bus and railway stations. Science of the total environment, 334: 223-230.

Cotts N R, Redente E F, Schiller R. 1991. Restoration methods for abandoned roads at lower elevations in Grand Teton National Park, Wyoming. Arid Land Research and Management, 5(4): 235-249.

Dale V H, O'Neill R V, Pedlowski M, et al. 1993. Causes and effects of land-use change in central Rondnia, Brazil. Photogrammtric Engineering and Remote Sensing, 59(6): 997-1005.

De Oña J, Osorio F. 2006. Application of sludge from urban wastewater treatment plants in road's embankments. Journal of Hazardous Materials, 131(1-3): 37-45.

Donjadee S, Tingsanchali T. 2013. Reduction of runoff and soil loss over steep slopes by using vetiver hedgerow systems. Paddy and water environment, 11(1-4): 573-581.

Elwell H A, Stocking M A. 1976. Vegetal cover to estimate soil erosion hazard in Rhodesia. Geoderma, 15(1):

61-70.

Emeterio S L, Arroyo A, Canals R M. 2004. Allelopathic potential of *Lolium rigidum* Gaud. on the early growth of three associated pasture species. Grass and Forage Science, 59(2): 107-112.

Finzi A C, Canham C D, van Breemen N. 1998. Canopy tree-soil interactions within temperate forests: species effects on pH and cations. Ecological Application, 8(2): 447-454.

Forman R T T, Alexander L E. 1998. Roads and their major ecological effects. Annual Review of Ecology and Systematics, 29: 207-231.

Forman R T T, Sperling D, Bissonette J A. 2003. Road Ecology: Science and Solutions. Washington D C: Island Press.

Frenkel R R. 1970. Ruderal Vegetation Along Some California Roadside. California: University of California.

Ganade G, Brown V K. 2002. Succession in old pastures of central Amazonia: role of soil fertility and plant litter. Ecology, 83: 743-754.

Gao G J, Yuan J G, Han R H, et al. 2007. Characteristics of the optimum combination of synthetic soils by plant and soil properties used for rock slope restoration. Ecological Engineering, 30(4): 303-311.

García-Fayos P, Cerdà A. 1997. Seed losses by surface wash in degraded Mediterranean environments. Catena, 29: 73-83.

Godefroid S, Tanghe M. 2000. Influence of small climatic variations on the species composition of roadside grasslands. Phytocoenologia, 30: 655-664.

González P R. 1998. Competition between barley and Lolium rigidum for nitrate. Weed Research, 38(6): 453-460.

Gray D H, Sotir B R. 1996. Biotechnical and Soil Bioengineering Slope Stabilization: A Practical Guide for Erosion Control. Toronto: John Wiley and Sons.

Harris J A, Hobbs R J. 2001. Clinical practice for ecosystem health: the role of ecological restoration. Ecosystem Health, 7(4): 195-202.

Harwood M R, Hacker J B, Mott J J. 1999. Field evaluation of seven grasses for use in the revegetation of lands disturbed by coal mining in Central Queensland. Animal Production Science, 39(3): 307-316.

Heindl B, Ullmann I. 1991. Roadside vegetation in mediterranean France. Phytocoenologia, 20: 111-141.

Hoffman M, Isselstein J. 2004. Effects of drought and competition by a ryegrass sward on the seedling growth of a range of grassland species. Journal of Agronomy and Crop Science, 190(4): 277-286.

Holl K D. 2002. Long-term vegetation recovery on reclaimed coal surface mines in the eastern USA. Journal of Applied Ecology, 39(6): 960-970.

Holzapfel C, Schmidt W. 1990. Roadside vegetation along transects in the Judean desert. Israel Journal of Botany, 39: 263-270.

Jochimsen M E. 2001. Vegetation development and species assemblages in a long-term reclamation project on mine spoil. Ecological Engineering, 17(2): 187-198.

Jover F. 1997. Revegetación de taludes de autovías y autopistas(Revegetation of highway slope). In: Peinado M, Sobrini I M(eds.). Avances en evaluación de impacto ambiental y ecoaudioria. Trotta, Madrid, Spain: 513-528.

Lau W L, Chan L Y. 2003. Commuter exposure to aromatic VOCs in public transportation modes in Hong Kong. The Science of the Total Environment, 308(1-3): 143-155.

Lewis R R. 1989. Wetland restoration/creation/enhancement terminology: Suggestions for standardization. In: Kusler J A, Kentula M E(eds.). Wetland Creation and Restoration: The Status of the Science, Vo. 1 II.

EPA 600/3/89/038B. Washington D C: U. S. Environmental Protection Agency.

Matesanz S, Valladares F, Tena D, et al. 2005. Rasgos biogeográficos, florísticos y ecológicos de comunidades herbáceas en taludes de carretera al sur de Espana. Ecología, 19: 97-112.

Matesanz S, Valladares F, Tena D, et al. 2006. Early dynamics of plan communities on revegetated motorway slopes from southern Spain: is hydroseeding always needed? Restoration Ecology, 14(2): 297-307.

McGarigal K, Romme W H, Crist M R, et al. 2001. Cumulative effects of roads and logging on landscape structure in the San Juan Mountains, Colorado(USA). Landscape Ecology, 16(4): 327-349.

Miller J R, Joyce L A, Knight R L,et al. 1996. Forest roads and landscape structure in the southern Rocky Mountains. Landscape Ecology, 11(2): 115-127.

Mitchley J, Buckley G P, Helliwell D R. 1996. Vegetation establishment on chalk marl spoil: the role of nurse grass species and fertilizer application. Journal of Vegetation Science, 7(4): 543-548.

Montoro J A, Rogel J A, Querejeta J, et al. 2000. Three hydro-seeding revegetation techniques for soil erosion control on anthropic steep slopes. Land Degradation & Development, 11(4):315-325.

Moreno E, Sagnotti L, Turell J D, et al. 2003. Biomonitoring of traffic air pollution in Rome using magnetic properties of tree leaves. Atmospheric Environment, 37(21): 2967-2977.

Morgan R R C, Rickson R J. 1995. Slope Stabilization and Erosion Control: A Bioengineering Approach. London: E and F N Spon.

Muller S, Dutoit T, Alard D, et al. 1998. Restoration and rehabilitation of species-rich grassland ecosystems in France: a review. Restoration Ecology, 6(1): 94-101.

Muzzi E, Roffi F, Sirotti M, et al. 1997. Revegetation techniques on clay soil slopes in northern Italy. Land Degradation and Development, 8(2): 127-137.

Nabuloa G, Oryem-Origab H, Diamond M. 2006. Assessment of lead, cadmium, and zinc contamination of roadside soils, surface films, and vegetables in Kampala City, Uganda. Environmental Research, 101(1): 42-52.

Nordin A R. 1993. Bioengineering to eco-engineering, Part one: the many name. International Group of Bioengineers newsletter, 3: 15-18.

Osorio F, De Oña J. 2006. Using compost from urban solid waste to prevent erosion in road embankments. Journal of Environmental Science and Health Part A, 41: 2311-2327.

Paschke M W, DeLeo C, Redente E F. 2000. Revegetation of roadcut slopes in Mesa Verde National Park, USA. Restoration Ecology, 8(3): 276-282.

Patzelt A, Wild U, Pfadenhauer J. 2001. Restoration of wet fen meadows by topsoil removal: vegetation development and germination biology of fen species. Restoration ecology, 9(2): 127-136.

Plakhotnik V N, Onyshchenko J V, Yaryshkina L A. 2005. The environmental impacts of railway transportation in the Ukraine. Transportation Research Part D: Transport and Environment, 10(3): 263-268.

Prach K, Pyšek P. 2001. Using spontaneous succession for restoration of human disturbed habitats: experience from Central Europe. Ecological Engineering, 17: 55-62.

Roberts R D, Bradshaw A D. 1985. The development of a hydraulic seeding technique for unstable sand slopes Ⅱ. Field evaluation. Journal of Applied Ecology, 22: 979-994.

Rokich D P, Dixon K W, Sivasithamparam K, et al. 2000. Topsoil handling and storage effects on woodland restoration in Western Australia. Restoration Ecology, 8(2): 196-208.

Rutter A E, Thompson N S E. 1986. Manual of the Vascular Flora of the Carolinas. Chapel Hill, NC:

University of North Carolina Press.

Salvini R, Francioni M, Riccucci S, et al. 2013. Photogrammetry and laser scanning for analyzing slope stability and rock fall runout along the Domodossola-Iselle railway, the Italian Alps. Geomorphology, 185(1): 110-122.

Schaffers A P, Sýkora K V. 2002. Synecology of species-rich plant communities on roadside verges in the Netherlands. Phytocoenologia, 32(1): 29-83.

Schimel D S, Kittel T G F, Knapp A K, et al. 1991. Physiological interactions along resource gradients in tallgrass prairie. Ecology, 72(2): 672-684.

Siniscalco C, Reyneri A, Ciotti A, Peyron A, et al. 1998. Use of wild plant herbaceous species for revegetation. Acta Horticulturae, 457: 371-378.

Snelder D J, Bryan R B. 1995. The use of rainfall simulation tests to assess the influence of vegetation density on soil loss on degraded rangelands in the Baringo District, Kenya. Catena, 25(1-4): 105-116.

Snowdon R, Birch G F. 2004. The nature and distribution of copper, lead, and zinc in soils of a highly urbanised sub-catchment(Iron Cove)of Port Jackson, Sydney. Australian Journal of Soil Research, 42: 329-338.

Tilton L. 1996. Hydro-seeding: keeping the soil in place after you are gone. Erosion Control, 3-4: 56-63.

Tormo J, Bochet E, García-Fayos P. 2007. Roadfill revegetation in semiarid Mediterranean environments. Part II: Topsoiling, species selection and hydroseeding. Restoration Ecology, 15: 97-102.

Tromble J M. 1987. Water interception by arid land shrubs. Journal of Arid Environments, 15(1): 65-70.

Tsui C C, Chen Z S, Hsieh C F. 2004. Relationships between soil properties and slope position in a lowland rain forest of southern Taiwan. Geoderma, 123(1-2): 131-142.

van Breemen N, Finzi A C, Canham C D. 1997. Canopy tree-soil interactions within temperate forests: effects of soil elemental composition and texture on species distributions. Canadian Journal of Forest Research, 27(7): 1110-1116.

van Breemen N, Finzi A C. 1998. Plant-soil interactions: ecological aspects and evolutionary implications. Biogeochemistry, 42(1). 1-19.

Viard B, Pihan F, Promeyrat S, et al. 2004. Integrated assessment of heavy metal(Pb, Zn, Cd)highway pollution: bioaccumulation in soil, Graminaceae and land snails. Chemosphere, 55(10): 1349-1359.

Visser S M, Sterk G, Ribolzi O, 2004. Techniques for simultaneous quantification of wind and water erosion in semi-arid regions. Journal of Arid Enviroments, 59(4):699-717.

Wischmeier W H, Smith D D. 1978. Predicting rainfall erosion losses. A guide to conservation planning. USDA agricultural handbook. Washington D C: U. S. Department of Agriculture.

第二章　道路边坡土壤养分特性与植物多样性

在山区的铁路和公路工程建设中，道路多穿行于河谷山川之间，开发建设工程常形成大量的道路边坡。边坡的开挖对所经过地区的自然地貌造成了严重及广泛的破坏，给区域生态系统、区域景观和道路运行安全带来了巨大的压力。在维护边坡稳定与边坡生态景观恢复实践中，以植被为主体的坡面生态工程逐渐发展起来，植被越来越多地成为控制侵蚀和稳定边坡的一个有效措施（Coppin and Richards, 1990; Nordin, 1993; Gray and Sotir, 1997）。

水力播种技术被广泛应用于道路建设形成的边坡恢复，其主要是通过促进植被的生长从而减缓侵蚀（Muller et al., 1998; Andrés and Jorba, 2000; Bochet and García-Fayos, 2004）。水力播种作为一项特殊有效但昂贵的技术，在生态恢复应用的过程中有许多限制（Roberts and Bradshaw, 1985）。探索经济、便利、资源节约的水利喷播基材的主体应用于生态恢复的过程中具有十分重要的意义。人工混合基材是水力喷播中的重要组成部分，传统的水力喷播混合基材的主要部分常使用农田土和水泥，而农田土的使用造成了土地资源的浪费并加剧了土地的退化（张俊云等，2000; 李绍才等，2006; Gao et al., 2007）。

水力播种等恢复的方法在大多数道路边坡上能达到理想的恢复效果，但还必须取决于很多其他的影响因子（Andrés et al, 1996; Bochet and García-Fayos, 2004）。道路边坡坡度对道路边坡植物的生长与分布有明显影响，造成陡坡不利于生态恢复的原因主要是坡面土壤中的种子不易附着，土壤容易缺失水分且有向坡下移动的趋势（Cerdà and García-fayos, 1997; García-fayos and Cerdà, 1997）。

道路建设形成不同坡向的边坡，不同坡向上的太阳辐照时间和风力作用，影响了坡面温度、土壤和植被的含水量，从而决定了生态恢复的效果（Balisky and Burton, 1995; Andrés et al., 1996; Jover, 1997）。Cano 等（2002）研究得出，随着东南—西南—南的坡向变化，坡面温度呈现递增的趋势，土壤水分随着这样的趋势减少，植被可以利用的水分也随着减少。伴随着这样的坡向变化以及温度、水分变化趋势，坡面的植被密度、生物量、总盖度和种子萌芽率随之降低。除此之外，坡向的不同也会导致坡面土壤侵蚀和土壤干燥速度的差异（Arnáez and Larrea, 1995; Andrés and Jorba, 2000; Bochet and García-Fayos, 2004）。

道路边坡坡位影响土壤表层的径流、土壤温度、土壤侵蚀甚至土壤发生的速度。Tsui 等（2004）在山区的试验结果得出，不同坡位的气候条件、成土过程及地形因素极大地影响山区的道路边坡生态恢复。丘陵区道路边坡上不同位置的土壤形成过程决定了不同的土壤性质（Brubaker et al., 1993），而不同的土壤性质会影响植被的生长、分布、凋落量状况及腐烂程度。将土壤养分、植被的空间变化与坡位联系起来，并找到相关的特征，对于预测和认识生态恢复的过程至关重要（Schimel et al., 1991）。

第一节　坡位对道路边坡土壤养分与植物多样性的影响

山区道路建设形成了大量的裸露道路边坡。该过程导致了区域景观破碎，破坏了原生境的生物多样性，同时造成了严重的水土流失（Miller et al., 1996）。由于植物群落很难在坡面上建立、生长、演替，道路边坡一直都被认为是生态恢复的重点和难点（Paschke et al., 2000）。此外，道路边坡上细沟侵蚀、侵蚀沟及坡面物质的大量位移等侵蚀现象非常严重，也是道路边坡生态恢复研究中的难题（Bochet and García-Fayos, 2004）。Bradshaw（1997）的研究表明，要对道路边坡进行成功的生态恢复，必须在重建坡面植被的同时进行坡面土壤的改良。

以坡面植被建立为目标的生态恢复常将研究重点放在短期内的恢复效果，应将长期的和自然演替为基础的植被恢复作为生态恢复的重点（Muller et al., 1998; Matesanz et al., 2006）。Harris 和 Hobbs（2001）、Schafers 和 Sýkora（2002）的研究认为，目前的研究结果普遍缺乏坡面生态恢复的理念和对系统规律的认识，应积极了解完整的道路边坡生态恢复过程。了解道路边坡上经自然演替形成的植被分布规律及其影响因素，将为今后的恢复工作提供重要的理论基础。

丘陵区由于地势起伏不均，在该区域的道路修建过程中产生了大量的道路边坡，地势起伏的高低造成了坡面长度和坡度的差异。由于坡面倾斜，坡面上植被生长的土壤常由于侵蚀或重力等原因缺失，使得边坡上植物群落的建立与生长尤为困难（Paschke et al., 2000）。坡面上不同的坡面位置决定了土壤的形成，造成坡位间土壤温度的差异，影响表层土的径流及深层土壤的侵蚀。Brubaker 等（1993）的研究表明，不同坡面位置的土壤形成过程，决定了土壤性质的差异，从而影响植物群落的建立、土壤侵蚀的程度。而不同的土壤性质不但会影响到植物的生长，也会影响植物的凋落量、腐烂的程度及土壤中营养元素的循环（李绍才等，2006）。Tsui 等（2004）研究了山区不同坡面位置的土壤和植物群落的分布，发现气候条件、成土过程和地形因素是影响植物区系分布的主要原因。Schimel 等（1991）认为，将土壤养分、植被分布与坡面位置联系起来，找到相关的联系，对于预测和认识生态恢复的过程至关重要。有多项研究调查了干旱半干旱山区的道路边坡土壤养分和坡面植物的分布特征（Bochet et al., 2007; Tormo et al., 2007），但有关亚热带湿润丘陵区道路边坡上土壤养分和植被分布情况却鲜见报道。

一、土壤养分在道路边坡上的空间变异性

针对 20 世纪 50 年代修建成昆铁路时形成的典型的路堑边坡，就亚热带湿润丘陵区道路边坡上不同坡面位置间土壤养分的空间变异性和植物群落分布特征进行研究，得出土壤养分在道路边坡不同坡位的平均值和标准差结果见表 2-1。

表 2-1 表明，土壤全氮、碱解氮、速效钾、有机碳和 pH 在坡上、坡中和坡下间均表现出显著的差异性，而三个坡位间土壤的含水量差异不明显。从坡上到坡下，土壤全氮、碱解氮、全磷、有效磷、速效钾、有机碳和 pH 都表现出递增的趋势，其中土壤全磷和全钾的含量在坡中和坡下之间差异并不显著。由于坡面表层土的侵蚀和重力因素，土壤中

表 2-1 道路边坡不同坡位土壤性质的平均值和标准差

坡位	全氮 / (mg/kg)	碱解氮 / (mg/kg)	全磷 / (mg/L)	有效磷 / (mg/kg)	全钾 / (mg/L)	速效钾 / (mg/kg)	有机碳 / (g/kg)	pH	含水量	容重 / (g/cm³)
坡下	9.7±0.8a	106.4±4.0a	1.2±0.1a	2.3±0.4a	4.6±0.2a	11.5±1.5a	2.7±0.1a	6.3±0.1a	27.1±5.8a	1.3±0.1a
坡中	7.2±0.8b	97.7±2.9b	0.45±0.03b	1.9±0.1a	4.0±0.04b	7.9±0.3b	2.0±0.1b	5.7±0.02b	27.5±4.8a	1.1±0.1b
坡上	4.8±0.3c	70.2±1.2c	0.34±0.01b	1.1±0.1b	4.0±0.1b	6.0±0.7c	1.0±0.05c	5.0±0.1c	28.4±1.9a	1.2±0.1a

注：数据后不同的小写字母表示坡位间差异显著（$p < 0.05$）。

的养分倾向于向坡下位置移动，这可能是造成坡下位置土壤养分含量较高的原因。但坡位间土壤的含水量最高值（27.5%）出现在坡中，且三个坡位间土壤含水量并无显著的差异，这可能是由于坡面不平整，形成了坡面上的微地形。坡下作为土壤养分的累积区域，土壤全氮的含量在坡下远大于上坡位，为 9.7mg/kg，同时碱解氮的含量达到了 106.4mg/kg。相比于坡上土壤中的全磷含量（0.34mg/L），坡下的土壤全磷富集明显，达到了 1.2mg/L。土壤有机碳的含量在坡下仅为 2.7g/kg，说明道路边坡整个坡面上的土壤相对贫瘠。根据土壤的 pH 可以判断，道路边坡坡面上三个坡位的土壤酸化现象都比较严重，这将严重影响坡面植物的生长和演替。容重较大的土壤中土壤团聚体结构较差，不利于植被的生长。在本书中三个坡位上土壤容重略微紧实，但坡位间差异不明显。

　　道路边坡上土壤养分和坡位的相关性分析见表 2-2。表 2-2 表明，道路边坡坡面土壤中的全氮、碱解氮、全磷、有效磷、全钾、速效钾、有机碳、pH 之间显著相关，以上的土壤养分同时与边坡的坡位显著相关。土壤中的全氮、碱解氮、全磷、有效磷、全钾、速效钾、有机碳、pH 在道路边坡不同坡位间类似的分布规律可以解释它们之间显著相关且相关系数值很高的原因（表 2-1）。坡位可被认为是影响坡面土壤养分的重要因子。土壤含水量和土壤容重与其他的土壤养分、坡位没有显著相关性，这可能与各坡位间土

表 2-2 土壤性质与坡位的相关性分析

项目	全氮	碱解氮	全磷	有效磷	全钾	速效钾	有机碳	pH	含水量	容重
碱解氮	0.912**									
全磷	0.860**	0.895**								
有效磷	0.860**	0.776**	0.832**							
全钾	0.856**	0.895**	0.825**	0.685*						
速效钾	0.947**	0.970**	0.900**	0.802**	0.921**					
有机碳	0.877**	0.867**	0.951**	0.888**	0.776**	0.876**				
pH	0.842**	0.874**	0.972**	0.853**	0.804**	0.879**	0.965**			
含水量	−0.011	0.189	0.035	−0.007	−0.098	0.109	0.063	0.021		
容重	0.042	−0.091	−0.056	0.007	0.252	0.025	0.021	−0.056	−0.322	
坡位	0.949**	0.946**	0.946**	0.917**	0.857**	0.948**	0.946**	0.946**	0.030	−0.030

**各参数在 0.01 的区间显著相关。

壤含水量、土壤容重并无显著的差异有关（表 2-1）。土壤含水量与土壤全氮、有效磷、全钾、土壤容重之间呈负相关，相关系数分别为–0.011、–0.007、–0.098 和–0.322。土壤容重与土壤碱解氮、全磷、pH 和含水量之间呈负相关，相关系数分别为–0.091、–0.056、–0.056 和–0.332。土壤全氮与坡位之间的相关系数最大（0.949），土壤全氮与速效钾之间的相关系数达到了 0.947。相比其他的养分，土壤碱解氮与速效钾之间的相关系数最大（0.970），可认为道路边坡上土壤的速效钾是影响土壤氮素的关键因子之一。道路边坡坡面土壤养分中土壤 pH 与土壤全磷、土壤有机碳之间的相关系数是最高，分别为 0.972 和 0.965。

二、道路边坡不同坡面位置的植物分布特征

植物在道路边坡不同坡位的指示种和指示值见表 2-3。表 2-3 的结果显示，在道路边坡的三个坡位中有 12 种植物的指示值显著高于其他物种。坡上和坡中分别有 3 种植物的实测指示值大于 50.0。在坡上，芒萁（*Dicranopteris dichotoma* Bernh.）作为该坡面位置的指示种，其实测指示值为 70.9。坡中没有指示种，相对坡中位置出现的其他物种，白茅 [*Imperata cylindrica*（Linn.）Beauv]、倒提壶（*Cynoglossum amabile* Stapf et Drumm.）和蒲公英（*Taraxacum mongolicum* Hand.-Mazz.）的实测值相对较高。坡下共有 6 种植物的实测指示值大于等于 50.0，牛膝（*Achyranthes bidentata* Blume.）作为坡下的指示种（$p=0.010$），其实测指示值达到了 100.0。柳叶箬（*Isachne* sp.）、金疮小草（*Ajuga decumbens* Thunb.）、三叶鬼针草（*Bidens pilosa* Linn.）、问荆（*Equisetum arvense* L.）和香根芹（*Osmorhiza aristata* Makino et Yabe.）在坡下位置的 p 值大于 0.05，说明它们在整个坡下位置分布比较均匀。而在坡上，金星蕨（*Parathelypteris glanduligera* Ching.）和紫花地丁（*Viola philippica* Cav.）也是均匀分布在坡上的坡面中。经过指示种分析，针对实测指示值小于 50.0 的植物物种，认为这些植物物种在所有的坡位中都有出现，但出现的频率很少。

表 2-3 植物在道路边坡不同坡位的指示值

植物物种	坡位	实测指示值	随机均值	p 值
柳叶箬（*Isachne* sp.）	坡下	72.8	50.3	0.089
金疮小草（*Ajuga decumbens* Thunb.）	坡下	50.0	24.2	0.265
*牛膝（*Achyranthes bidentata* Blume）	坡下	100.0	32.0	0.010
三叶鬼针草（*Bidens pilosa* Linn.）	坡下	50.0	23.8	0.289
问荆（*Equisetum arvense* L.）	坡下	68.5	39.3	0.155
香根芹（*Osmorhiza aristata* Makino et Yabe.）	坡下	66.0	49.8	0.277
白茅[*Imperata cylindrica*（Linn.）Beauv]	坡中	50.6	51.0	0.408
倒提壶（*Cynoglossum amabile* Stapf et Drumm.）	坡中	50.0	27.6	0.284
蒲公英（*Taraxacum mongolicum* Hand.-Mazz.）	坡中	75.0	30.8	0.069
金星蕨（*Parathelypteris glanduligera* Ching.）	坡上	50.0	28.7	0.276
*芒萁（*Dicranopteris dichotoma* Bernh.）	坡上	70.9	37.0	0.028
紫花地丁（*Viola philippica* Cav.）	坡上	50.0	23.4	0.293

*不同坡位上的植物指示种（$p<0.05$）。

三、道路边坡上植被分布特征与土壤性质的相关性分析

道路边坡各坡位间植被和环境变量的 DCCA 排序结果如图 2-1 所示。

坐标轴中环境变量的特征值、变量和相关性结果见表 2-4。

图 2-1 利用坐标轴的方式非常合理地呈现了坡面植物的优势种在三个坡位之间与环境变量的关系。第一轴线和第二轴线的特征值说明植被的群落随着测量的梯度而分隔（表 2-4）。对调查数据的指示种分析结果表明特定的植物与坡位之间有一定的相关性或表现出一定的分布趋势。

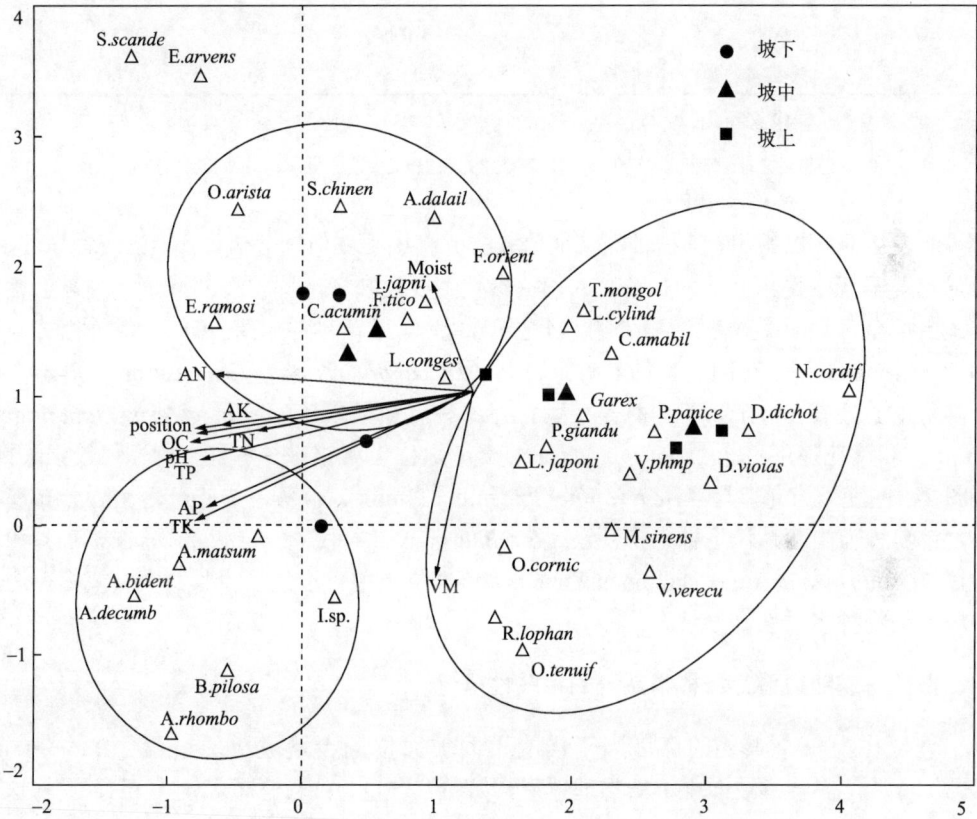

图 2-1 道路边坡各坡位间植被和环境变量的 DCCA 排序

表 2-4 坐标轴中环境变量的特征值、变量和相关性

变量	第一轴	第二轴
特征值	0.670	0.344
变量百分比 [a]	28.6%	43.2%
坡位	−0.7584	0.1581
全氮	−0.5894	0.0871
碱解氮	−0.7316	0.3157

续表

变量	第一轴	第二轴
全磷	−0.7305	0.0524
有效磷	−0.6908	−0.1098
全钾	−0.7130	−0.1446
速效钾	−0.7046	0.1483
有机碳	−0.7552	0.1387
pH	−0.7637	0.1197
含水量	−0.1716	0.4012
容重	−0.0140	−0.5589
p 值 [b]	0.0015	0.1760

a 解释了 DCCA 轴线上的变量百分比；

b 通过 1999 次随机数据的运算得到特征值和植被−环境变量之间相关关系的 Monte carlo 检验的结果。

　　从表 2-4 可以得出，第一轴的特征值 0.670 相比于其他轴数值最高。第一轴与坡位、土壤元素显著相关。土壤 pH 较高的相关参数主要反映了土壤的酸度。第二轴与土壤容重、土壤全钾、有效磷含量和土壤水分显著相关。第一轴与土壤 pH 显著负相关（$r=$ −0.7637, $p<0.01$）。在图 2-1 的右方是芒萁（*Dicranopteris dichotoma* Bernh.）群落。芒萁群落主要分布在坡上，优势种是芒萁，伴生种有金星蕨（*Parathelypteris glanduligera* Ching.）和紫花地丁（*Viola philippica* Cav.）。该坡位土壤相对贫瘠且土壤呈现较强酸性。在图 2-1 的左下方是牛膝（*Achyranthes bidentate* Blume）群落。牛膝群落主要分布在坡下，优势种为牛膝，伴生种为柳叶箬（*Isachne* sp.）、木贼（*Equisetum arvense* L.）和香根芹（*Osmorhiza aristata* Makino et Yabe），该坡位土壤含水量较少且紧实。植物在边坡的坡下的物种多样性高于坡上。

四、坡位与道路边坡土壤植物系统的相关性探讨

　　坡位作为一个重要的环境因子影响不同坡面位置土壤成土的过程（Buol et al., 1997）。坡位影响了坡面土壤的物理性质，如黏粒含量、沙粒含量和土壤 pH，且与这些土壤性质显著相关（Ovalles and Collins, 1986）。由于坡面的倾斜，易产生地表径流并将坡面表层的物质通过侵蚀等土体移动过程转移至坡下位置（Hall, 1983）。Tsui 等（2004）在山区的研究表明，坡面土壤的性质和植被的组成随着海拔和温度的差异而变化明显。本书研究区的边坡位于丘陵区域，坡面上土壤性质和植被的组成与分布存在差异。边坡的坡下由于坡面土壤的长期径流、表层土中土壤养分的沉积以及植物在坡下的腐解等原因，造成了土壤养分在坡下含量相对较高的现象。而该结论同 Brubaker 等（1993）的研究结果一致。由于边坡的特殊地形，边坡的坡下位置可看做整个边坡的凹面，这种类型的边坡减少了水土流失量，并且会累积来自坡上的可溶性阳离子（Huggett, 1975）。本书研究区的坡面各坡位间土壤水分并没有明显的差异，这与其他的实验结果截然不同。在干旱半干旱区域的研究结果显示，土壤水分在边坡各坡位之间的差异是非常明显的

（Wang et al., 2001）。本书研究区域属亚热带湿润季风气候，具有气候温和、雨量充沛、四季分明等特点，年平均降水量达到了 1357mm，这可能是各坡面土壤水分在各坡位间差异不显著的原因。

通过 ISA 方法分析的结果得出，牛膝（*Achyranthes bidentata* Blume）和芒萁（*Dicranopteris dichotoma* Bernh.）分别是坡上位置和坡下位置的优势种。芒萁（*Dicranopteris dichotoma* Bernh.）是一种耐酸性的植物，其作为一种酸性土壤的指示植物广泛分布于我国亚热带丘陵地区。道路边坡坡下位置的土壤 pH 比其他坡面位置要高，造成这种现象的原因可能是坡下土壤可溶性阳离子的累积作用（Tsui et al., 2004）。牛膝（*Achyranthes bidentata* Blume）是一种深根性植物，多生长在温暖的气候条件，常见于砂质壤土中。植物在边坡上保持土壤水分和根系稳固方面起到了非常重要的作用。随着土壤容重的增加，土壤的流失和土壤水分都会增加（王辉等，2007）。土壤容重较大的土质相对较紧实，土壤之间孔隙度小影响了土壤的渗透性，而这样的土壤中团聚体结构也会影响道路边坡上植被的生长和分布。土壤的性质（如土壤酸度和土壤养分）同样影响着植被的类型（van Breemen et al., 1997; Finzi et al., 1998; van Breemen and Finzi, 1998）。

探索道路边坡上影响植被生长和分布的关键因子对于将来的恢复工作具有重要的意义。本书研究得出，土壤 pH 是影响道路边坡上植被组成的关键因子。Ruiz-Jean 和 Aide（2005）的研究结果指出，生态恢复的目的在于建立目标植物群落，通常以植物的多样性和盖度等指标来评估。但是，这个结论并不能满足土壤生态学家对于生态恢复的要求，大多数土壤生态学家认为生态恢复的过程还需同时考虑土壤的动态平衡。Prach 等（2007）的研究结果表明，土壤的 pH 对植被演替过程中植物的生长和分布规律有着重要的影响。Chytrý 等（2003）的研究结果表明，土壤 pH 作为重要影响因子之一，影响了植物群落中物种的组成和多样性结构。pH 较低的酸性土壤，不但影响了土壤养分含量，还会从多个方面影响植物养分的吸收（Lucas and Davies, 1960）。然而，Karim 和 Mallik（2008）的研究结果表明，土壤水分含量是影响生态恢复过程中植物根的构型和植物生物量分配规律的关键因素。多项有关道路边坡生态恢复的研究都是在干旱半干旱地区，且实验地点多在山区（Kubota et al., 1998; Tsui et al., 2004），与亚热带丘陵区的道路边坡相比，不但气候、温度和降雨等条件有很大的区别，而且边坡的高度等参数也有不同，这些区别也许是影响生态恢复中植物群落各项评估指标不同的原因。研究并了解亚热带丘陵地区边坡生态恢复对于补充并完善生态恢复的理论和实践意义重大。

有许多因素影响道路边坡生态恢复，如光热、水分、有效养分、地形和微生境等（Baskin and Baskin, 1998; Visser et al., 2004）。道路边坡不同坡向上太阳辐射差异也导致了各坡向间植物的生长和分布的区别（Cano et al., 2002）。Montalvo 等（2002）的研究结果表明，土壤的性质对于植物生长和分布的影响在生态恢复初期演替过程中大于植物种植技术的影响。不同类型植被在不同地形条件下的生长和分布主要取决于土壤养分的有效性（Kubota et al., 1998）。通过对亚热带环境丘陵区的研究，在道路边坡的生态恢复过程中，不仅要考虑到土壤性质的改良，而且要考虑到适宜植物的选择。在将来的道路边坡生态恢复过程中，应综合考虑具体区域的气候条件、土壤性质、植物和地形等影响因素。

第二节　坡向对道路边坡土壤养分和植物物种多样性的影响

在山区的铁路和公路工程建设中形成了大量的道路边坡。边坡的开挖对于所经地区的自然地貌造成了严重的破坏，给区域生态系统、区域景观和道路运行安全带来了巨大的压力。道路边坡的开挖常形成大量的裸露岩石边坡和光秃的斑块，从而导致道路沿线的景观破碎化现象（Miller et al., 1996）。而景观的破碎和斑块化，影响了原有区域动、植物物种的组成和迁移，影响了物种的分布，甚至造成了区域生物多样性的丧失（Forman and Alexander, 1998; Formanet al., 2003）。此外，边坡岩土体的崩塌、滑坡和泥石流等失稳破坏形式还会给人民生命和财产带来巨大的损失（Morgan and Rickson, 1995; 杨喜田等，2000; 张俊云等，2000）。以植被护坡为手段的道路边坡生态恢复能够有效缓解边坡上的侵蚀，恢复边坡的植物多样性而广泛应用于道路边坡的治理过程（Andrés et al., 1996）。而生态恢复的影响因子，如气候、坡面参数和污染物质等也受到了越来越多的关注。

道路建设形成了不同坡向的边坡，由于不同坡向上的太阳辐照时间和风力作用的差异，导致了坡面土壤温度和含水量的区别，从而影响了植被所需的水分，使得不同坡向上植物的生长和分布出现很大的区别（Balisky and Burton, 1995; Jover, 1997）。Cano等（2002）的研究得出，不同道路边坡的坡向间温度的变化会引起土壤水分的变化，从而影响植被的可利用水分。伴随着坡向的不同以及温度和水分的变化，坡面的植被密度、生物量、总盖度和种子萌芽率随之降低。当影响植物群落的环境因子（如太阳辐射、温度、含水量和土壤理化性质等）存在较大的差异时，植物群落的演替方向会发生改变，并在植物群落的结构、功能和动态变化上出现分化，并表现出景观上的差异。植物群落的这些差异，都与植物群落的物种多样性密切相关（杨玉金等，2006; 刘春霞和韩烈保，2007）。坡向的不同也能通过影响坡面植被进而影响坡面土壤的侵蚀过程（Arnáez and Larrea, 1995; Andrés and Jorba, 2000）。本书对道路边坡不同坡向的人工土壤和植被群落结构进行了调查分析，以期为道路边坡生态恢复和植物群落的重建提供理论依据。

一、道路边坡不同坡向土壤性质的季节变化

针对 20 世纪 50 年代修建成昆铁路时形成的典型的路堑边坡，就亚热带湿润丘陵区道路边坡上不同坡向土壤性质的季节变化进行研究，得出了不同坡向土壤 pH 的季节变化（图 2-2）。图 2-2 表明，四个坡向上的土壤都表现出弱碱性，在调查的四个季度，1月和 10 月 4 个坡向上土壤 pH 差异较显著，4 月和 7 月，四个坡向间土壤没有明显的差别。在调查的四个季度间，土壤 pH 的最大值始终出现在南向坡，而最小值都是出现在东向坡。东向坡上土壤 pH 从 1~4 月逐渐减小，随后碱性增加，7 月达到四个季度的最大值（8.14），碱性最强。7 ~10 月东向坡的 pH 显著减小，南向坡的变化规律与东向坡相同，但南向坡在调查的年间 pH 都大于东坡。西向坡从 1~4 月土壤 pH 略减，4~10 月缓慢上升至 8.11，季节间变化平缓。在 1 月、4 月、10 月的调查中，南向坡、西向坡、北

向坡三个坡向间均无明显差异，且土壤 pH 显著高于东向坡。

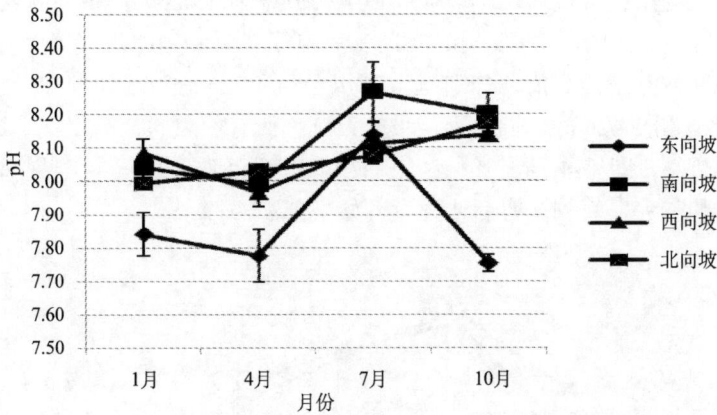

图 2-2　不同坡向土壤 pH 的季节变化

不同坡向土壤有机质含量的季节变化结果如图 2-3 所示。图 2-3 表明，在实验调查的四个季度中，4 月和 10 月阳坡（东向坡和南向坡）上土壤有机质含量显著大于阴坡（西向坡和北向坡）。1 月的调查数据显示，四个坡向间的土壤有机质含量都有显著的差异，北向坡的土壤有机质含量达到了 35.68g/kg。而四个坡向上土壤有机质含量在 7 月却没有显著的差异。在整个调查期间，阳坡（东向坡和南向坡）和西向坡都出现一致的变化规律，即 1~4 月土壤有机质含量上升，4~7 月土壤有机质含量剧烈减少，7~10 月土壤有机质含量缓慢下降，在 4 月这三个坡向上土壤有机质含量达到最高值。北向坡则表现出极其不同的变化趋势，在整个调查的年间，北向坡上的土壤有机质含量持续下降，从 35.68g/kg 减少到 18.43g/kg。

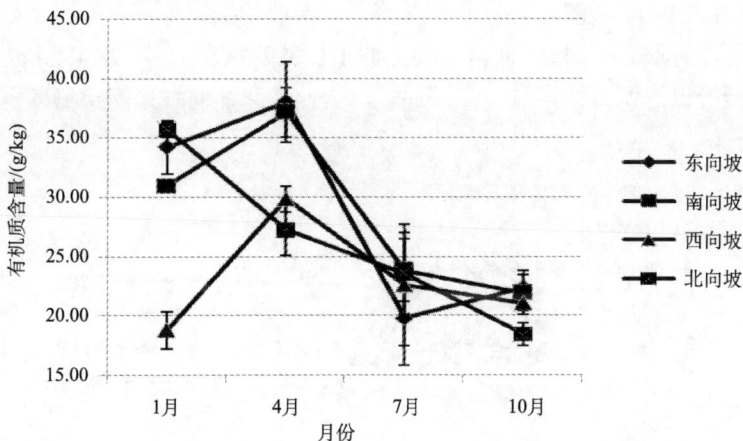

图 2-3　不同坡向土壤有机质含量的季节变化

不同坡向土壤全氮含量的季节变化结果如图 2-4 所示。图 2-4 表明，在实验调查的四个季度中，土壤全氮含量在各坡向间都呈现出显著的差异。阳坡（东向坡和南向坡）

上的土壤全氮含量在四次的季度调查间都显著的大于阴坡（西向坡和北向坡）。1月和4月，南向坡的土壤全氮含量在四个坡向间最大，分别为 1.82g/kg 和 2.00g/kg，北向坡的土壤全氮含量最小，只有 1.52g/kg 和 1.61g/kg。到了 7 月和 10 月，东向坡的土壤全氮含量在四个坡向间达到了最大值，分别为 1.91g/kg 和 1.82g/kg，而西向坡上的土壤全氮含量仅有 1.54g/kg 和 1.42g/kg。除了西向坡外，其他所有的坡向上的土壤全氮含量都表现出同样的变化规律，即 1~4 月上升，4~10 月下降。而西坡在整个 1~7 月的时期内全氮含量都呈现上升的趋势，直到 7 月后才逐渐开始下降。

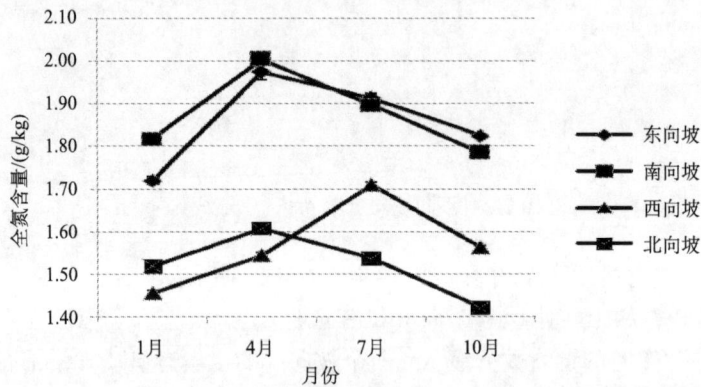

图 2-4　不同坡向土壤全氮含量的季节变化

　　不同坡向土壤碱解氮含量的季节变化结果如图 2-5 所示。图 2-5 表明，在实验调查的四个季度中，各坡向坡面土壤碱解氮含量都表现出显著的差异。1月、4月和10月，阳坡（东向坡和南向坡）上土壤碱解氮的含量都显著大于阴坡（西向坡和北向坡）。1月、4月和7月，阳坡的两个坡向差异不显著。10月的阳坡土壤碱解氮含量结果显示，东向坡和南向坡的土壤碱解氮含量差异显著，东向坡的土壤碱解氮含量达到了整个调查阶段的最高值，为159.80g/kg，而南向坡上的土壤碱解氮含量为128.48g/kg。7月对于四个坡向土壤碱解氮的调查结果显示：东向坡、南向坡和北向坡之间土壤碱解氮含量差异

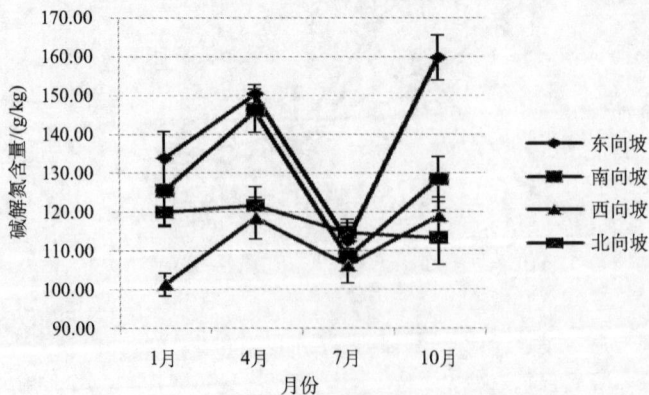

图 2-5　不同坡向土壤碱解氮含量的季节变化

不显著，南向坡和西向坡之间土壤碱解氮含量差异不显著。东向坡的土壤碱解氮含量呈现出 1~4 月含量增加，4~7 月下降，而 7~10 月又升高的变化规律，且 7~10 月增加幅度较大。西向坡的年间变化规律同东向坡类似，且变化较平缓。

不同坡向土壤有效磷含量的季节变化结果如图 2-6 所示。图 2-6 表明，在实验调查的四个季度中，各坡向间土壤有效磷含量呈现显著的差异，但每个季度间的差异性并不相同。1 月南向坡显著大于其他的坡向，土壤有效磷含量为 17.85mg/kg，东向坡、西向坡和北向坡的土壤有效磷含量没有显著差异。4 月东向坡的土壤有效磷含量最高（14.96mg/kg），南向坡和北向坡的土壤有效磷含量没有显著差异，西向坡显著区别于其他的坡向，土壤有效磷含量仅有 6.58mg/kg。7 月四个坡向的土壤有效磷含量都呈现出显著的差异，土壤有效磷含量最大的坡向出现在东向坡，为 18.68mg/kg。10 月东坡向的土壤有效磷含量达到四个季度间的最大值，为 23.54mg/kg，其他三个坡向差异不显著。在调查的四个季度中，除了东向坡土壤有效磷含量持续上升之外，其他三个坡向均表现为 1~4 月显著下降，4~10 月变化平缓的趋势。

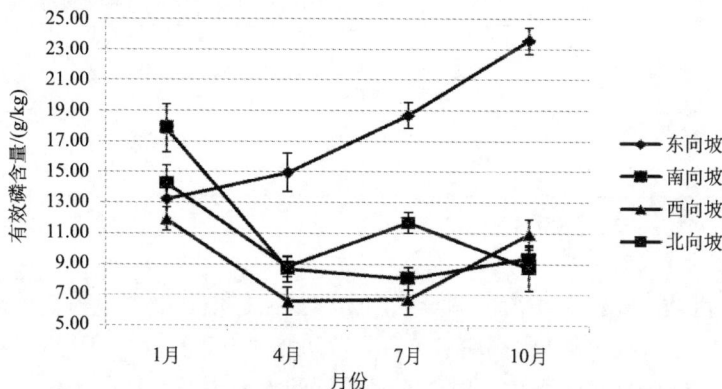

图 2-6　不同坡向土壤有效磷含量的季节变化

不同坡向土壤速效钾含量的季节变化结果如图 2-7 所示。图 2-7 表明，不同坡向土壤速效钾含量在四个季度的调查间均显示出显著的差异。4 月、7 月和 10 月，阳坡（东

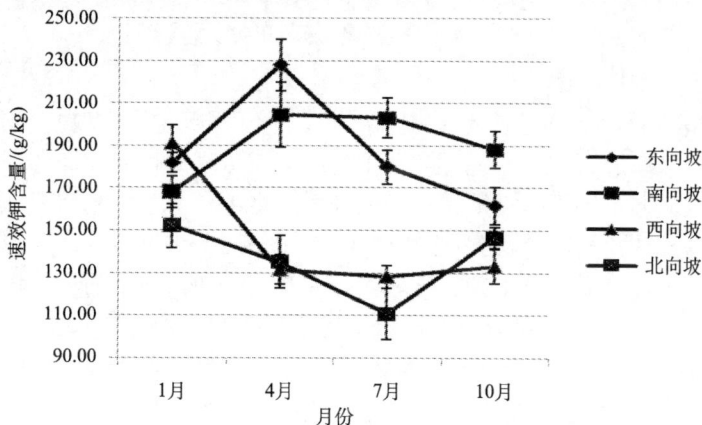

图 2-7　不同坡向土壤速效钾含量的季节变化

向坡和南向坡）和阴坡（西向坡和北向坡）的土壤速效钾含量差异显著，1 月东向坡和西向坡之间土壤速效钾含量没有差异，这两个坡位和南向坡、北向坡之间差异明显。在 4~10 月，阳坡的土壤速效钾含量显著高于阴坡。阳坡（东向坡和南向坡）在年间变化上显示出相同的规律，土壤速效钾含量在 1~4 月上升，4~10 月下降；而阴坡（西向坡和北向坡）土壤速效钾含量在整个实验期间表现为先下降再上升的趋势。在 1 月，所有的坡位中土壤速效钾含量差异不大，但 1~4 月，阳坡和阴坡的土壤速效钾含量表现出截然不同的变化规律，阳坡显著增加，阴坡显著减少。

二、道路边坡不同坡向植物物种多样性的季节变化

不同坡向植物盖度的季节变化结果见表 2-5。

表 2-5　不同坡向植物盖度的季节变化

坡向	1 月	4 月	7 月	10 月
东向坡	69 b	84 a	78 b	83 b
南向坡	76 ab	78 ab	82 b	79 bc
西向坡	90 a	74 b	90 a	90 ab
北向坡	85 a	69 bc	96 a	91 a
F	3.91	5.03	11.04	4.42

注：数据后不同的小写字母表示坡位间差异显著（$p<0.05$）。

由表 2-5 可知，在四个季度的调查期间内，道路边坡各坡向上植物的盖度均表现出显著的差异。1 月、7 月和 10 月间阴坡（西向坡和北向坡）的植物盖度显著高于阳坡（东向坡和南向坡），阳坡由于受到长时间、高强度的太阳辐射，坡面土壤含水量低，坡面植物蒸腾作用大，不利于坡面植物的生长。4 月的调查中，阳坡（东向坡和南向坡）的坡面植物盖度显著大于阴坡，其中北向坡的植物盖度仅有 69%，为四个季度调查中的最低值。这一现象可能是由于当地在 4 月里的温度和降雨适中，温度和含水量在阴坡和阳坡上差异不大，阳坡上的太阳辐射更利于植物的生长。西向坡和北向坡的植物盖度在四个季度间呈现一致的变化规律，即坡面植被盖度在 1~4 月显著下降，4~7 月明显增加，7 月达到调查期间的峰值，随后缓慢下降。

不同坡向植物物种多样性的季节变化结果见表 2-6。由表 2-6 可知，阳坡（东向坡和南向坡）和阴坡（西向坡和北向坡）在四个季度坡面植物物种的多样性呈现出截然不同的变化规律。1~4 月，阳坡坡面的植物多样性显著地上升，其中东向坡上的物种多样性指数达到了 1.075，而阴坡的植物多样性在这个季度间上升缓慢；4~7 月，阳坡上的植物物种多样性显著下降，而阴坡上则显著增加，在 7 月，西向坡上的植物物种多样性达到了峰值，为 0.766；1 月和 4 月阳坡上植物的物种多样性显著高于阴坡，7 月间阴坡的物种多样性则显著高于阳坡，可能是因为阳坡受到过多的太阳辐射，导致坡面植物的枯萎，而阴坡坡面的水热条件在这个季节更适合于植物的萌芽和生长。7~10 月，阴坡的坡面植物物种多样性开始逐渐回落，而阳坡上显著增加。

表 2-6 不同坡向植物物种多样性的季节变化

坡向	1月	4月	7月	10月
东向坡	0.403 a	1.075 a	0.436 b	0.881 ab
南向坡	0.363 ab	0.832 b	0.213 bc	1.074 a
西向坡	0.152 b	0.283 c	0.766 a	0.524 b
北向坡	0.189 ab	0.180 c	0.661 ab	0.495 b
F	3.02	34.65	8.1	4.4

注：数据后不同的小写字母表示坡位间差异显著（$p<0.05$）。

不同坡向植物物种丰富度的季节变化结果见表 2-7。由表 2-7 可知，1月、4月和 10月，阳坡（东向坡和南向坡）上的植物物种丰富度显著大于阴坡（西向坡和北向坡）。7月的调查中，北向坡的植物物种丰富度最大（2.239），显著大于南向坡（1.623），东向坡和西向坡与这两个坡向之间都没有显著的差异。1~4 月，阳坡和阴坡坡面的植物丰富度都呈现上升的趋势；4~7 月，阳坡上的植物物种多样性显著下降，而阴坡上则显著增加；7~10 月，阴坡的坡面植物物种多样性开始显著回落，而阳坡上则显著增加。

表 2-7 不同坡向植物物种丰富度的季节变化

坡向	1月	4月	7月	10月
东向坡	1.812 a	2.078 a	1.812 ab	1.987 ab
南向坡	1.717 ab	1.798 ab	1.623 b	2.073 a
西向坡	1.443 b	1.443 b	2.149 ab	1.632 b
北向坡	1.443 b	1.537 b	2.239 a	1.726 ab
F	2.78	4.25	2.52	2.37

注：数据后不同的小写字母表示坡位间差异显著（$p<0.05$）。

不同坡向植物物种均匀度的季节变化结果见表 2-8。由表 2-8 可知，1月和4月，阳坡（东向坡和南向坡）坡面的植物物种均匀度显著大于阴坡（西向坡和北向坡）；而 7月和 10月，则是阴坡（西向坡和北向坡）坡面的植物物种均匀度显著大于阳坡（东向坡和南向坡）。1~4 月，阴坡和阳坡上植物的物种均匀度都呈现上升的趋势，但阳坡上物

表 2-8 不同坡向植物物种均匀度的季节变化

坡向	1月	4月	7月	10月
东向坡	0.453 a	0.706 a	0.349 b	0.390 b
南向坡	0.410 a	0.855 ab	0.259 b	0.335 bc
西向坡	0.233 b	0.529 b	0.610 a	0.725 a
北向坡	0.270 b	0.433 b	0.568 a	0.589 ab
F	22.28	4.43	11.33	5.42

注：数据后不同的小写字母表示坡位间差异显著（$p<0.05$）。

种的均匀度在 4~7 月急剧地减少，南向坡在 7 月的物种均匀度仅为 0.259。7~10 月，阳坡的植物物种均匀度开始缓慢地回升。而阴坡的植物物种均匀度在整个调查期间都呈现缓慢上升的趋势。

三、坡向与道路边坡土壤植物系统的相关性探讨

坡向是影响道路边坡生态恢复的重要因素之一，它对于局部小气候的影响十分显著，从而影响着不同坡向上的植被生长、分布和土壤的性质。本书对不同坡向上土壤养分和植物的多样性进行四个季度的调查分析得出，阳坡（东向坡和南向坡）的土壤养分含量和植物的多样性指标都优于阴坡（北向坡和西向坡）。这一现象可能由以下原因决定：阴阳坡所接收的太阳辐射量是不同的，从而导致不同坡向边坡的温度差异。道路边坡的阳坡获得的太阳辐射总量要比阴坡多，阴坡由于日照时间短、强度低，因此获得的太阳辐射总量要低于阳坡。Cano 等（2002）的研究结果表明，太阳辐射影响坡面草本植物早期的建群和生长，尤其在冬季，阳坡上的辐射总量远大于阴坡，从而使得阴坡和阳坡上草本植物的生长状况截然不同。

由于温度的不同，导致阴坡和阳坡的水分蒸发量以及土壤含水量的不同，阴坡的土壤含水量大于阳坡。在干旱和半干旱地区，土壤水分既是植物生产力形成的主要限制因子，又是植被恢复的主要影响因素（杨文治和余祖存，1992; 朱志诚，1993;崔骁勇等，2001）。由于阳坡日照时间长、太阳辐射强和土壤水分含量低，常给植被的生长和分布带来不利的影响。干旱和半干旱区域的坡面研究中，土壤性质和植物群落的各项参数在阳坡上都明显劣于阴坡。由于水热条件的差异，半干旱地区植被的类型和密度均存在较大的差异，阴坡的草、灌、木自然演替时间比阳坡明显缩短（周金星，2007）。陈浩等（2006）的研究表明，由于土壤水分条件较好，在植被自然恢复中阴坡适宜乔木的生长，植被自然恢复中阳坡适宜灌草的生长。但是对于湿润的南方地区来说，向阳坡热量充足，有利于植被生长；对于相对缺水的北方地区来说，向阳坡热量充足，蒸发旺盛，不利于植被生长。本书的实验地点位于雨水充沛的四川地区，这也就解释了为什么土壤性质和植被参数在阳坡上优于阴坡。

研究不同坡向上土壤性质和植被参数的目的在于探索出更好的道路边坡生态恢复手段和效果。道路修建造成了道路边坡坡向的分异，导致了坡向间太阳辐射、温度和水分等环境因素的差异，从而影响了坡面土壤和植被的性质。坡面植被和土壤被认为是评价道路生态恢复效果好坏的标准（Bradshaw, 1997）。当坡向不可改变时，应改良土壤和植被的参数以优化道路边坡生态恢复的效果。

土壤是植被生长的载体，对于道路边坡的生态恢复有着重要的影响。Bradshaw（1990）的研究结果表明，在受到高度干扰的生境中，土壤营养的施用对于植物的生长和移居至关重要。而作为道路边坡这样一个特殊生境，降雨和侵蚀的原因常导致坡面裸露，失去植被生长的土壤，从而影响生态恢复。道路边坡坡面上表面土的应用（通常经过预处理），可通过改良土壤的理化特性，以促进坡面植被的建立（Cotts et al., 1991; Harwood et al., 1999; Balaguer, 2002）。但是，对于道路边坡坡面土壤的改良必须综合考虑一系列影响恢复效果的因素，包括气候、坡面参数和植被等多项因素的影响。因此，在研究土壤对

于道路边坡不同坡向土壤生态恢复的过程中，必须综合多项因素具体考虑。

水力播种技术被广泛应用于道路建设形成的边坡恢复，其主要是通过水力的方式将外援物质与种子的混合物喷洒在坡面上，以促进植被的生长从而减缓侵蚀（Muller et al. 1998; Andrés and Jorba, 2000; Bochet and García-Fayos, 2004）。而不同的植物类型适宜于不同的生境，如芒萁（*Dicranopteris dichotoma* Bernh.）更适宜生活在贫瘠且酸性较强的土壤里；岩生植物金发草[*Pogonatherum paniceum*（Lam.）Hackl]和丛毛羊胡子草（*Eriophorum comosum* Nees），它们在岩石边坡上均能正常生长（李西，2004）；弯叶画眉草（*Eragrosti curvula*）具有较强的耐贫瘠性和耐旱性，使得其被广泛应用于干旱和半干旱区域的生态恢复（胥晓刚，2004）。针对土壤水分等分异性较大的坡向差异，可以采取喷播不同植物种子的方法来进行生态恢复。多项研究指出本地物种比引入物种更适宜当地的环境，适应物种间的竞争，最后形成稳定的群落，达到理想的生态恢复结果（HarperLore, 1996; Brindle, 2003; Petersen et al., 2004）。

第三节 基材对道路边坡土壤养分和植物物种多样性的影响

道路的建设会产生大面积的裸露边坡，而这些裸露的区域因为生态环境、景观和安全等原因亟待恢复。在切挖的岩石边坡表面，地表径流、沟蚀和大量的坡面物质位移现象尤为明显（Bochet and García-Fayos, 2004）。除此之外，植被在岩石边坡上的生长十分困难，道路边坡一直以来都是生态恢复的热点问题（Paschke et al., 2000）。对于切挖的岩石边坡来说，一项成功的恢复工程必须同时修复土壤和重建植被（Bradshaw, 1997）。

生态恢复的方法，如水力喷播等，由于其可在短期内提供较高的植被盖度而减缓侵蚀，越来越多地被人们接受，从而取代了传统的砌石墙等护坡方式（Muller et al., 1998; Andrés and Jorba, 2000; Bochet and García-Fayos, 2004）。当满足了景观和美学的需要时，人们关注的重心便转移到工程的造价上了。水力喷播作为一项特殊有效但昂贵的技术，在生态恢复应用的过程中有许多的限制，如气候、土壤营养和土壤质地等都能极大地影响水利喷播的效果（Roberts and Bradshaw, 1985）。人工混合基材是水力喷播中的重要组成部分，传统的水力喷播混合基材的主要部分常使用农田土和水泥（张俊云等，2000; Gao et al., 2007）。

在中国道路边坡治理中，农田土壤的使用尤其广泛，农田土壤的施用，不但造成了土地资源的浪费，而且也会加剧土地的退化（李绍才等，2006）。这与目前国内外提倡的资源节约理念格格不入。有研究利用城市废弃淤泥和固体废弃物作为喷播的基材用于生态恢复的实践中（De Oña and Osorio, 2006; Osorio and De Oña, 2006）。但是必须警惕这些废弃物中有毒物质对植被和土壤的破坏，同时这些物质的收集和运输也将加大生态恢复的成本。Brofas 和 Varelides（2000）的实验采挖了矿区附近的岩土作为喷播基材的主体，同样可能会给生态恢复的对象带来重金属的污染。探索经济、便利和资源节约的水利喷播基材的主体应用于生态恢复的过程中具有十分重要的意义。

一、道路边坡基材不同配比土壤性质的月间动态

针对位于四川丘陵区 2003 年开始修建的遂渝铁路,选择遂渝铁路遂宁站附近的典型的路堑边坡,利用道路修建后残留的碎石和泥土作为基材混合物的主体,就道路边坡基材通过客土喷播技术进行人工土壤植被恢复后的土壤性质进行研究,得出道路边坡基材不同配比土壤养分的月间变化结果见表 2-9。

表 2-9　不同配比土壤养分的月间动态

参数	配比	1月	2月	3月	4月	5月	6月	7月	8月
pH	I	8.42a	8.21ab	7.96a	7.76a	7.71bc	8.08a	7.86b	8.10d
	II	8.39a	8.19ab	7.74c	7.60b	7.63c	7.95b	7.85b	8.16c
	III	8.33b	8.24a	7.87b	7.73a	7.93a	8.05a	8.03a	8.31a
	IV	8.20c	8.15b	7.62d	7.62b	7.78bc	7.95b	8.05a	8.22b
	V	8.15c	8.07c	7.86b	7.54c	7.66c	7.85c	7.97a	8.18bc
	F	54.79	13.73	43.47	33.17	25.27	25.71	11.06	31.22
SOC / (g/kg)	I	19.26bc	14.92d	12.97d	10.95d	9.91d	8.21c	10.92b	17.26c
	II	23.55b	21.11c	17.85c	15.64c	12.90c	9.48c	13.11b	18.54c
	III	26.84ab	24.05b	20.05bc	19.03b	14.65b	13.55b	18.41a	24.20b
	IV	28.61a	25.42b	22.13b	19.71b	15.07b	13.02b	18.32a	22.90b
	V	30.18a	28.57a	24.70a	22.07a	18.65a	15.85a	19.76a	26.55a
	F	9.53	39.00	30.65	248.81	112.98	28.20	15.71	32.05
TN / (mg/kg)	I	1.44c	1.42bc	1.41ab	1.38a	1.29b	1.26a	1.23a	1.15b
	II	1.47b	1.44b	1.38a	1.37a	1.35a	1.27a	1.25a	1.20a
	III	1.58a	1.55a	1.48b	1.20h	1.15d	1.14b	1.10c	1.14b
	IV	1.64c	1.39b	1.35a	1.36a	1.22c	1.15b	1.07c	1.07c
	V	1.63d	1.33c	1.27c	1.14b	1.14d	1.16b	1.17b	1.01d
	F	34.53	38.56	9.58	31.28	30.60	39.21	54.22	21.67
AN / (mg/kg)	I	362.25e	344.96e	293.06e	257.74e	207.29e	162.24e	186.66e	196.86e
	II	386.46d	366.10d	321.08d	271.95d	238.67d	184.95d	207.62d	228.92d
	III	414.78c	393.05c	360.31c	300.48c	274.71c	203.27c	232.41c	266.95c
	IV	446.18b	422.79b	392.01b	343.48b	313.27b	255.95b	271.96b	309.10b
	V	462.96a	441.90a	408.39a	363.96a	343.35a	283.88a	301.65a	341.41a
	F	157.23	206.06	123.40	246.11	150.69	211.78	86.59	261.54
AP / (mg/kg)	I	9.33cd	8.76c	7.62c	5.89d	5.48c	1.06d	2.27d	3.53d
	II	10.91c	8.92c	7.90c	6.98c	5.75c	3.88c	5.10c	6.94c
	III	12.76bc	11.29b	11.01b	9.36b	8.37b	5.64b	6.57bc	10.05b
	IV	14.43b	12.83b	11.40b	10.04b	8.49b	6.57b	8.12b	10.18b
	V	18.00a	15.68a	13.85a	12.10a	11.80a	8.71a	10.48a	13.41a
	F	29.11	20.27	102.23	55.60	24.35	45.84	28.53	37.10

续表

参数	配比	1月	2月	3月	4月	5月	6月	7月	8月
	I	115.64c	99.58c	93.60d	108.56d	119.21d	132.94c	119.72c	87.56c
	II	141.07b	147.45b	133.26c	138.84c	146.43c	150.85b	137.31b	107.07b
AK	III	152.35b	150.87b	141.06c	143.65b c	147.00c	151.87b	142.40b	112.35b
/（mg/kg）	IV	156.07b	156.17b	154.64b	156.12b	167.84b	179.27a	162.39a	130.01a
	VI	179.43a	170.31a	162.02a	172.34a	173.89a	183.79a	166.64a	135.10a
	F	13.76	42.51	58.53	33.38	83.00	147.63	25.97	47.95

注：配比Ⅰ为100%岩石碎片组成的基材；Ⅱ为75%农田土+25%岩石碎片组成的基材；Ⅲ为50%农田土+50%岩石碎片组成的基材；Ⅳ为25%农田土+75%岩石碎片组成的基材；Ⅴ为100%农田土组成的基材。

表2-9表明，经过8个月对于基材不同配比土壤养分的研究，配比间的土壤养分含量都呈现显著性的差异。在5个基材配比上所有的土壤都为弱碱性。除了3月、7月和8月，其他调查月份Ⅳ和Ⅴ配比土壤pH最小。在边坡恢复的第一个月Ⅰ和Ⅱ的pH最高，分别为8.42和8.39，这可能是受到混合材料中农田土性质影响的结果。在恢复的3月，土壤pH最高的仍是配比Ⅰ，但配比Ⅱ的土壤pH降到了最低，仅为7.74，这也是整个调查期间所有配比间pH的最低值。

自4月开始，土壤pH的最大值都出现在配比Ⅲ，特别是8月，土壤的pH达到了8.31，这可能是因为8月坡面植物开始枯萎、腐烂进入土壤造成的。在7月的调查期间，Ⅲ、Ⅳ、Ⅴ三个配比之间土壤pH差异不显著，均值为8.02左右，且显著大于配比Ⅰ和Ⅱ的土壤pH。各配比土壤pH的表现出现降低后升高的趋势，1月和8月的土壤pH最大，4月pH最小。各配比之间2月、4月和8月配比Ⅲ的pH最大，而配比Ⅴ在大多数的月份间土壤pH都保持在一个相对较低的值。

配比Ⅴ在8个月的调查中土壤有机质的含量都是最高，在恢复的第一个月，土壤有机质含量达到了30.18g/kg。而配比Ⅰ因为其添加农田土成分最少，土壤的有机质含量在整个调查期间都是最小的，在6月的调查中，配比Ⅰ土壤的有机质含量仅为8.21g/kg。在每个月的调查中，各配比间土壤有机质含量都呈现出同样的规律，即随着配比中农田土壤含量的减少，配比的土壤有机质含量随之减少。各配比间土壤有机质的含量在8个月的时间内呈现先降低后升高的趋势，6月的调查中，各个配比的土壤有机质含量达到最低。总体上看每个月之间土壤有机质的含量为Ⅴ>Ⅳ>Ⅲ>Ⅱ>Ⅰ。

配比Ⅲ的土壤的全氮含量在恢复的1月和2月在配比间最大，分别为1.58g/kg和1.55g/kg。在这两个月，土壤全氮含量的最小值出现在配比Ⅴ。在恢复后的3~8月，土壤全氮含量的最高值出现在配比Ⅱ，最小值仍在配比Ⅴ，其中8月的土壤全氮含量仅为1.01g/kg。土壤全氮的含量在各配比间均表现为1~8逐渐降低的趋势，0%和25%两个配比中土壤全氮含量下降趋势较为平缓。4月以后随着配比Ⅲ、Ⅳ、Ⅴ中土壤全氮含量的降低，Ⅰ和Ⅱ两个配比中的土壤全氮含量相对较高。

配比Ⅴ在所有的8个月调查中土壤碱解氮的含量都是最高，在恢复的第一个月，土壤碱解氮含量达到了462.96mg/kg。而配比Ⅰ因为其添加农田土成分最少，土壤的碱解氮含量在整个调查期间都是最小，在 6 月的调查中，配比 I 土壤的碱解氮含量仅为 162.24mg/kg。在每个月份的调查中，各配比间土壤碱解氮含量都呈现出同样的规律，即随着配比中农田土壤含量的减少，配比的土壤碱解氮含量随之减少。各配比间土壤碱解氮的含量在 8 个月的时间内呈现先降低后升高的趋势，6 月的调查中，各个配比的土壤有机质含量达到最低。总体上看，每个月之间土壤碱解氮的含量为 V>IV>III>II>I。

有效磷和速效钾作为土壤的有效养分，在整个调查时期内各配比间所表现出的规律同土壤碱解氮和有机质一致，即在恢复的第一个月，土壤有效磷和速效钾含量的最高都出现在配比 V。而配比 I 因为其添加农田土成分最少，土壤的有效磷和速效钾含量在整个调查期间都是最小。土壤有效磷的最低值出现在 6 月配比 I 当中，而土壤速效钾的最低值出现在 7 月的配比 I 中。各配比间土壤有效磷和速效钾含量都呈现出同样的规律，即随着配比中农田土壤含量的减少，配比的土壤有效磷和速效钾含量随之减少。各配比间土壤有效磷和速效钾的含量在 8 个月的时间内呈现先降低后升高的趋势。总体上看，每个月之间土壤有效磷和速效钾的含量表现为 V>IV>III>II>I。

二、道路边坡基材不同配比植物物种多样性的月间动态

道路边坡基材不同配比植物盖度的月间变化结果如图 2-8 所示。图 2-8 表明，在实验调查的 8 个月的时间内，除了 1 月和 7 月，各配比间植物的盖度均表现出显著的差异性。在恢复的第一个月，坡面植物都处于生长的初期，这可能是造成 1 月各配比间植物的盖度没有显著差异的原因，且所有配比坡面上的植被盖度在 1~2 月均有明显的增长。在 7 月的调查中，由于夏季太阳辐射量大、日照时间长，气候因素影响了坡面土壤含水量和植物生长所需的水分，严重影响了植物的生长。而本实验配比的坡向没有差异，这也许是造成各配比间的植物盖度没有显著性差异的原因。配比III坡面植物的盖度在整个调查期间显著大于其他的配比，而配比 I 和 V 的坡面植物盖度在 8 个月的调查时期内都处于较低的水平。5 月，配比 I 和 V 坡面上植被盖度显著下降，分别下降到了 53%和 54%。

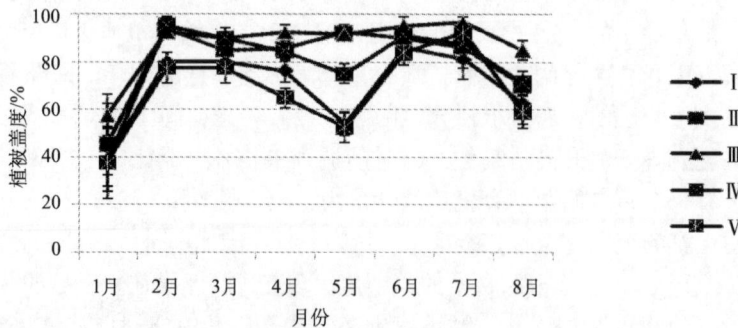

图 2-8　不同配比中植物盖度的月间动态

基材不同配比植物物种多样性的月间变化结果如图 2-9 所示。由于 1 月的调查中各配比上植物无法辨认，所以各配比植物的多样性、多度和均匀度从 2 月开始计算。图 2-9 表明，各配比植物的物种多样性随着时间的变化表现出一定的变化规律，但是配比间的

规律并不一致。配比间除了基材中的岩土比有区别之外，其他的外援物质和外部条件都一致，说明季节变化导致的水热差异可能是影响配比间植物物种多样性的主要因素。各配比在 2 月和 7 月间没有显著的差异，2 月是坡面植物恢复的第二个月，坡面植物都处于生长的初期，这可能是造成各配比间植物的多样性没有显著差异的原因。由于 7 月太阳辐射量大、日照时间长，气候因素影响了坡面土壤含水量和植物生长所需的水分，严重影响了植物的生长，这也许是造成各配比间的植物多样性没有显著性差异的原因。在 3 月和 5 月，配比Ⅲ上植物的物种多样性最高，分别为 1.639 和 1.803。而配比Ⅴ在整个调查期间植物的物种多样性都保持在较高的水平，6 月和 8 月在所有配比中坡面植物的物种多样性最高，8 月达到整个调查的峰值，为 1.886。

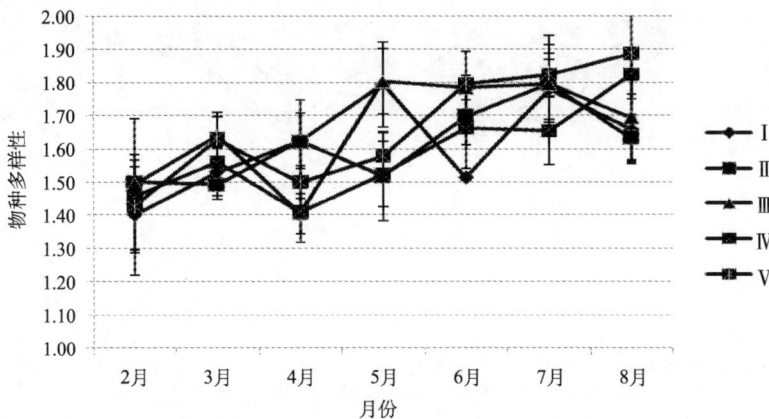

图 2-9　不同配比中植物物种多样性的月间动态

基材不同配比植物物种丰富度的月间变化结果如图 2-10 所示。图 2-10 表明，2 月、3 月和 4 月，各配比间的植物物种丰富度都没有显著的差异，且呈现出逐渐上升的趋势。各配比的物种丰富度在整个调查期间没有表现出一致的变化规律，月间的变化幅度较明显。6 月，除了配比Ⅰ，其他的配比上植物物种丰富度都达到了峰值。5 月的调查中，配比Ⅰ和Ⅲ上的物种丰富度显著大于其他的配比，配比Ⅴ在 6 月、7 月和 8 月的植物丰富度较高，8 月的物种丰富度显著高于其他的配比，达到了 3.504。

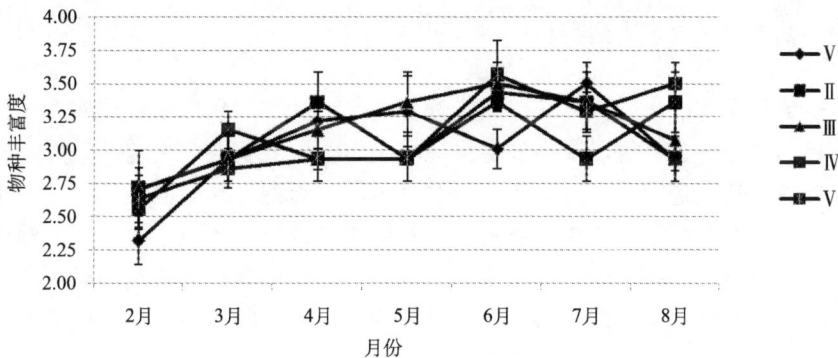

图 2-10　不同配比中植物物种丰富度的月间动态

　　基材不同配比植物物种均匀度的月间变化结果如图 2-11 所示。图 2-11 表明，各配比间的植物物种均匀度在 3~7 月的调查时期内都呈现出显著的差异。2 月和 8 月的配比间物种均匀度没有显著的差异，2 月植物的物种均匀度没有显著差异可能是因为各配比坡面植物均处于恢复初期的原因。植物物种的均匀度在调查期间内，在各个配比间并没有显示一致的变化规律。但总的来说，配比 V 上的物种均匀度高于其他的配比。3 月，配比 V 的物种均匀度为 0.890，显著高于其他的配比；4 月则是配比 II 和 V 上的物种均匀度显著高于其他的配比；5 月则是配比 I 和 II 上的物种均匀度显著高于其他配比，到了 6 月和 7 月配比 I 和 IV 的物种均匀度则是显著低于其他的配比。

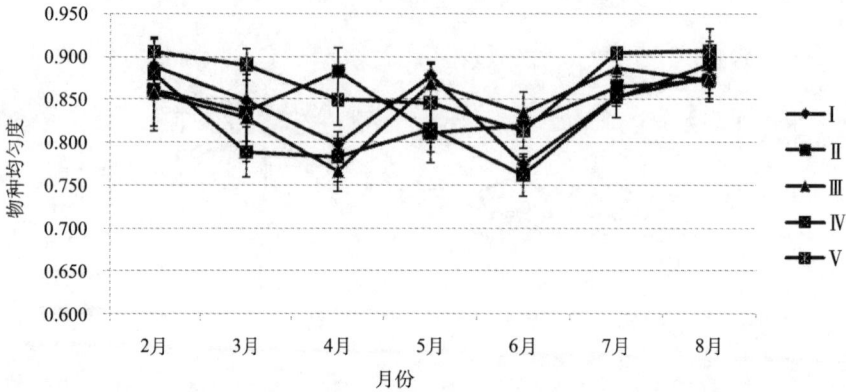

图 2-11　不同配比中植物物种均匀度的月间动态

三、基材与道路边坡土壤植物系统的相关性探讨

　　在 8 个月调查时间内，100%农田土组成的基材的土壤性质最利于植物生长，而 100%岩石碎片组成的基材的土壤性质最不利于植物生长。但是，随着时间的推移，坡面土壤的侵蚀和土壤-植物间的养分平衡，各配比之间的土壤养分呈现趋同的变化趋势，差异逐渐缩小。不同基材配比之间坡面植物经过 8 个月的时间，并没有和土壤性质表现出较大的相关性，1~2 月之后，随着植物的生长萌芽，不同基材配比坡面植物的多样性、均匀度、丰富度以及植物盖度等参数更多地表现出随着季节的变化而变化的趋势。植物夏季生物量和盖度阳坡显著小于阴坡，但在整个过程阳坡的丰富度、多样性和均匀度均大于阴坡。

　　根据土壤和植物的生长状况作为生态恢复评价的标准，采用一定比例的切挖岩石作为混喷基材的主体材料，可以应用到道路边坡生态恢复的实践中。道路开挖后残留的碎石和土壤本身含有一定的营养成分和植物的种子，作为混合基材的主体应用于水力喷播的恢复当中，不但可以节省成本，省去收集和运输的费用，还减少了资源的浪费，作为基材的主体也能够适宜植物的建群、生长和分布。相比于其他实验利用淤泥和固体废物等材料作为边坡治理的基材，不必担心有毒物质在土壤中的残留和扩散而影响土壤和植物的生态恢复（De Oña and Osorio, 2006; Osorio and De Oña, 2006）。将收集道路开挖后的碎石和残留物，打碎过后加上外源物质和种子混合喷播，在这个过程中必须考虑碎石和残留物的理化特性（营养、孔隙度、风化快慢等），还要考虑外源物质中营养元素的临界点（Bradshaw, 1990）。裸露的岩石边坡必须从安全、景观的角度及时地恢复，但植物的演替和调查必须经过一个长期的演替周期，以判断植物的组成和结构，是否达到一个稳定的群落。大多数的研究是对侵蚀区域或道路边坡上植物的恢复状况进行多年的调查，以判断恢复手段的有效性和群落的稳定性（Muzzi et al., 1997; Tyser et al., 1998; Montoro et al., 2000; Holl, 2002）。

在道路边坡生态恢复的初期，各配比坡面上植物和土壤的状况并不理想，这很有可能会影响后期的生态恢复效果。因此，在将来的生态恢复实践中，必须考虑到实验区域的多项影响因素。例如，降雨和温度影响了道路边坡上土壤侵蚀、坡面土壤的含水量、植物的生长和分布（Call and Roundy, 1991; Visser et al., 2004）；坡向影响了太阳辐射，从而影响了水力喷播的植物在坡面的生长（Cano et al., 2002）；生境条件的改变（如光照、水分和有效养分），会影响喷播种子中的先锋植物和速生植物，决定了后期演替植物在区域内的生长（Matesanz and Valladares, 2007）。还有研究认为，水利喷播中加入本地物种比引入物种更适宜当地的环境，适应物种间的竞争，形成稳定的群落，达到理想的生态恢复效果（HarperLore, 1996; Brindle, 2003; Petersen, et al., 2004）。Liedgens 等（2004）的实验结果认为，与商业种相比，本土生长的本地物种更适宜生长在本土环境，且在短期内更适应竞争与排斥。还有研究表明，道路边坡上植被的组成更类似于邻近区域，道路修建过程中保留邻近区域的植被组成更有利于坡面植被的演替（Bochet et al., 2007）。

针对道路边坡这样一个特殊对象的生态恢复，不但要认知生态恢复的过程，还必须了解生态恢复的结果（Harris and Hobbs, 2001）。即恢复成功的标准问题，应该是以什么参数为恢复的标准？植被、土壤还是侵蚀状况？很多学者曾经指出，目前以快速恢复坡面植物的水力喷播手段，缺少一个恢复的标准，而且这个过程又是建立在很短的恢复周期内，土壤的形成和植物的演替是一个非常漫长的过程（Merlin et al., 1999; Andrés and Jorba, 2000; Bochet and García-Fayos, 2004）。针对目前政策和安全等角度来说，短期的标准、中期的标准、远期的标准应该区别对待。到底是目标植物的状况，土壤的状况，坡面侵蚀的好坏，又或者综合地考虑更多的因素作为恢复成功的标准应为该领域今后研究的方向。

参 考 文 献

陈浩, 方海燕, 蔡强国, 等. 2006. 黄土丘陵沟壑区沟谷侵蚀演化的坡向差异——以晋西王家沟小流域为例. 资源科学, 28(5): 176-184.

崔骁勇, 陈佐忠, 杜占池. 2001. 半干旱草原主要植物光能和水分利用特征的研究. 草业学报, 10(2): 14-21.

李绍才, 孙海龙, 杨志荣, 等. 2006. 岩石边坡基质-植被系统的养分循环. 北京林业大学学报, 28(2): 85-90.

李西. 2004. 应用于植被护坡两种岩生植物土壤植被系统(SVS)研究. 雅安: 四川农业大学博士学位论文.

李月辉, 胡远满, 李秀珍, 等. 2003. 道路生态研究进展. 应用生态学报, 14(3): 447-452.

刘春霞, 韩烈保. 2007. 高速公路边坡植被恢复研究进展. 生态学报, 27(5): 2090-2098.

王代军, 胡桂馨, 高洁. 2000. 公路边坡侵蚀及坡面生态工程的应用现状. 草原与草坪, 3: 22-24.

王辉, 王全九, 邵明安. 2007. 表层土壤容重对黄土坡面养分随径流迁移的影响. 水土保持学报, 21(3): 10-13.

吴春华. 2004. 植物多样性对铅污染土壤的响应及其生态学效应. 杭州: 浙江大学博士学位论文.

胥晓刚. 2004. 高速公路路域生态恢复研究. 雅安: 四川农业大学博士学位论文.

杨文治, 余祖存. 1992. 黄土高原区域治理与评价. 北京: 科技出版社.

杨喜田, 董惠英, 黄玉荣, 等. 2000. 黄土地区高速公路边坡稳定性的研究. 水土保持学报, 14(1): 77-81.

杨玉金, 田耀武, 郑根宝, 等. 2006. 濮鹤高速公路边坡植被生态防护效果分析. 西北林学院学报, 21(1): 28-32.

叶建军, 许文年, 王铁桥, 等. 2003. 南方岩质坡地生态恢复探讨. 水土保持研究, 10(4): 238-241.

张俊云, 周德培, 李绍才. 2000. 岩石边坡生态护坡研究简介. 水土保持通报, 20(4): 36-38.

周金星, 易作明, 李冬雪, 等. 2007. 青藏铁路沿线原生植被多样性分布格局研究. 水土保持学报, 21(3): 173-177.

朱志诚. 1993. 陕北黄土高原植被基本特征及其对土壤性质的影响. 植物生态学与地植物学学报, 17(3): 280-286.

邹胜文, 饶黄裳, 江玉林, 等. 2000. 高等级公路边坡生物防护方式浅析. 公路, 4: 50-52.

Andrés P, Jorba M. 2000. Mitigation strategies in some motorway embankments(Catalonia, Spain). Restoration Ecology, 8(3): 268-275.

Andrés P, Zapater V, Pamplona M. 1996. Stabilization of motorway slopes with herbaceous cover, Catalonia, Spain. Restoration Ecology, 4(1): 51-60.

Arnáez J, Larrea V. 1995. Erosion processes and rates on roadsides of hill-roads(Iberian System. La Rioja, Spain). Physical, Chemical and Earth Sciences, 20: 395-401.

Balaguer L. 2002. Las limitaciones de la restauración de la cubierta vegetal. Ecosistemas, 11: 72-82.

Balisky A C, Burton P J. 1995. Root-zone soil temperature variation in association with microsite characteristics in high-elevation forest openings in the interior of British Columbia. Agricultural and Forest Meteorology, 77: 31-54.

Baskin C C, Baskin J M. 1998. Seeds: Ecology, Biogeography and Evolution of Dormancy and Germination. California: Academic Press.

Bochet E, García-Fayos P, Tormo J. 2007. Road slope revegetation in semiarid Mediterranean environments. Part I : Seed dispersal and spontaneous colonization. Restoration Ecology, 15(1): 88-96.

Bochet E, García-Fayos P. 2004. Factors controlling vegetation establishment and water erosion on motorway slopes in Valencia, Spain. Restoration Ecology, 12(2): 166-174.

Bradshaw A D. 1990. The reclamation of derelict land and the ecology of ecosystems. In: Jordan W R, Gilpin M E, Aber J D(eds.). Restoration ecology, a synthetic approach to ecological research. Cambridge: Cambridge University Press: 53-74.

Bradshaw A D. 1997. Restoration of mined lands-using natural processes. Ecological Engineering, 8(4): 255-269.

Brindle F A. 2003. Use of native vegetation and biostimulants for controlling soil erosion on steep terrain. Transportation Research Record Journal of the Transportation Research Board, 1819(1): 203-209.

Brofas G. , Varelides C. 2000. Hydro-seeding and mulching for establishing vegetation on mining spoils in

Greece. Land Degradation and Development, 11(4): 375-382.

Brubaker S C, Jones A J, Lewis D T, et al. 1993. Soil properties associated with landscape positions. Soil Science Society of America Journal, 57(1): 235-239.

Buol S W, Hole F D, McCracken R J, et al. 1997. Soil Genesis and Classification, 4th edition. Ames: Iowa State Uriversity Press.

Call C A, Roundy B A. 1991. Perspectives and processes in revegetation of arid and semiarid rangelands. Journal of Range Management, 44(6): 543-549.

Cano A, Navia R, Amezaga I, et al. 2002. Local topoclimate effect on short-term cutslope reclamation success. Ecological Engineering, 18: 489-498.

Cerdà A, García-Fayos P. 1997. The influence of slope angle on sediment, water and seed losses on badland landscapes. Geomorphology, 18(2): 77-90.

Chytrý M, Tichý L, Roleček J. 2003. Local and regional patterns of species richness in Central European vegetation types along the pH/calcium gradient. Folia Geobotanica, 38(4): 429-442.

Coppin N J, Richarids I G. 1990. Use of vegetation in civil engineering. CIRIA: Butterworths, 5(1): 23-26.

Cotts N R, Redente E F, Schiller R. 1991. Restoration methods for abandoned roads at lower elevations in Grand Teton National Park, Wyoming. Arid Soil Research and Rehabilitation, 5: 235-249.

Dale V H, O'Neill R V, Southworth F, et al. 1993. Causes and effects of land-use change in central Rondnia, Brazil. Photogrammetric Engineering and Remote Sensing, 59(6): 997-1005.

De Oña J, Osorio F. 2006. Application of sludge from urban wastewater treatment plants in road's embankments. Journal of Hazardous Materials, 131(1-3): 37-45.

Dunnet C W. 1980. Pairwise multiple comparisons in the unequal variance case. Journal of the American Statistical Association, 75(372): 796-800.

Emteryd O. 1989. Chemical and Physical Analysis of Inorganic Nutrients in Plant, Soil, Water and Air. Sweden: Swedish University of Agricultural Sciences.

Finzi A C, Canham C D, van Breemen N. 1998. Canopy tree-soil interactions within temperate forests: species effects on pH and cations. Ecological Application, 8(2): 447-454.

Forman R T T, Alexander L E. 1998. Roads and their major ecological effects. Annual Review of Ecology and Systematics, 29: 207-231.

Forman R T T, Sperling D, Bissonette J A. 2003. Road Ecology: Science and Solutions. Washington D C: Island Press.

Frenkel R R. 1970. Ruderal Vegetation Along Some California Roadside. California: University of California.

Ganade G, Brown V K. 2002. Succession in old pastures of central Amazonia: role of soil fertility and plant litter. Ecology, 83: 743-754.

Gao G J, Yuan J G, Han R H, et al. 2007. Characteristics of the optimum combination of synthetic soils by plant and soil properties used for rock slope restoration. Ecological Engineering, 30(4): 303-311.

García-Fayos P, Cerdà A. 1997. Seed losses by surface wash in degraded Mediterranean environments. Catena, 29: 73-83.

Gray D H, Sotir B R. 1996. Biotechnical and soil bioengineering slope stabilization: a practical guide for erosion control. Soil Science, 163(1): 83-85.

Hall G F. 1983. Pedology and geomorphology. In: Wilding L P, Smeck N E, Hall G F(eds.). Pedogenesis and Soil Taxonomy: I. Concepts and Interactions. Amsterdam: Elsevier: 117-140.

HarperLore B. L. 1996. Using native plants as problem-solvers. Environmental management, 20(6): 827-830.

Harris J A, Hobbs R J. 2001. Clinical practice for ecosystem health: the role of ecological restoration. Ecosystem Health, 7(4): 195-202.

Harwood M R, Hacker J B, Mott J J. 1999. Field evaluation of seven grasses for use in the revegetation of lands disturbed by coal mining in Central Queensland. Australian Journal of Experimental Agriculture, 39: 307-316.

Holl K D. 2002. Long-term vegetation recovery on reclaimed coal surface mines in the eastern USA. Journal of Applied Ecology, 39(6): 960-970.

Huggett R J. 1975. Soil landscape systems: a model of soil genesis. Geoderma, 13(1): 1-12.

Jochimsen M E. 2001. Vegetation development and species assemblages in a long-term reclamation project on mine spoil. Ecological engineering, 17(2-3): 187-198.

Jover F. 1997. Revegetación de taludes de autovías y autopistas(Revegetation of highway slope). In: Peinado M, Sobrini I M(eds.). Avances en evaluación de impacto ambiental y ecoaudioria. Trotta, Madrid, Spain: 513-528.

Karim M N, Mallik A U. 2008. Roadside revegetation by native plants Ⅰ. Roadside microhabitats, floristic zonation and species traits. Ecological Engineering, 32(3): 222-237.

Kubota D, Masunaga T, Hermansah R A, et al. 1998. Soil environment and tree species diversity in tropical rain forest, West Sumatra, Indonesia. In: Schulte A, Ruhiyat D(eds.). Soil of Tropical Forest Ecosystems. New York: Springer-Verlag: 159-167.

Larrea V, Arnáez J. 1994. Primeros resultados sobre tasas de erosion en taludes de pistas forestales: el ejemplo de Santa Marina(Sistema Ibérico, La Rioja, Espana). In: Arnáez-Vadillo J, García-Ruiz J M, Villar A G(eds.). Geomorfología en Espana. III. Logrono, Spain: Reunión de Geomorfología: 69-80.

Liedgens M, Soldati A, Stamp P. 2004. Interactions of maize and Italian ryegrass in a living mulch system: (1)Shoot growth and rooting patterns. Plant and Soil, 262(1): 191-203.

Lucas R F, Davies J F. 1960. Relationships between pH values of organic soils and availabilities of 12 plant nutrients. Soil Science, 92: 177-182.

Martínez A C, Valladares F. 2002. La pendiente y el tipo de talud alteran la relación entre la riqueza de especies y la cobertura de las comunidades herbíceas. Ecología, 16: 59-71.

Matesanz S, Valladares F. 2007. Improving revegetation of gypsum slopes is not a simple matter of adding native species: Insights from a multispecies experiment. Ecological Engineering, 30(1): 67-77.

Matesanz S, Valladares F, Tena D, et al. 2006. Early dynamics of plan communities on revegetated motorway slopes from southern Spain: Is hydroseeding always needed? Restoration Ecology, 14(2): 297-307.

Merlin G, Di-Gioia L, Goddon C. 1999. Comparative study of the capacity of germination and of adhesion of various hydrocolloids used for revegetalization by hydrosedding. Land Degradation and Development, 10(1): 21-34.

Miller J R, Joyce L A, Knight R L, et al. 1996. Forest roads and landscape structure in the southern Rocky Mountains. Landscape Ecology, 11(2): 115-127.

Mitchell D J, Barton A P, Fullen M A, et al. 2003. Field studies of the effects of jute geotextile on runoff and erosion in Shropshire, UK. Soil Use and Management, 19(2): 182-184.

Montalvo A M, McMillan P A, Allen E B. 2002. The relative important of seeding method, soil ripping, and soil variables on seeding success. Restoration Ecology, 10(1): 52-67.

Montoro J A, Rogel J A, Querejeta J, et al. 2000. Three hydro-seeding revegetation techniques for soil erosion control on anthropic steep slopes. Land Degradation and Development, 11(4): 315-325.

Morgan R R C, Rickson R J. 1995. Slope Stabilization and Erosion Control: A Bioengineering Approach. London: E and F N Spon.

Muller S, Dutoit T, Alard D, et al. 1998. Restoration and rehabilitation of species–rich grassland ecosystems in France: a review. Restoration Ecology, 6(1): 94-101.

Muzzi E, Roffi F, Sirotti M, et al. 1997. Revegetation techniques on clay soil slopes in northern Italy. Land Degradation and Development, 8(2): 127-137.

Nordin A R. 1993. Bioengineering to ecoengineering. Part one: the many names. International Group of Bioengineers newsletter, 3: 15-18.

Osorio F, De Oña J. 2006. Using compost from urban solid waste to prevent erosion in road embankments. Journal of Environmental Science and Health Part A, 41: 2311-2327.

Ovalles F A, Collins M E. 1986. Soil-landscape relationships and soil variability in north central Florida. Soil Science Society of America Journal, 50: 401-408.

Paschke M W, DeLeo C, Redente E F. 2000. Revegetation of roadcut slopes in Mesa Verde National Park, U. S. A. Restoration Ecology, 8(3): 276-282.

Patzelt A, Wild U, Pfadenhauer J. 2001. Restoration of wet fen meadows by topsoil removal: vegetation development and germination biology of fen species. Restoration Ecology, 9(2): 127-136.

Petersen S L, Roundy B A, Bryant R M. 2004. Revegetation methods for high-elevation on roadsides at Bryce Canyon National Park, Utah. Restoration Ecology, 12(2): 248-257.

Prach K, Pyšek P, Jarošík V. 2007. Climate and pH as determinants of vegetation succession in Central European man-made habitats. Journal of Vegetable Science, 18(5): 701-710.

Reed R A, Johnson-Barnard J, Baker W L. 1996. Contribution of roads to forest fragmentation in the Rocky Mountains. Conservation Biology, 10(4): 1098-1106.

Roberts R D, Bradshaw A D. 1985. The development of a hydraulic seeding technique for unstable sand slopes Ⅱ. Field evaluation. Journal of Applied Ecology, 22: 979-994.

Rokich D P, Kingsley D W, Sivasithamparam K, et al. 2000. Topsoil handling and storage effects on woodland restoration in Western Australia. Restoration Ecology, 8(2): 196-208.

Ruiz-Jean M C, Aide T M. 2005. Restoration success: how is it being measured? Restoration Ecology, 13(3): 569-577.

Schaffers A P, Sýkora K V. 2002. Synecology of species-rich plant communities on roadside verges in the Netherlands. Phytocoenologia, 32(1): 29-83.

Schimel D S, Kittel T G F, Knapp A K, et al. 1991. Physiological interactions along resource gradients in tallgrass prairie. Ecology, 72(2): 672-684.

Tormo J, Bochet E, García-Fayos P. 2006. Is seed availability enough to ensure colonization success? An experimental study in road embankments. Ecological Engineering, 26(3): 224-230.

Tormo J, Bochet E, García-Fayos P. 2007. Roadfill revegetation in semiarid Mediterranean environments. Part II: Topsoiling, species selection and hydroseeding. Restoration Ecology, 15: 97-102.

Tsui C C, Chen Z S, Hsieh C F. 2004. Relationships between soil properties and slope position in a lowland rain forest of southern Taiwan. Geoderma, 123(1-2): 131-142.

Turner M G, Wear D N, Flamm R O. 1996. Land ownership and land-cover change in the southern Appalachian Highlands and the Olympic Peninsula. Ecological Applications, 6(4): 1150-1172.

Tyser R W, Asebrook J M, Potter R W, et al. 1998. Roadside revegetation in Glacier National Park, USA: effects of herbicide and seeding treatment. Restoration Ecology, 6(2): 197-206.

van Breemen N, Finzi A C, Canham C D. 1997. Canopy tree-soil interactions within temperate forests: effects of soil elemental composition and texture on species distributions. Canadian Journal of Forest Research, 27(7): 1110-1116.

van Breemen N, Finzi A C. 1998. Plant-soil interactions: ecological aspects and evolutionary implications. Biogeochemistry, 42(1): 1-19.

Visser N, Botha J C, Hardy B. 2004. Re-establishing vegetation on bare patches in the Nama Karoo, South Africa. Journal of Arid Environment, 57: 15-37.

Wang J, Fu B J, Qiu Y, et al. 2001. Soil nutrients in relation to land use and landscape position in the semi-arid small catchment on the loess plateau in China. Journal of Arid Environment, 48: 537-550.

第三章 道路边坡土壤水分的时空变异

我国是一个多山的国家，山地、丘陵和地形比较崎岖的高原所构成的山区占国土总面积的50%以上。在山区的道路工程建设中，道路多穿行于河谷山川之间，道路沿线土石方的开挖，形成了大量的道路边坡。道路边坡的开挖破坏了原有植被覆盖层，导致出现大量的次生裸地以及产生严重的水土流失现象，造成生态环境的破坏（杨喜田等，2000）。道路边坡土壤是植物形成、生长和演替的基础，而植被在道路边坡防护以及生态景观恢复等方面又有着不可替代的重要作用。土壤水分是植物生长、植被恢复及土壤侵蚀过程的重要影响因素，是反映土壤特性的重要指标。道路边坡与农田和林地不同，处在一个特殊生境条件下，道路边坡土壤水分不仅影响坡面土壤的发育和植被的形成，而且对道路边坡的安全也有着重要的影响。

第一节 道路边坡坡面状况对土壤水分的影响

一、道路边坡不同坡度土壤水分空间变异性

地面坡度是坡地土壤水分与土壤侵蚀的重要地形影响因素之一。在产流情况下，坡度与径流的速度有关，坡度对土壤侵蚀的影响主要表现在坡度影响着降雨入渗的时间，对坡面的入渗产流特征具有明显的效应，从而影响到坡面表层土壤颗粒、径流的挟沙能力以及侵蚀方式，地面坡度的不同会带来坡面土壤水分运移和分布的差异。针对20世纪50年代修建成昆铁路时形成的典型的路堑边坡，就亚热带湿润丘陵区道路边坡上不同坡度土壤水分空间变异性进行研究，得出道路边坡不同坡度的土壤含水量如图3-1所示。

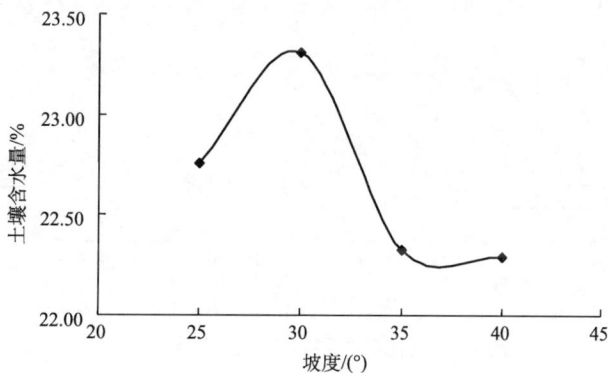

图 3-1 道路边坡不同坡度的土壤含水量

由图3-1可知，道路边坡坡度为25°~40°，不同坡度间土壤含水量为22.29%~23.31%，不同坡度间土壤水分含量的变化幅度不大。其中，以 30°坡度的道路边坡土壤含水量最

高，以 40°坡度的道路边坡土壤含水量最低。40°坡度的高坡度道路边坡土壤含水量最低可能与坡度太陡，降雨沿坡面流失以及土壤水分向下侧流失较多有关。而 30°坡度比 25°、35°、40°坡度的道路边坡土壤含水量高的原因，可能是 30°坡度道路边坡土壤水分蒸发以及土壤水分流失的数量比其他低坡度和其他高坡度相对偏少所致。从图 3-1 可以看出，随着坡度的增大，土壤水分呈现先增大再减小的变化趋势，但不同坡度之间的道路边坡土壤水分不存在显著性差异。

二、道路边坡不同坡长土壤水分空间变异性

道路边坡坡长指坡顶至坡脚的水平投影距离，侵蚀坡长是指坡面上从产流起点到沉积区的不间断的地表径流流经的距离。一般在产流情况下，坡面斜坡长与侵蚀坡长是一致的。一般而言，坡长对水土流失的影响主要表现在坡长对降雨强度具有明显的响应，降雨强度影响着土壤侵蚀的强度，土壤侵蚀随坡长的变化而变化。在一定降雨强度引起的超渗产流情况下，由坡面上部至下部各断面的径流量是不同的，从而引起坡面各部位的侵蚀方式和遭受的侵蚀程度不同。由于坡长因素与土壤侵蚀有着密切关系，坡长将会影响到土壤水分的变化。

道路边坡不同坡长的土壤水分变化情况如图 3-2 所示。在不同坡长条件下，道路边坡土壤水分与坡度呈明显的指数函数关系，表现为道路边坡土壤水分随着坡长的增长而减小，即坡长越长土壤水分越低。道路边坡不同坡长间的土壤含水量变化幅度为 21.78%~23.27%。其中，最短的 10m 坡长道路边坡土壤含水量为 23.27%，而最长的 40m 坡长道路边坡土壤含水量为 21.78%，最短坡长比最长坡长的土壤含水量增加了 6.84%。沿坡长方向对四个不同坡长道路边坡土壤水分的变异系数进行分析得出，其变异系数随着坡长的增长出现了先减小再增加的趋势。这与坡长的不同带来风速、温度、植被和土壤特性等因素的差异，导致土壤水分在不同位置上分布的差异性有关（胡伟等, 2006）。此外，由于坡面上有浅侵蚀沟的存在，加之道路边坡土壤水分在坡面上的变异性受微地形、植被等多方面影响，这些都会导致不同坡长上道路边坡土壤水分的变化。

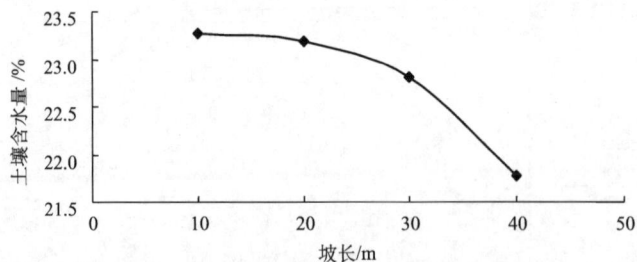

图 3-2　道路边坡不同坡长的土壤含水量

三、道路边坡不同坡位土壤水分空间变异性

道路边坡坡位的不同会带来坡面局部地形和土壤性状的空间变异。土壤水分与地形和土壤性状的空间变异有关。地形的不同，植被的分布也不同，形成的土壤生物结皮和

成土层厚度也不一致，土壤生物结皮和成土层越厚的地方，土壤保水能力越强，降雨季节土壤含水量就越高。另外，地形不同，地面及植被受阳光的量和时间也不同，造成水分地面蒸发和蒸腾作用的差异，形成土壤水分的变异（马风云等，2006）。土壤性状的空间变异通常是有方向性的，即由于局部地形、植被分布及其他环境因子对土壤性状产生影响，导致其在不同方向上的土壤水分呈现不同的变异特性。

从图 3-3 可知，道路边坡土壤含水量表现为坡下>坡中>坡上，坡下的土壤含水量以 24.72%居最高，坡上的土壤含水量以 23.60%为最低。对农田、林地等坡地土壤水分的研究结果表明，土壤水分在坡地不同位置上的变化有一定规律性，即从坡上到坡下由于坡面降水再分配使其土壤水分越来越大（李裕元等，2001；徐学选等，2003）。道路边坡的形成、所处环境与农田和林地等坡地有差异，但在道路边坡坡面上不同坡位的土壤水分变化趋势却与农田和林地等坡地土壤水分的变化趋势相同。

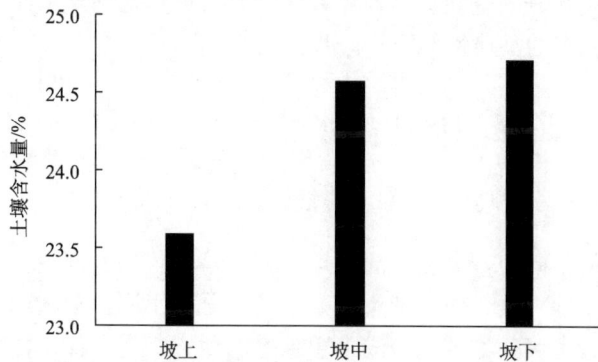

图 3-3 道路边坡不同坡位的土壤含水量

四、道路边坡坡面状况与土壤水分的相关性探讨

土壤水分是降水等气候因素与土壤特性的综合反映，在土壤、植被和地貌等因素一致的情况下，土壤水分反映了大气降水与水分蒸发的相关关系。土壤水分受降水、植被和地貌等多方面的因素影响，单一地考虑其中的一个或几个因素都不能完全表达出土壤水分的变异性。另外，由于侵蚀、植被等因素造成的坡面浅沟等微地形，也会对土壤水分造成影响（潘成忠和上官周平，2003）。降水和植被作为主要的影响因素，对道路边坡的稳定性以及道路边坡土壤的水分差异有着重要的作用。降水特别是降雨是土壤侵蚀的动力因素，水土流失量随降水量的变异而发生变化，植被具有拦蓄降水、减少径流、固持土壤、防止侵蚀、改良土壤和改善生态环境等作用。植被作为水土保持当中的有效因子，不同植被会造成土壤水分利用以及土壤水分空间分布的差异性（Scholz et al., 2002；徐学选等，2003）。

一般而言，坡度不同，土壤抗侵蚀能力会随之发生变化，从而影响到土壤水分的变化。Tenberge 等（1983）研究发现，0~10cm 表层土壤水分沿坡面纵向不存在空间差异。Miller 等（1988）在美国 Sacramento 市西北 Dunnigan 山区选取的一个 400m 长坡面研究表明，在 50cm 深处的土壤水分不随坡面位置的不同而改变。在本书中，土壤水分并没有随着道路边坡坡度的变化而表现出一定的规律性。造成这种结果的原因可能为道路边坡的土层较薄，采样只限于 0~20cm，浅层的坡面土表现出极其不稳定性，容易受到干扰，导致道路边坡土壤水分的规律性较差。道路边坡坡面土壤水分分布是降水、植被、坡度和坡长等因素综合影响的结果，而坡地地形与土壤侵蚀密切相关，对陡坡坡面土壤水分的研究中，不能孤立地研究土壤水分，而应考虑陡坡坡地的实际情况，把土壤水分再分布过程与土壤侵蚀过程有机地结合起来研究。

由于不同时间阶段土壤水分分布所受的主导影响因素可能不同，土壤水分随时间的变化较大，不像其他土壤理化性质一样具有相对稳定性，而且不同尺度上土壤水分的空间变异规律是不同的，土壤水分的分布和变异具有时间依赖性。在对成昆铁路典型的道路边坡不同坡度土壤水分空间变异性研究时，缺乏其不同时间段的动态变化结果，要全面了解道路边坡土壤水分的空间变异规律，还需要对道路边坡土壤水分空间分布随时间的变化及在不同尺度上的规律性做更进一步的研究。

第二节　道路边坡土壤水分空间和季节变异性分析

一、道路边坡不同坡位土壤水分空间变异性

道路边坡坡位的不同会带来坡面局部地形和土壤性状的空间变异。土壤水分与地形和土壤性状的空间变异有关。随地形不同，植被的分布不同，形成的土壤生物结皮和成土层厚度也不一致。土壤生物结皮和成土层越厚的地方，土壤保水能力越强，降水季节土壤含水量就越高（马风云等, 2006）。土壤性状的空间变异通常是有方向性的，即由于局部地形、植被分布及其他环境因子对土壤性状的影响，导致其在不同方向上的土壤水分呈现不同的变异特性。由表 3-1 可知，10 月道路边坡不同坡位之间的含水量无显著差异，其他三个月份土壤含水量随坡位呈现一定的变化规律，即坡下含水量最大且显著大于坡上的土壤含水量。这可能是由于土壤水分在重力作用下，随坡位的高低变化有向下聚集流失的作用，并且坡下植被生长最为茂盛，在一定程度上对土壤水分涵养起到了较大的作用，因此坡下的土壤含水量最高。前人对农田和林地等坡地土壤水分的研究结果表明，土壤水分在坡地不同位置上的变化有一定规律性，即从坡上到坡下由于坡面降水再分配使其土壤水分越来越大（李裕元等, 2001; 徐学选等, 2003）。

表 3-1　道路边坡不同坡位的土壤水分含量

坡位	1 月	4 月	7 月	10 月
坡上	6.3±1.1 Bb	4.8±1.1 Bc	5.1±0.4 Bbc	18.3±1.1a
坡中	8.6±0.5 ABb	4.4±0.5 Bd	5.6±0.3 Bc	18.1±1.3a
坡下	10.1±0.6 Ab	11.2±1.5 Ab	10.8±3.8 Ab	16.9±5.8a

注：大写字母表示同一月份不同坡位之间土壤水分的差异显著性，小写字母表示同一坡位不同月份之间土壤水分的差异显著性，相同字母表示差异不显著，不同字母表示差异显著（$p<0.05$）。

二、道路边坡不同坡向土壤水分空间变异性

坡向对于山地生态有着较大的作用，山地的方位对日照时数和太阳辐射强度有影响。坡面土壤含水量和坡向密切相关，坡向的不同会形成不同的小气候和小环境，坡面及植被接受阳光的量和时间也不同，造成水分蒸发和蒸腾作用的差异，坡面接受太阳辐射及其植被类型均有差异形成了土壤水分的变异（Sidari et al., 2008）。

Garten 等（1994）的研究结果显示：南向坡所受辐射最多，其次为东南向坡和西南向坡，再次为东向坡与西向坡及东北向坡和西北向坡，最少为北向坡（Garten et al., 1994）。阳坡（或南向坡）和阴坡（或北向坡）之间温度或植被的差异常常是很大的。南向坡或西南向坡最暖和，而北向坡或东北向坡最寒冷，同一高度的极端温差竟达 3~4℃。坡向对降水的影响也很明显。由于一山之隔，降水量可相差几倍。来自西南的暖湿气流在南北或偏南北走向山脉的西向坡和西南向坡形成大量降水；东南暖湿气流在东向坡和东南向坡造成丰富的降水（Garten et al., 1994）。对森林和草地等坡面土壤水分的研究结果表明，土壤水分受到坡向因素的影响（Schimel et al., 1985; Mudrick et al., 1994）。

从表 3-2 可知，1 月和 10 月道路边坡四个坡向的土壤含水量差异不显著，但 4 月和 7 月阴坡的土壤含水量显著高于阳坡。上述结果表明，太阳辐射造成的土壤水分蒸发对道路边坡不同坡向土壤含水量影响显著。秋、冬两季太阳照射不是很强烈，因此四个坡向的土壤含水量相差不大，而春夏两季，太阳照射时间长、强度大，阳坡接收的辐射多，导致坡面温度升高，土壤含水量较少。

表 3-2　道路边坡不同坡向的土壤水分含量

坡向		1 月	4 月	7 月	10 月
阳坡	东向坡	24.7±2.7a	5.7±1.1 Bb	4.9±1.2 Bb	23.4±1.8a
	南向坡	23.8±0.8a	9.0±1.1 Cc	7.8±0.4 ABc	21.7±1.8b
阴坡	北向坡	22.7±0.9a	13.9±1.2 Ab	9.5±2.2 Ab	24.6±1.6a
	西向坡	22.7±1.5a	15.4±0.9 Ac	9.9±2.1 Ab	23.0±3.1a

注：大写字母表示同一月份不同坡向之间土壤水分的差异显著性，小写字母表示同一坡向不同月份之间土壤水分的差异显著性，相同字母表示差异不显著，不同字母表示差异显著（$p<0.05$）。

三、道路边坡不同季节土壤水分时间变异性

不同时间阶段土壤水分分布所受的主导影响因素可能不同，土壤水分随时间的变化较大，不像其他土壤理化性质一样具有相对稳定性，而且不同尺度上土壤水分的空间变异规律是不同的，所以土壤水分的分布和变异具有时间依赖性。四川山区属于亚热带湿润季风气候，一年四季温度和降水量差异均较大，受降水和植被生长季节的差异，该地区道路边坡土壤含水量的季节变化也很明显。

由表 3-1 和表 3-2 可知，道路边坡土壤含水量在坡上、坡中和坡下三个坡位上均为 10 月最高。坡上和坡中 4 月和 7 月的土壤含水量显著小于其他两个月，而坡下则为 1 月

土壤含水量最小。道路边坡土壤含水量在东、西、南、北四个坡向上，1 月和 10 月的土壤含水量显著高于 4 月和 7 月，并且土壤含水量的最低值均出现在 7 月。道路边坡土壤含水量在 10 月均相对较高，原因可能是道路边坡与自然边坡的性质不同，虽然道路边坡经过液压喷播等人工护养，但因为生长环境的恶劣，植被生长十分缓慢，10 月该地区雨量相对充足，因此土壤含水量显著高于其他月份。

该地区除夏季外，其他季节阳光均不充足，太阳辐射小，而 7 月处于一年当中最热的时候，虽然此时降水量比较大，但由于太阳照射非常强烈，水分蒸发量大，因此土壤含水量显著减少。前人对林地等坡地土壤水分的研究结果表明，土壤含水量取决于气候（降雨）条件和季节变化，按四季划分为土壤水分相对稳定期、消耗补偿期、亏损期和积累期。土壤水分相对稳定期是指春季（3~5 月）、土壤水分消耗补偿期是指夏季（6~8 月）、土壤水分亏损期是指秋季（9~11 月）、土壤水分积累期是指冬季（12~2 月）（卢义山等，2002）。道路边坡的形成与所处环境同林地和农田等坡地有差异，所以道路边坡不同季节的土壤水分变化趋势与林地和农田等坡地土壤水分的变化趋势不同。

四、道路边坡不同坡位、坡向、季节土壤水分之间的相关性

由表 3-3 可知，道路边坡的土壤含水量除坡下外，不同坡位和坡向之间的土壤含水量均有显著相关性。坡下的土壤含水量只与季节呈显著相关（$p<0.05$）。季节与各坡位的土壤含水量有显著的正相关性，而与各坡向无显著相关性。这可能是因为坡下最接近铁轨，受人为扰动大，重金属污染、火车尾气、高气压流、电磁辐射和生活垃圾等因素不可避免地影响着坡下环境，因此坡下的土壤水分规律性不强。表 3-3 结果还表明，季节对不同坡位土壤含水量的影响远远大于对不同坡向土壤含水量的影响。

表 3-3　土壤水分之间的相关性

坡向	坡上	坡中	坡下	东向坡	南向坡	北向坡	西向坡
坡中	0.965**						
坡下	0.628**	0.659**					
东向坡	0.614*	0.731**	0.265				
南向坡	0.571*	0.693**	0.247	0.976**			
北向坡	0.738**	0.831**	0.344	0.940**	0.951**		
西向坡	0.574*	0.660**	0.180	0.874**	0.872**	0.860**	
季节	0.712**	0.613*	0.541*	−0.052	−0.116	0.125	−0.091

*$p<0.05$，**$p<0.01$。

参 考 文 献

胡伟, 邵明安, 王全九. 2006. 黄土高原退耕坡地土壤水分空间变异性研究. 水科学进展, 17(1): 74-81.
李裕元, 邵明安, 张兴昌. 2001. 侵蚀条件下坡地土壤水分与有效磷的空间分布特征. 水土保持学报, 15(2): 41-44.

卢义山, 梁珍海, 杨国富, 等. 2002. 苏北海堤防护林地土壤水分动态特征的研究. 江苏林业科技, 29(2): 5-9.

马风云, 李新荣, 张景光, 等. 2006. 沙坡头人工固沙植被土壤水分空间异质性. 应用生态学报, 17(5): 789-795

潘成忠, 上官周平. 2003. 黄土半干旱丘陵区陡坡地土壤水分空间变异性研究. 农业工程学报, 19(6): 5-9.

徐学选, 刘文兆, 高鹏, 等. 2003. 黄土丘陵区土壤水分空间分布差异性探讨. 生态环境, 12(1): 52-55.

杨喜田, 董惠英, 黄玉荣, 等. 2000. 黄土地区高速公路边坡稳定性的研究. 水土保持学报, 14(1): 77-81.

Garten C T J, Huston M A, Thoms C A. 1994. Topographic variation of soil nitrogen dynamics at Walker Branch watershed, Tennessee. Forest Science, 40: 497- 512.

Miller M P, Singer M J, Nielsen D R. 1988. Spatial variability of wheat yield and soil properties on complex hills. Soil Science Society of America Jaurnal, 52(4): 1133-1141.

Mudrick D A, Hoosein M, Hicks R R J, et al. 1994. Decomposition of leaf litter in an Appalachian forest: effects of leaf species, aspect, slope position and time. Forest Ecology Management, 68(2-3): 231-250.

Schimel D, Stillwell M A, Woodmansee R G. 1985. Biogeochemistry of C, N, and P in a soil catena of the shortgrass steppe. Ecology, 66: 276-282.

Scholz F G, Bucci S J, Goldstein G, et al. 2002. Hydraulic redistribution of soil water by neotropical savanna trees. Tree Physiology, 22: 603-612.

Sidari M, Ronzello G, Vecchio G, et al. 2008. Influence of slope aspects on soil chemical and biochemical properties in a Pinus laricio forest ecosystem of Aspromonte(Southern Italy). European Journal of Soil Biology, 44: 364-372.

TenBerge H F M, Stroosnijder L, Burrough P A, et al. 1983. Spatial variability of physical soil properties influencing the temperature of the soil surface. Agricultural water management, 6: 213-226.

第四章 道路边坡植被恢复

　　道路建设破坏了沿线生态环境，造成大量的裸露边坡，使附近植被受到破坏，导致物种多样性降低和水土流失加剧等生态退化现象。这些裸露边坡是对原有地面进行填挖产生的新的裸露坡面，其土壤组成结构及理化性质具有自身特殊性、土壤类型复杂、土壤条件恶劣等。物种多样性是生物多样性在物种水平上的表现形式，可表征生物群落的结构复杂性，体现群落的结构类型、组织水平、发展阶段、稳定程度和生境差异，是生物多样性的重要有机组成部分，是生态学领域的研究热点，同时物种多样性的恢复也是植被恢复过程中最重要的特征之一（杨修和高林，2001；邵新庆等，2008）。植被恢复对土壤有重要的影响，因此研究植物物种多样性对正确评价由工程建设造成的岩石边坡土壤恢复尤为重要。

　　环境因子对植物多样性的影响非常显著，植物多样性可因坡向、坡位、季节和海拔等因素而表现出较大的差异。由于我国的地形复杂，因此植被既有垂直地带性差异（如不同海拔植被呈现的差异性和不同坡位上植物种类的差异），又有水平上的差异（主要有迎风坡和背风坡、阳坡与阴坡等差异）（蒲玉林等，2007）。国内外学者对植物多样性的研究结果也因具体的地形和气候等不同。王正文等（2001）研究表明不同坡向所导致的植物特征与环境条件的差异，对植物分布产生重要影响。秦伟等（2009）对陕北黄土区生态修复过程中植物群落物种多样性变化研究发现，在相同恢复年限内，阳坡的退耕封育群落的 Margalef 指数、Shannon-Wiener 指数和 Pielou 指数明显小于阴坡，且阴坡植物群落类型更接近演替后期阶段。这可以说明阳坡生态修复的本底条件更差，植被自然演替速率更缓慢，而阴坡生态修复的本底条件要好一些，植被自然演替的速率也较快。费永俊等（2007）通过对荆江大堤护坡草本植物物种多样性的研究发现，草本植物物种多样性指数 Shannon-Wiener 指数呈现季节性变化，具体表现为春季>夏季>秋季>冬季。胡玉昆等（2007）的研究发现，天山南坡巴音布鲁克高寒草地物种丰富度随海拔升高呈明显的偏峰格局，在海拔 3060m 的天山羽衣草（*Alchemilla tianschanica*）草甸，物种组成最为丰富。

　　土壤水分是土壤-植物-大气连续体的一个关键因子，是土壤系统养分循环和流动的载体，它直接影响土壤的特性和植物生长，间接影响植物的分布，还在一定程度上影响小气候的变化。长期以来，土壤水分是森林、草原和农田等生态系统研究的重要内容。植物的生长对土壤微生物群落产生很大影响，而植被类型、多样性和盖度的差异都会对土壤微生物产生不同影响（李骄和王迎春，2006；Chung et al.，2007；马建军等，2007）。土壤微生物参与土壤中有机质的分解、腐殖质的形成、土壤养分转化和循环等过程。土壤微生物量是土壤养分的储存库和植物生长可利用养分的重要来源（徐阳春等，2002；Spedding et al.，2004）。研究表明，自然植物群落物种多样性与土壤有机质有显著关系（白永飞等，2000；杨小波等，2002；张林静等，2002）。而王太平和杨晓明（2010）的研究却与之相反，他们发现针对高速公路边坡而言，物种多样性与土壤有机质之间的相关性比较小，并且发现边坡恢复中的草本植物多样性比自然边坡草灌木结合的植物物种多样性小。不同边坡类型下植物群落的物种多样性均表现为灌草组合大于草种混播，可能是因为，草本植物属浅根性植物，因此对边坡恶劣环境的抗逆性弱，导致群落稳定性差；而灌木根系发达，在草本植物群落中加入灌木，可以使灌草生态建植层的根系交织成稳定结构，达到最大限度地防止水土流失的目的，同时还有利于群落内其他植物（如目标植物和入侵植物）的生长（卢宗凡，2003）。这对于受损生态系统下公路边坡恢复植被意义重大，这一研究也支持了植被建设中草灌先行的观点（王太平和杨晓明，2010）。

第一节　道路边坡植被恢复概述

一、道路边坡植被恢复研究进展

道路建设对经济和社会的发展有着显著促进作用，但同时也给自然环境带来一定的影响和破坏。道路工程建设对土地资源的大量使用，尤其是对山体的切坡，经常有大量的山体开挖，所产生的道路边坡在引起水土流失、山体滑坡、泥石流、局部小气候恶化、光声污染及生物链破坏的同时，还会造成道路景观环境的破坏（张俊云等，2000）。人工防护和绿化是道路边坡生态恢复的重要手段，因社会对环保要求的不断提高，裸露道路边坡的生态恢复治理问题日益引起人们的重视（Morgan, 1995；章家恩等，1999）。

道路边坡生态防护的主体是植物，植物选择得好坏，直接关系到边坡生态防护的成败和效果（陈红等，2004）。道路边坡应采用乔、灌、草、藤、花等植物进行合理配植，使同一群落内功能相似类群的物种多样性增加，提高生态系统对环境变化的应变性及功能性（王代军等，2000）。植被恢复是生态恢复的主要内容，是生态恢复的关键步骤。生态恢复，是相对生态破坏而言的，其概念源于生态工程或生物技术，是通过人工设计和恢复措施，在受干扰破坏的生态系统的基础上，恢复和重新建立一个具有自我恢复能力的健康生态系统。

关于裸地的植被恢复，可追溯到20世纪20~50年代，当时侧重于采矿和地下水开采造成的各种塌陷环境的生态恢复方面的研究，70~90年代得到了长足的发展，在国际上召开了一系列的会议和出版了不少有关生态恢复方面的专著（Angold, 1997; Rentch et al., 2004）。边坡植被恢复以恢复生态学、水土保持学和草坪学等为指导，属于生态恢复学的范畴，但因研究领域狭窄，至今国内外仍没有确切概念。边坡植被恢复国外有 *Biotechnique*、*Soil bioengineering*、*Vegetation* 或 *Revegetation* 等名称，国内有植被护坡、植物固坡、坡面生态工程、坡面植被恢复等说法（姜德义和王国栋，2003）。1994年举行了以植被护坡为主题的首次国际会议，把植被护坡定义为"用活的植物，单独用植物或者植物与土木工程和非生命的植物材料相结合，以减轻坡面的不稳定性和侵蚀"（Brosofske et al., 1999; Bochet and Garcia-Fayos, 2004; Tiegs et al., 2005），但该概念强调植被护坡的工程过程，而未涉及恢复后植被的持续演替性。

道路边坡植被恢复是以现代恢复生态学原理作指导，对因工程建设而遭受生态破坏的边坡，通过人工设计和恢复措施，恢复和重新建立一个可持续演替发展的健康生态系统，以达到稳定边坡、保持水土、改善和美化环境目的，进而提高道路沿线的生态环境质量，使道路更好地为经济建设服务。其主要手段是通过对破坏边坡立地条件的分析和周围植被的调查，科学合理选择植物，利用适宜的工程技术手段，快速建立或恢复边坡植被，最终通过植物群落的自然演替，朝着地带性顶级植物群落的方向发展（刘春霞和韩烈保，2007）。

在我国，20世纪50年代末在华南地区开始了恢复生态学的研究工作，70年代十大防护林工程启动，一直延续至今。90年代国家自然科学基金开始资助有关恢复和重建的基础研究（包维楷和陈庆恒，1999），一些学者在植被退化过程和植被的自然恢复过程以及山地退化生态系统恢复与重建的空间尺度、策略、途径和措施等方面作了探讨（王永安和王为生，2002），并在植被恢复实践中取得了良好成效，尤其在植被建植技术上有了突破，使某些裸地的植被得到了成功的恢复（赵良久，1996；Knick，2000）。

（一）国内道路边坡植被恢复发展状况

长期以来，我国的边坡防护通常采用单纯的工程防护，大多数边坡的绿化水平还远远未达到生态恢复和边坡治理的目的（周跃和Watts，1999）。国内在道路边坡植被恢复方面的研究起步较晚。直到20世纪90年代后期，随着高等级公路建设的发展和对于生态环境问题认识的提高，才开始对植被恢复技术开展研究。道路边坡因缺乏植物覆盖加大了水土流失，道路边坡的绿化十分必要，但是道路坡面生态绿化工程中存在盲目性和随意性的问题（邹胜文，2000；张俊云和周德培，2002）。

近年来，我国道路边坡生态恢复比较普遍采用了三维网植草、喷混植草、客土喷播等国外的生态护坡工程技术对道路岩质边坡进行防护和绿化，但其余道路边坡除少数使用传统的工程护坡方式进行边坡治理外，大部分边坡一是采取传统的树、草单种或混种的方式进行边坡治理，二是未进行人工绿化而保持原貌，这当中还包括少部分道路边坡（王代军等，2001；欧宁等，2003）。建设时期久远的道路边坡，特别是较偏远的山区道路边坡除个别采取了工程护坡处理外，大多数是直接种植树、草或未作任何绿化处理，其边坡创面上的植物基本上是自然生长所形成（李旭光等，1995；郑剑英等，1999）。

（二）国外道路边坡植被恢复发展状况

美国等发达国家从20世纪30~40年代就意识到了道路建设中生态平衡的重要性，开始在道路边坡开展植被恢复工作。早在1943年和1944年Moorish和Harrison就进行了道路两侧种植草皮的试验，通过不同播种时间、不同草种及草种组合的小区试验来探讨建立草皮的方法（刘春霞和韩烈保，2007）。50年代后，随着公路的大量兴建，公路建设对环境的影响越来越受到社会的关注，为此美国制定法律要求新建公路必须进行绿化。机械化施工的喷播技术应运而生，1953年Finn公司首先开发出了喷播机。从60年代开始，美国、德国、法国等发达国家开始大规模修建高速公路。喷播等绿化新技术在稳定边坡、防止土壤侵蚀和恢复植被等方面得到了广泛应用（包维楷和陈庆恒，1999；Tyser，1998）。

日本高速公路植被恢复水平处于世界领先地位，其生态防护几乎与公路建设同步发展。1951 年，川端勇作开发了采用外来草种的植生盘用于道路坡面， 标志着以牧草为代表的外来草种开始用于坡面绿化。1958 年，日本京都大学农学部开发了喷射种子法；1973 年开发出的纤维土绿化工法（Fiber- soil Greening method）标志着岩体绿化工程的开始，此法至今仍在应用。1983 年开发出高次团粒 SF 绿化工法（Soil Flock Greening method）。日本对边坡植被恢复的目标以及实现的方式和手段做了大量的探索。山寺喜成（1997）认为 21 世纪的绿化技术应是通过播种工程形成早期树林化的绿化技术。绿化网防护、厚层基料喷射和植被型混凝土等已成为日本最为广泛的生态防护技术，获得了多项生态防护技术的专利（杨喜田等，2000）。

经过半个多世纪的发展，产生了一些关于植物材料的选择与配置的研究成果，且涉及面广。2003 年 Kendra 研究了不同的一年生草本植物与其他多年生草本植物配置后对密度、盖度、生物量及水土流失的影响，并比较筛选出较佳的边坡植物种类和配置形式。随着道路植被恢复的发展，野生乡土植物应用研究得到了广泛的重视，1991 年 Hansen 等提出了运用乡土植物对道路边坡进行植被恢复（Richard and Robert, 2000）。2000 年 Warren Mortlock 对植被恢复中乡土植物种子供求之间的矛盾及解决办法进行了研究，促进了乡土植物在边坡植被恢复中的充分利用。

随着道路植被的科学建植和恢复后植被的生长演替，道路边坡植被群落的研究也成为重要课题，2000 年美国对弗吉尼亚主要道路边坡现存植物中未来入侵种的蔓延、分布进行了研究。Rentch 等（2004）的研究表明，道路边坡不同位置的土壤养分之间差异极小，植物群落组成没有明显差异，且植物群落不因道路建设的类型和地形而变化，但不同道路的植被有明显差异，并提出了对竞争力强于本地植物的未来入侵种的着生和生长的限制措施（Rentch et al., 2004），为道路边坡植被恢复中科学限制恶性杂灌草的入侵提供了科学的指导方法。

关于道路边坡植被对水土流失的影响的研究较多（Pilar and Monsterrat, 2000），Bochet 和 Garcia-Fayos（2004）研究了不同坡面类型（不同坡度、坡位、坡向）对植被和水土流失的影响，指出影响道路边坡植被恢复的主要因素是坡度、坡位和坡向。同时对不同坡位的土壤侵蚀做了深入的研究，指出细沟侵蚀、面蚀和沟蚀程度在切割边坡明显大于填充边坡。另外，有人针对城市径流中冲刷以及残留的污染物积累量进行了监测和模型的建立，进行了道路建设中混合堆肥覆盖对控制土壤侵蚀、植被恢复和水质的影响研究（Stephen and Frissell, 2000; 周跃, 2000）。这些研究均为道路边坡植被恢复中如何减少水土流失提供了科学的依据。

二、道路边坡植被选择的生物多样性原理

（一）植被选择的常见误区

长期以来，众多学者常把植被的覆盖率作为植被恢复是否成功的唯一标准。在道路边坡植被恢复工程的竣工验收中也以边坡植被覆盖率作为主要依据。草本植物成坪快，人们对边坡人工植被恢复片面强调草本植物的护坡效果，因而很多边坡生态恢复工程只

使用草本植物进行恢复。然而，事实证明这是错误的。考察植被恢复工作是否成功，还需要了解正在进行的植被恢复工作是否按照我们预计的目标进行，这些目标包括环境效益、生物多样性保护及经济可持续发展能力等。

生物多样性是一个很好的指标，因为它代表了一个地区的生态系统是否健康以及它的发展方向。物种多样性（或者说物种的种类数量）是指标之一，当然这个指标要谨慎使用，物种数量并不一定与生态系统的健康状况成正比。繁殖能力强且适应干扰的本地物种或外来物种能以更快速度占据破碎化生境中的空地并迅速繁衍，而一些抗干扰能力弱的本地物种因不能适应变化了的生境而逐渐退化（Luarcet, 1997; Kepner, 2000）。能快速占据破碎化生境的物种通常是短生草本植物或灌木，它们的入侵不仅会增加生境的破碎化程度，而且可能导致群落优势种群乃至整个景观的基质发生变化（覃凤飞等, 2003）。

（二）植物选择重视提高生物多样性的意义

生物多样性是一个区域内生命形态的丰富程度，是生命在其形成和发展过程中跟多种环境要素相互作用的结果，是生态系统不断演化的结果。因此，生物多样性常作为评价一个生态系统健康程度的重要指标。生物多样性越高，生态系统抵御外界干扰的能力越强（Tilman, 1997）。生物多样性越高，各个种类对已分化的生态位占据得越充分，系统对资源的利用率也越高。生物多样性越高，各物种间的营养关系越多样化，营养水平间的能量流动越趋于稳定。生物多样性越高，系统内各个物种所有个体间的距离增大越多，越不利于病虫害的传播和扩散。在对高速公路进行绿化时，合理地引入一些外来物种，适当地提高绿化物种的多样性，同时采取就地保护的方法，保护自然生境里的生物多样性，有利于生态系统的可持续利用和生物防护体系的长期稳定。

生物多样性不仅意味着植物种类的丰富度，还要注意生物种群在个体数量上的均衡分布。在选择绿化树种时，要注重不同层次结构的植物种类和数量的配置，使各物种能在稳定的环境中协同进化，发展成一个接近原生生态系统的自然生物防护体系。随着边坡植被恢复实践经验的丰富，已经开始认识到草本植物根系较浅，仅能在短期内保持坡面土壤，其护坡效果较差。而以灌木和草本植物相结合的植被群落具有稳定好、抗侵蚀和抗冲刷能力强的特点，灌木存活后还具有对干旱和风沙的抗逆性强等优点。因此，人工植被恢复越来越重视恢复植被群落的生物多样性。

（三）物种配置的生物多样性原理

生物多样性是边坡生态恢复的基础，多样性反映稳定性。多样性的增加，促使处于平衡的群落容量增加从而导致生态系统的稳定，生态系统网状食物链结构的增加，促使生态系统更趋向稳定，系统越复杂就越稳定。在绿化中应尽量采用多种植物，有机地组合成健康稳定的群体，以增强其抗干扰能力，降低管护成本。因此，建立乔、灌、草三位一体的绿化模式，是提高道路边坡绿化水平的重要手段。运用以上原理，在道路边坡绿化设计中对植物进行合理的配置，以充分利用空间资源，提高生态和景观效益，建设一个科学和美学高度和谐的绿地系统，达到投资与产出最佳的目的。

道路边坡绿化过程中，应根据所在的地区和地形的不同，建立合理的群落水平结构。

如道路的边坡保水困难，坡顶附近更是如此，种植时，坡顶宜选用植株比较矮、抗旱性强的禾本科地被植物，坡脚可以混播一些比较高大的豆科和禾本科小型灌木。因为环境水平分布不均匀，所以不同种群搭配时，应尽可能减少彼此之间的竞争。

道路边坡绿化过程中，应考虑群落的垂直结构。不同植物由于遗传特性的差异，对光照、温度和水分等的要求也不同，组合时地上部分根据植物的形态和生理特点，互补互利，如直立与匍匐搭配、喜阳与耐阴搭配、高矮搭配等。地下部分根据根系的分布特点，合理配置，达到更佳的防护效果，如深根与浅根、直根系与须根系、需氮多与能固氮的植物相互搭配等。

道路边坡绿化过程中，应根据植物的相生相克和互惠共生等原理，给予适当的调配，避免种群间的直接竞争，保证群落的稳定性。道路边坡绿化过程中，应注意目标植物与先锋植物等不同种间的数量配比，以远期为主，近期为辅，兼顾前期和长期效果。注意对物种多样性的利用，绿地系统的物种多样性，既包括了野生生物，又包括了当地和外来的栽培种。道路边坡绿化设计中，在优先、大量选用乡土植物的基础上，合理引进性能优良的外来物种，以满足不同的功能需求，提升植物群落的抗逆性和生态系统的稳定性。

三、生物多样性在道路边坡植被恢复中的应用

（一）生物多样性指数的发展历史

群落多样性是生物多样性的各个层次中研究最早的层次，无论从概念上还是测度方法上都相对比较成熟。生物群落多样性的测度始于 21 世纪初。1934 年，Fisher 在探讨群落中种–多度关系时应用了多样性指数。但当时没有系统地提出多样性指数。到了 1943年 Williams 研究昆虫物种多度关系时首次提出了"多样性指数"（index of diversity）的概念。1949 年 Simpson 提出了多样性的反面即集中性的概率度量方法。1967 年 Mclntosh应用欧氏距离测度多样性。在 20 世纪 60 年代和 70 年代，出现了大量的关于多样性的测度方法。后来这些指数逐渐不被应用，原因是它们所依赖的取样尺度和模型过于简单，甚至有人认为物种多样性指数已经是一个无用的概念。谢晋阳和陈灵芝（1997）、马克平（1994，1997）、汪殿蓓等（2001）对多样性的测度方法先后进行了系统全面的综述。谢晋阳和陈灵芝（1997）认为，众多的物种多样性指数可以分成四种主要类型：丰富度指数、变化度指数、均匀度指数、优势度指数。

（二）关于 α 多样性

为了确定生物及系统在空间内的多样性，Whit-taker 引入了 α、β、γ 多样性和 δ 多样性的概念（杨利民等，1997）。α、β、γ 指数是现在群落多样性结构测度时被经常应用的体系，δ 多样性是最近由于先进工具的使用才出现的，相当于自然地理尺度的多样性。分析认为，Shannon-Wiener 指数是较为适合的指数。岳天祥（1999）的研究认为，众多的多样性指数模型是存在很多的缺陷的，尤其是经典的 Shannon-wiener 指数，应用范围有限（每个物种的个体数 100）。赵晓霞等（2000）认为，在典型草原中由于物种丰富度大，应用信息度指数则能较好地反映实际情况。Taylor（1978）认为检验多样性指数有效性的重要标准，是在应用于环境污染监测和多样性保护对象两个方面，这两个方面都要求多样性指数具有很强的区别能力。马克平等（1997）认为选择多样性指数应根据以下四个指标：判别差异的能力、对于样方大小的敏感程度、强调哪一个多样性组分稀疏种还是富集种、被利用和理解的广泛性。

多样性指数在群落各个演替时期的变化，目前生态学界已经形成一致的结论，众多多样性指数在群落演替的中后期或中期最大，为此，谢晋阳和陈灵芝（1997）认为，研究植物群落多样性应该确定群落的演替阶段。并且建议应用 Curtis 和 Mtlntosh 在 1951 年提出的构成指数 CI（compositional index）=优势物种的重要值 IV（impor-tance value）×其顶级适应度 CAN（climax adaptation number）来定量确定而后描述群落的演替状态。值得注意的是，物种多样性指数用于反映放牧演替等级时受到限制（赵晓霞等，2000），此时一般借助多元分析方法。

α多样性指数是比较常用的一类，它的测度又可分成四类：①物种丰富度指数（species richness index）；②物种相对多度模型；③物种丰富度与相对多度综合形成的指数，即物种多样性指数或生态多样性指数；④物种均匀度指数。

物种丰富度即物种的数目，是最简单、最古老的物种多样性测度方法。直至目前，仍有许多生态学家，特别是植物生态学家使用。如果研究地区或样地面积在时间和空间上是确定的或可控制的，则物种丰富度会提供很有用的信息。否则，物种丰富度几乎是没有意义的。

为了解决这个问题，一般采用两种方式。第一，用单位面积的物种数目，即物种密度来测度物种的丰富程度。这种方法多用于植物多样性研究，一般用每平方米的物种数目表示。第二，用一定数量的个体或生物量中的物种数目，即数量丰度（numerical species richness）。这种方法多用于水域物种多样性研究，如 1000 条鱼中的物种数目。

物种的绝对多度可以以个体数量、生物量、植物盖度、频度、基面积及生产力等为测度指标。物种的相对多度则是指物种对群落总多度的贡献大小。为了讨论方便，多以物种个体数量作为多度的测度指标。物种相对多度分布模型也是某些物种多样性指数应用的基础。

生态学家通常用两种不同的方法研究物种多度分布，即物种重要性顺序–多度表（ranked-abundance list）和物种多度分布表（species-abundance distribution）。采用哪种方法则依样方中物种数目多少而定。只有少数几个种时，则按照个体数从多到少的顺序列出所有的物种，即形成重要性顺序–多度表。反之，样方中含有大量物种，且个体数多的富集种很少、个体数少的稀疏种很多时（自然界的生物群落多属此类），最常用的方法是列出由 r 个个体组成的物种的数目 f_r（$r=1, 2, \cdots$）。

物种多样性指数主要有多样性的概率度量——Simpson 指数、多样性的信息度量——Shannon-Wiener 指数。

Simpson 指数又称为优势度指数，是对多样性的反面即集中性（concentration）的度量。它假设从包含 N 个个体的 S 个种的集合中（其中属于第 i 种的有 N_i 个个体 $i=1,2,\cdots,S$；并且 $\sum N_i = N$）随机抽取两个个体并且不再放回。如果这两个个体属于同一物种的概率大，则说明其集中性高，即多样性程度低。

Shannon-Wiener 指数由式（4-1）表示：

$$H = -\sum P_i \log P_i \tag{4-1}$$

式（4-1）即由 Shannon 和 Wiener 分别提出来的信息不确定性测度公式。生态学家一般称式（4-1）为 Shannon 或 Shannon-Wiener 多样性指数。如果从群落中随机地抽取一个个体，它将属于哪个种是不定的，而且物种数目越多，其不定性越大。因此有理由将多样性等同于不定性，并且两者用同一度量。

式（4-1）满足的三个条件在生态学上的意义可以理解为：第一条保证了对种数一定的总体，各种间数量分布均匀时，多样性最高；第二条表明，两个物种个体数量分布均匀的总体，物种数目越多，多样性越高；第三条表明多样性可以分离成几个不同的组成部分，即多样性具有可加性从而为生物群落等级特征引起的多样性的测度提供了可能。

式（4-1）中的 log 可以选用 2、e 和 10 为底。由此导致 H' 单位的变化，分别为 bit、nat 和 decit1。目前，生态学上所用的单位及其名称都未标准化，但存在着用 nat 的趋向 1。

Shannon-Wiener 多样性指数值一般为 1.5~3.5，很少超过 4.5（马克平, 1994）。

四、岩石边坡的植被护坡

岩石边坡是道路边坡中的重要形态。岩石边坡的植被护坡是指用单独活的植物或是植物与土木工程措施和非生命的植物材料相结合，以此来减轻坡面的不稳定性和侵蚀。植物护坡技术的应用在国外发达国家已有很长的历史，如美国于 1936 年在南加利福尼亚州的 Angeles Crest 公路边坡治理中就采用枝条篱墙（wattle fences）进行防护；植被护坡技术自 20 世纪 30 年代引入欧洲后得到迅速发展并在欧洲盛行。在亚洲，日本一直都特别注重工程建设对生态环境的影响，其植被护坡几乎与公路建设同步发展，至今已有半个多世纪的历史（Gray and Sotir, 1992）。而在我国，越来越多有远见的建设者开始利用植被护坡技术来达到岩石边坡的绿化防护、水土保持、环境保护的目的。

（一）岩石边坡的生态特点

岩石边坡因其独有的特质，与其他自然生态环境有所不同，具有以下生态特点。

（1）缺少土壤及养分条件。岩石边坡不同于土质边坡，不具备植被生长所必需的土壤环境，无法直接进行种子撒播或植生带绿化。而且岩体保水功能差，含有的活化养分低，因此植被难以从边坡岩层中吸收水分及养分供其生长发育。

（2）岩石边坡坡度大。公路和铁路工程的岩石边坡，一般设计坡度都在 1：0.75 以上，有的甚至可达 1：0.3，坡面陡则雨水径流速度大，高降雨地区极易形成冲刷侵蚀，导致坡面自然风化的土壤颗粒很难留存，它受水力和重力作用而堆积坡脚，干旱地区降雨又不能渗留在坡面上同样致使植被难以生存。

（3）依靠生态材料构建植被。岩石边坡创面没有土壤，必须提供人工生态材料满足植被生长的需要。生态材料必须有足够的黏结力及抗冲刷能力，能与岩石坡面紧密地黏结在一起，且能抵抗降雨的侵蚀。

（二）岩石边坡植被护坡的主要功能

植被护坡作为铁路、公路等工程建设边坡和河道护岸的重要防护措施，能极大地改善工程建设的生态环境，创造良好的经济效益、社会效益和环境效益，主要有如下功能。

（1）边坡加固功能。植物的深根和浅根分别具有锚固和加筋作用，同时降低坡体孔隙水压力，降雨是诱发滑坡的重要因素之一，边坡的失稳与坡体的大小有着密切关系。

（2）固土功能。控制土壤侵蚀、保持水土、延长交通设备寿命。

（3）确保安全。降低噪声、光污染，保证行车安全。

（4）促进有机污染物的降解、净化大气、调节小气候的功能。由于植被层能降解和拦截污染物，从而降低环境负荷及循环污染。

（5）绿色覆盖、美化环境的功能。

（三）岩石边坡的植被护坡技术

岩石边坡实现绿化必须同时具备两个基本条件：一是坡面上必须有植物能赖以持续生长的种植基质；二是种植基质能永久固定在坡面上（Brofas and Varelides, 2000）。液压喷播技术是岩石边坡植被护坡的主要技术之一，其核心是要在岩石边坡创面上营造一个既能让植物生长发育而又使种植基质不被冲刷的多孔稳定结构。它利用专用的喷射设备将土壤、有机质、保水材料、肥料、改良剂、专用防蚀剂、专用黏合剂和植物种子等混合后喷射到岩石坡面上。由于专用黏合剂和防蚀剂的黏结作用，混合物可在岩石表面上形成一层连续的具有孔隙的硬化体。一定程度的硬化避免种植基质遭遇冲蚀，混合物中的保水材料、营养成分适合植物种子的生根发育（Thomson and Ingold, 1988）。

液压喷播技术的通常工艺流程如下。

（1）平整坡面。清除坡面杂草浮石，尽可能将坡面大体平整，对光滑的岩石创面进行粗糙处理，来增强喷播材料的附着性。坡顶上侧挖排水沟，将水引至两边排到坡脚，防止坡顶径流冲刷坡面或形成滑坡和水毁现象。

（2）挂网。为了给植物提供良好的生长环境，在岩石坡面需铺设菱形镀锌低碳钢丝作为喷播材料的骨架，防止喷附的基质滑走或是脱落，并给岩石坡面的植被提供稳定的生长基础。

（3）固锚。根据岩面的坡度和岩石风化破碎的程度来确定锚钉直径、锚固长度及密度，起到稳固作用。

（4）喷播基质。应根据当地气温、降水量、坡比、岩面裂隙、岩石类型、风化硬度，以及周围的植被环境等条件选择喷播材料，来增大基质与坡体的黏着性，提高植被的稳定性，改善植物的生长发育环境和促进目标植物生长的双重功能，基质含有有机养分、土壤改良剂、保湿剂、黏合剂和肥料等成分。

（5）喷播草种。种子必须具有生长快、根系长、抗干旱耐贫瘠、抗污吸污、抗病虫害、粗放性管理和适应当地环境气候等优点作为植物选择的标准。

（6）养护管理。这是建植优良植被的关键，除洒水养护外，还必须针对实际条件和设计要求来进行不同季节的追肥、除杂和防病虫害等，确保试点工程保质保量按期完成。

第二节　道路边坡植物多样性的时空变异

物种多样性是生物多样性在物种水平上的表现形式,可表征生物群落的结构复杂性,体现群落的结构类型、组织水平、发展阶段、稳定程度和生境差异,是生物多样性的重要有机组成部分,是生态学领域的研究热点,同时物种多样性的恢复也是植被恢复过程中最重要的特征之一(温远光等, 1998; 漆良华等, 2007)。目前,对道路边坡生态恢复的研究主要集中在对坡面恢复技术、不同基材配比、不同植物配置和添加物对边坡恢复效果的影响方面(冉雪梅和舒中潘, 2006; 赵警卫等, 2006; 杨晓亮等, 2009)。国外对植被恢复过程中的物种组成、多样性变化、多样性与边坡生态系统、退化生态系统与天然生态系统的植物多样性差异等问题进行了大量研究(Tilman and Doeing, 1994; Sagar and Raghubanshi, 2003; Nagaraja et al., 2005; Ruiz-Jaén and Aide, 2005; Verma, et al., 2005)。国内的学者多集中于矿山废弃地、森林和退化湿地等植被恢复过程中植物多样性的研究(杨修和高林, 2001; 邵新庆等, 2008; 王绪高等, 2008),李步航等(2008)的研究表明季节和坡向是草本植物多样性变化的两个主要原因,而有关道路边坡生态恢复过程中草本植物群落特征对季节变化的反应研究还不足。以人工生态护坡后的道路边坡为研究对象,将自然边坡作为对照,开展坡位对群落物种丰富度、多样性和均匀度的影响及其季节性变化规律研究有着十分重要的意义。

一、不同坡位植物多样性的空间分布

Ruiz-Jean 和 Aide(2005)的研究结果指出,生态恢复的目的在于建立目标植物群落,通常以植物的多样性和盖度等指标来评估。物种多样性的恢复也是植被恢复过程中最重要的特征之一。已有研究表明季节和坡向是草本植物多样性变化的两个主要原因(李步航等, 2008)。针对位于四川丘陵区 2003 年开始修建的遂渝铁路,选择遂渝铁路遂宁站附近典型的路堑边坡,以人工生态护坡后的道路边坡为研究对象,研究道路边坡坡位和坡向对群落物种丰富度、多样性和均匀度的影响,及其季节性变化规律,探索道路边坡恢复过程中植被的季节和空间变化规律,得出了以下道路边坡不同坡位植物多样性的空间分布特征。

(一)不同坡位植物丰富度的分布

对于每个调查样点(1m × 1m),用 Margalef 指数来评价草本植物物种丰富度。由表 4-1 可知,各个季节道路边坡草本植物丰富度随季节不同而呈现不同的空间分布。除夏季道路边坡草本植物丰富度最大值出现在坡上,为 2.16 外,其余三个季节均出现在坡中,分别为 2.24、2.48 和 1.98,春季、夏季、秋季、冬季的最小值均出现在坡下。这可能是因为坡中和坡上受到人为因素的干扰相对较少,而坡下则较易受到人为因素的干扰,加之铁路运输对其造成的影响。显著性分析表明,除冬季外,坡位对其余季节植物丰富度均呈现显著的影响。这与 Bochet 和 Garcia-Fayos(2004)的研究结果一致,即坡位是影响道路边坡植被恢复的主要因素之一(Bochet and Garcia-Fayos, 2004)。

表 4-1　不同坡位草本植物丰富度指数

坡位	铁路岩石边坡				自然边坡			
	春季	夏季	秋季	冬季	春季	夏季	秋季	冬季
坡上	1.80ab	2.16a	2.16b	1.90a	2.13a	1.72a	2.14a	1.90a
坡中	2.24a	1.99ab	2.48a	1.98a	1.97a	2.06a	1.73a	1.69a
坡下	1.54b	1.63b	1.63c	1.54a	2.32a	2.21a	2.37a	1.99a

注：相同小写字母表示不同坡位间无显著差异，不同字母表示有显著差异（$p<0.05$）。

由表 4-1 可知，与道路边坡不同，坡位对自然边坡各个季节草本植物丰富度无显著影响。自然边坡植物丰富度的最大值均出现在坡下，分别为 2.32、2.21、2.37 和 1.99，全年最小值出现在冬季坡中，为 1.69，与最大值相差 0.68。各个季节植物丰富度的空间分布规律并不一致，这可能与各个坡位的微环境和立地因子不同有关，微地形对土壤的水肥条件产生影响，进而影响植物的生长，也可能与不同坡位所受阳光的辐射不同，光照不同也会影响植物的生长。由于道路边坡坡下受到外界干扰较多，因此从全年来看，道路边坡坡下植物丰富度小于自然边坡坡下植物丰富度。

（二）不同坡位植物物种多样性的分布

各季节道路边坡和自然边坡不同坡位的物种多样性变化规律有所不同（表 4-2）。道路边坡除春季表现为坡上>坡中>坡下外，其余三个季节均表现为坡中>坡上>坡下。植物多样性的最大值出现在冬季坡中，为 0.78，最小值出现在秋季坡下，为 0.17，仅占最大值的 22%。道路边坡坡中物种多样性较高，可能是因为道路边坡坡下易受人为干扰和污染，而坡上的水分和养分却有向下流失的趋势，因此坡中更利于植物的生长繁殖。显著性分析表明，坡位对道路边坡植物物种多样性的影响不显著。

表 4-2　不同坡位草本植物物种多样性指数

坡位	铁路岩石边坡				自然边坡			
	春季	夏季	秋季	冬季	春季	夏季	秋季	冬季
坡上	0.75a	0.65a	0.18a	0.51a	1.03a	1.17a	1.28a	1.01a
坡中	0.70a	0.71a	0.45a	0.78a	0.82a	0.83a	0.89a	0.87a
坡下	0.67a	0.48a	0.17a	0.40a	0.83a	1.03a	1.00a	0.93a

注：相同小写字母表示不同坡位间无显著差异，不同字母表示有显著差异（$p<0.05$）。

与道路边坡相似，坡位对自然边坡植物物种多样性无显著性影响。但与道路边坡不同的是，各个季节自然边坡植物物种多样性均表现为坡上>坡下>坡中。可能是因为坡上有灌木和乔木的生长，有较多的凋落物，凋落物在涵养水源方面起着重要的作用，有利于坡面的水土保持，为植物的生长提供了有利条件。另外，自然边坡坡上的抗干扰能力最强，无人为活动的干扰。

同一季节同一坡位，自然边坡植物物种多样性均大于铁路岩石边坡。这可能与人工护坡所采用的植物种类有关。所选样地虽然经过近 5 年的恢复，但道路边坡与自然边坡的植被类型仍有较大差异，如优势种完全不同。另外由于道路边坡的人工土壤在短期内还没有完全熟化，而自然边坡的土壤为熟化土壤，适合植物生长，本地植物的快速生长也改善了土壤质量，有利于植物的生长和繁殖，因此植物种类比较丰富，道路边坡植物种类较自然边坡单一，物种多样性较低。

（三）不同坡位植物物种均匀度的分布

物种 Pielou 均匀度指数仅反映不同物种之间的数量对比关系，只与个体数目在各个物种中分布的均匀程度有关，即若物种间的个体数目差异程度越小群落内的均匀度就越高（卢涛等, 2008）。由表 4-3 可知，除冬季外，坡位对道路边坡植物物种均匀度无显著影响。冬季表现为坡中显著大于坡上和坡下，坡上和坡下之间无显著差异。春季和夏季道路边坡植物物种均匀度指数最大值出现在坡下，秋季和冬季则出现在坡中，全年最大值出现在春季坡下，为 0.85，最小值出现在秋季坡上，为 0.13，二者相差 0.72。表明春季和夏季时植物在道路边坡坡下的分布较均匀，秋季和冬季时坡中的植物分布较均匀。这可能是由于春季和夏季植物较广泛地分布在坡下，而坡中和坡上相对较少；秋季和冬季时，植物凋落枯萎所致。

表 4-3　不同坡位草本植物物种均匀度指数

坡位	铁路岩石边坡				自然边坡			
	春季	夏季	秋季	冬季	春季	夏季	秋季	冬季
坡上	0.69a	0.47a	0.13a	0.43b	0.71a	0.89a	0.83a	0.82a
坡中	0.70a	0.55a	0.30a	0.72a	0.77a	0.84a	1.03a	0.73a
坡下	0.85a	0.69a	0.24a	0.38b	0.70a	0.86a	0.71b	0.81a

注：相同小写字母表示不同坡位间无显著差异，不同字母表示有显著差异（$p < 0.05$）。

由表 4-3 可知，与道路边坡不同，春季、夏季和冬季时，坡位对自然边坡植物物种均匀度影响不显著，说明坡位对这三个季节自然边坡植物个体分布的均匀程度影响较小。而秋季时，坡位对自然边坡物种 Pielou 均匀度指数有显著影响，坡下显著低于坡中，而坡上与坡中无显著差异。因此在不同坡位，运用生态位理论，植被建设可以采取分层结构模式（徐一雯, 2005）。

除道路边坡在春季坡下外，其余季节和坡位的植物物种均匀度均小于自然边坡。这可能与所调查的道路边坡植物样方中，多为某一种或两种植被所覆盖，且数量也很接近，而其他的植物分布却很少，数目也较少有关。另外，道路边坡与自然边坡植物生长的微环境差异较大，这可能是导致道路边坡植物物种均匀度低于自然边坡的又一原因。

二、不同坡向植物物种多样性的空间分布

太阳辐射量和辐射时间与土壤含水量有关（Andrés et al., 2006）。道路的建设形成了不同坡向的边坡，由于不同坡向上的太阳照射时间和风力作用的差异，导致坡面土壤温度和含水量的区别，从而影响了植被所需的水分，使不同坡向植物的生长和分布出现很大的差别（Balisky and Burton, 1995; Jover, 1997）。坡向、温度、水分、土壤理化性质不同，导致坡面的植被密度、生物量、总盖度和种子萌芽率随之改变。当影响植物群落的环境因子（如太阳辐射、温度、含水量和土壤理化性质等）存在较大的差异时，植物群落的演替方向会发生改变，并在植物群落的结构、功能和动态变化上出现分化，并表现出景观上的差异。植物群落的这些差异，都与植物群落的物种多样性密切相关（杨玉金等, 2006; 刘春霞和韩烈保, 2007）。

（一）不同坡向植物物种丰富度的分布

道路边坡不同坡向的草本植物物种丰富度指数见表 4-4。由表 4-4 可知，不同季节道路边坡植物物种丰富度随坡向不同而呈现不同的空间分布。除了春季植物物种丰富度在西向坡达到最大值（1.98）外，夏季、秋季和冬季均在南向坡达到最大值，分别为 1.82、2.42 和 2.08。春季和冬季最小值出现在北向坡，分别为 1.63 和 1.72，夏季最小值出现在西向坡，为 1.42，秋季最小值出现在东向坡和北向坡，为 1.54。显著性分析表明春季和冬季时，坡向对植物丰富度无显著影响，夏季南向坡显著大于西向坡和北向坡，秋季时南向坡显著大于东向坡、西向坡和北向坡。因此，坡向在一定程度上可以影响植物丰富度的空间分布，这可能与不同坡向边坡坡面所接受的阳光照射时间和强度不同，导致土壤含水量和温度等立地因子的差异有关。

表 4-4　不同坡向草本植物物种丰富度指数

坡向	春季	夏季	秋季	冬季
东向坡	1.93a	1.54ab	1.54b	1.89a
南向坡	1.89a	1.82a	2.42a	2.08a
西向坡	1.98a	1.42b	1.81b	2.06a
北向坡	1.63a	1.71ab	1.54b	1.72a

注：相同小写字母表示不同坡位间无显著差异，不同字母表示有显著差异（$p<0.05$）。

（二）不同坡向植物物种多样性的分布

通过对不同季节道路边坡植物物种多样性的研究发现，不同季节道路边坡植物物种多样性有不同的空间分布规律。由表 4-5 可知，春季表现为东向坡＞西向坡＞北向坡＞南向坡，夏季表现为南向坡＞东向坡＞北向坡＞西向坡，秋季表现为南向坡＞西向坡＞东向坡＞北向坡，冬季表现为西向坡＞南向坡＞东南坡＞北向坡。全年最大值出现在秋季南向坡，为 1.18，最小值出现在秋季北向坡，为 0.56。显著性分析表明春季和冬季时，

坡向对植物物种多样性的影响不显著；夏季为南向坡显著大于东向坡、西向坡和北向坡，且东向坡、西向坡和北向坡之间无显著差异；秋季时南向坡显著大于东向坡和北向坡，北向坡与西向坡之间有显著差异，但与东向坡无显著差异。

表 4-5　不同坡向草本植物多样性指数

坡向	春季	夏季	秋季	冬季
东向坡	0.98a	0.68b	0.67bc	0.99a
南向坡	0.78a	0.92a	1.18a	1.04a
西向坡	0.97a	0.61b	0.97ab	1.09a
北向坡	0.81a	0.67b	0.56c	0.74a

注：相同小写字母表示不同坡位间无显著差异，不同字母表示有显著差异（$p<0.05$）。

（三）不同坡向植物物种均匀度的分布

道路边坡不同坡向的草本植物物种均匀度指数见表 4-6。由表 4-6 可知，春季、秋季和冬季时坡向对道路边坡植物物种均匀度无显著影响，夏季时西向坡显著大于北向坡，东向坡和南向坡居中，与西向坡和北向坡均无显著差异。各个季节的最大值分别出现在北向坡和东向坡、西向坡、东向坡、东向坡，最小值除春季出现在西向坡外，其余季节均出现在北向坡。这说明春季、秋季和冬季时各个坡向植物分布较为均匀，而夏季时由于不同坡向所受阳光照射不同，含水量不同，因此导致植物分布也不同。

表 4-6　不同坡向草本植物物种均匀度指数

坡向	春季	夏季	秋季	冬季
东向坡	0.89a	0.83ab	0.85a	0.89a
南向坡	0.88a	0.83ab	0.83a	0.80a
西向坡	0.80a	0.88a	0.78a	0.88a
北西坡	0.89a	0.74b	0.74a	0.77a

注：相同小写字母表示不同坡位间无显著差异，不同字母表示有显著差异（$p<0.05$）。

三、道路边坡不同坡位植物物种多样性的时间变化

在生态恢复过程中，植物通过吸收养分和归还有机物等影响土壤理化和生物学性质，土壤微生物呼吸随之变化，指示着系统恢复中土壤质量的演变过程。由于不同季节的降水量和温度不同，导致土壤的理化性质不同，也会引起微生物的活动不同，因此，植物的生长会随着季节的变化而变化，导致植物物种多样性出现季节性变化规律。

（一）不同坡位植物物种丰富度的季节变化

对道路边坡不同坡位植物物种丰富度的季节变化进行研究发现，不同坡位植物物种

丰富度的季节变化规律并不一致。由图 4-1 可知,坡上植物物种丰富度的季节动态为夏季和秋季>冬季>春季,坡中表现为秋季>春季>夏季>冬季,坡下表现为夏季和秋季>春季和冬季。全年植物丰富度最大值出现在坡中秋季,为 2.48。显著性分析表明季节对各个坡位植物物种丰富度均无显著性影响。这说明,在不同坡位植物物种丰富度在各个季节的差别不大。

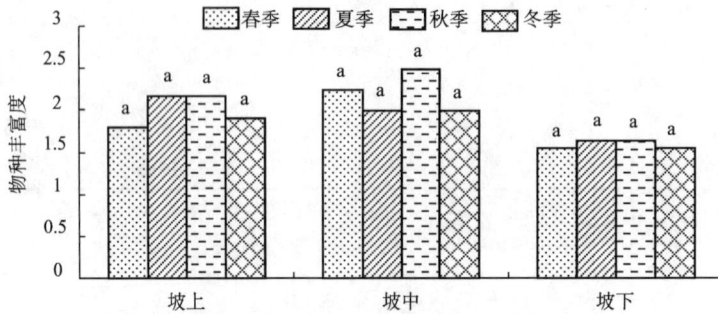

图 4-1　道路边坡不同坡位植物物种丰富度的季节变化

不同字母表示差异显著($p<0.05$)

　　由图 4-2 可知,自然边坡季节性变化规律因坡位不同而不同。坡上表现为秋季>春季>冬季>夏季,坡中表现为夏季>春季>秋季>冬季,坡下表现为秋季>春季>夏季>冬季。全年植物物种丰富度最大值出现在秋季坡下,为 2.37,最小值出现在冬季坡中,为 1.69。由显著性分析可知,自然边坡植物物种多样性受季节影响不显著,说明自然边坡植物物种丰富度在不同坡位分布差异不大,这可能与自然边坡植物种类丰富有关。

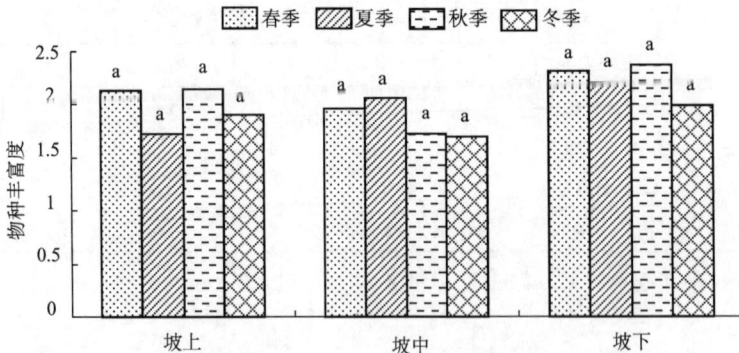

图 4-2　自然边坡不同坡位植物物种丰富度的季节变化

不同字母表示差异显著($p<0.05$)

（二）不同坡位植物物种多样性的季节变化

　　对道路边坡植物物种多样性进行研究发现,季节对不同坡位植物物种多样性的影响规律不同。由图 4-3 可知,铁路岩石边坡坡上植物物种多样性季节波动规律为春季>夏季>冬季>秋季,坡中表现为冬季>夏季>春季>秋季,坡下表现为春季>夏季>冬季>秋季。由此可见,道路边坡植物物种多样性的季节变化为夏季到秋季急剧降低,到冬季时又逐渐增大。显著性分析表明,坡上植物物种多样性的季节规律为春季显著大于秋季,夏季和冬季之间无显著差异;坡中表现为春季、夏季和冬季之间无显著差异,三者均显著大于秋季;坡下为秋季显著小于春季和夏季,与冬季无显著差异。这可能是因为道路边坡采用的植物为暖季型和冷季型的植物,秋季时暖季型植物枯萎凋落,而冷季型植物还未生长起来,到冬季时冷季型植物生长,使植物物种丰富度又逐渐增大。

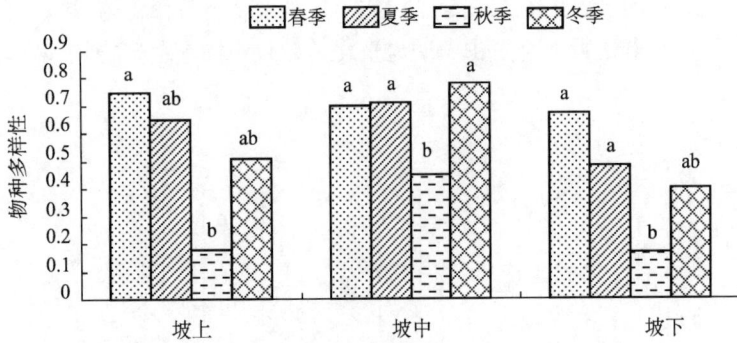

图 4-3 道路边坡不同坡位植物物种多样性的季节变化

不同字母表示差异显著($p<0.05$)

由图 4-4 可知,与道路边坡不同,季节对不同坡位自然边坡植物物种多样性影响不显著。具体表现为坡上和坡中最大值出现在秋季,分别为 1.28 和 0.89,坡下的最大值出现在夏季,为 1.03;坡上、坡中和坡下的最小值分别出现在冬季、春季和春季,分别为 1.01、0.82 和 0.83。与道路边坡相比,自然边坡植物物种多样性均要大于道路边坡,这说明虽然经过几年的恢复,但是道路边坡仍然与当地的自然边坡相差甚远,因此,在道路边坡恢复过程中,仍然要加强对边坡的管理。

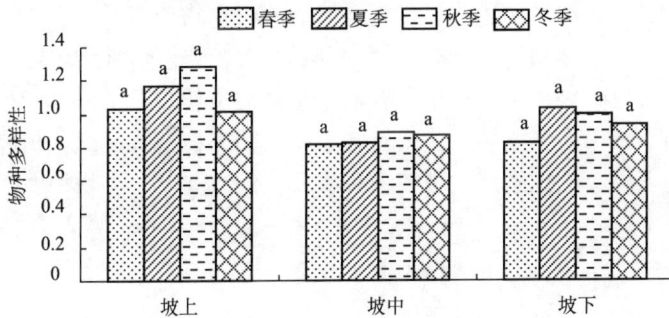

图 4-4 自然边坡不同坡位植物物种多样性的季节变化

不同字母表示差异显著($p<0.05$)

(三)不同坡位植物物种均匀度的季节变化

物种均匀度仅反映不同物种之间的数量对比关系,只与个体数目在各个物种中分布的均匀程度有关,即物种间的个体数目差异程度越小群落内的均匀度就越高。由图 4-5 可知,道路边坡不同坡位植物物种均匀度的季节变化规律,坡上和坡下的植物物种均匀度均表现为春季>夏季>冬季>秋季，坡中的植物物种均匀度表现为冬季>春季>夏季>秋季。但总体规律一致，即从夏季到秋季，植物均匀度指数急剧下降，到冬季又回升，一直到次年春季均维持在较高水平。显著性分析结果显示，季节对道路边坡植物物种均匀度有显著影响，表现为春季和夏季均显著大于秋季。这可能是因为温度、光照和水分等环境因子随季节的变化而变化，这些环境因子是植物赖以生存的条件，加之道路边坡土壤的异质性强，对水分的涵养还不够充分，导致其更易受到季节变化的影响。因此，在不同季节，植物的生长和群落特征都发生了明显变化，导致不同季节植物物种均匀度不同。

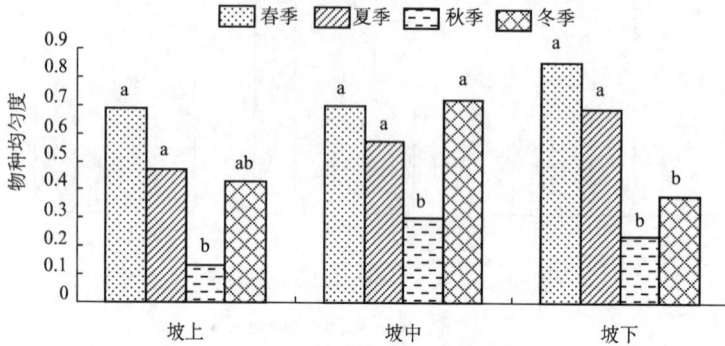

图 4-5　道路边坡不同坡位植物物种均匀度的季节变化

不同字母表示差异显著（$p<0.05$）

通过对自然边坡植物物种均匀度的调查研究发现，与铁路岩石边坡不同，季节对不同坡位自然边坡的植物物种均匀度均无显著影响。由图 4-6 可知，各个季节植物物种均匀度相差不大，这说明自然边坡植物群落较稳定，一年四季均有适应季节变化的植物生长，达到了对当地气候条件的充分利用。且与道路边坡比较，同一季节同一坡位植物物种均匀度均大于道路边坡，更进一步说明自然边坡植物物种多样性和均匀度要优于道路边坡。这可能与两种边坡的土壤类型和植物种类有关，自然边坡土壤适合植物生长，本地植物的快速生长也改善了土壤质量，有利于植物的生长和繁殖，因此植物种类比较丰富，道路边坡由于采用人工土壤，其中有较易生长的先锋植物，这些植物的大量生长会阻止本地植物的入侵，因此道路边坡植物种类较自然边坡单一，物种多样性较低。

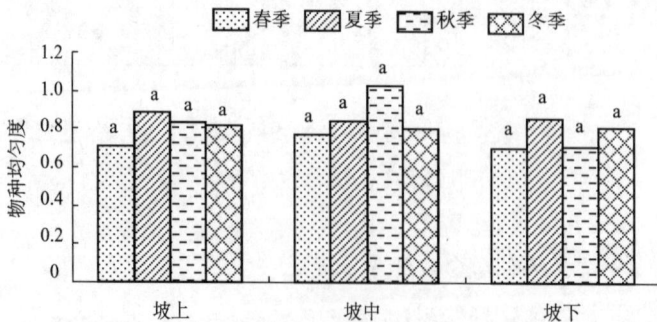

图 4-6　自然边坡不同坡位植物物种均匀度的季节变化

不同字母表示差异显著（$p<0.05$）

四、道路边坡不同坡向植物物种多样性的时间变化

（一）不同坡向植物物种丰富度的季节变化

由图 4-7 可知，不同坡向道路边坡植物物种丰富度随着季节的变化而变化。植物物种丰富度的最大值出现在南向坡秋季，为 2.42；最小值出现在西向坡夏季，为 1.42。不同坡向植物物种丰富度的季节变化规律不同，具体为东向坡春季>冬季>夏季和秋季，且四个季节之间无显著差异；南向坡表现为秋季>冬季>春季，各个季节之间无显著差异；西向坡表现为冬季>春季>秋季>夏季，且夏季显著低于冬季和春季；北向坡表现为冬季>夏季>春季>秋季，季节之间无显著差异。总体来看，除了西向坡外，其余坡向受季节变化的影响均不显著。

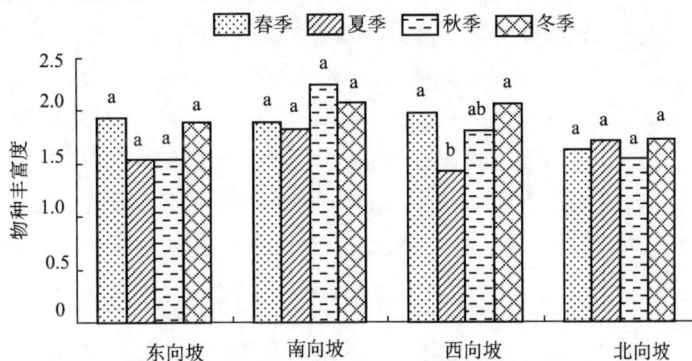

图 4-7　不同坡向植物物种丰富度的季节变化

不同字母表示差异显著（$p<0.05$）

（二）不同坡向植物物种多样性的季节变化

通过对不同坡向道路边坡植物物种多样性的研究发现，如图 4-8 所示，因坡向不同植物物种多样性的季节变化规律有所不同。东向坡表现为冬季>春季>夏季>秋季，南向坡表现为秋季>冬季>夏季>春季，西向坡表现为冬季>春季、秋季>夏季，北向坡表现为

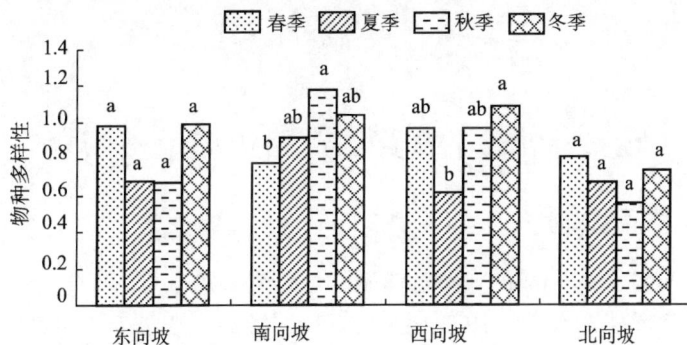

图 4-8　不同坡向植物物种多样性的季节变化

不同字母表示差异显著（$p<0.05$）

春季>冬季>夏季>秋季。全年最大值出现在南向坡秋季，为 1.18；最小值出现在北向坡秋季，为 0.56。通过显著性分析发现，道路边坡东向坡和北向坡受季节变化影响不显著，南向坡和西向坡均呈现显著性的季节差异。南向坡表现为秋季显著大于春季，且二者与夏季和冬季无显著性差异，西向坡为冬季最高，显著大于夏季，二者与春季和秋季无显著差异。这可能是因为不同道路边坡的坡向间温度随季节的变化不同，引起土壤水分、温度等的变化也不同，从而影响植被可以利用的土壤条件不同。因此，季节变化通过改变土壤的性质间接影响植物物种多样性。

（三）不同坡向植物物种均匀度的季节变化

与植物物种丰富度和多样性不同，不同坡向道路边坡植物物种均匀度的季节波动不明显。由图 4-9 可知，不同坡向植物物种均匀度在各个季节的差异并不显著。这可能与道路边坡生态护坡所采用的植物种类有关，一般选用的植物都是狗牙根（*Cynodon dactylon* L.）、高羊茅（*Festuca anundiacea*）、紫穗槐（*Amorpha fruticosa* L.）、紫花苜蓿（*Medicago sativa* L.）、白三叶（*Trifolium repens white clover*）和黑麦草（*Lolium perenne*）等，主要植物为狗牙根和高羊茅等先锋植物。这些植物在恢复的初期大量生长，阻止了本地物种的入侵，导致物种单一，且多为某一种或两种植被所覆盖，数量也很接近，而其他的植物分布很少，数目也较少。这可能是导致各个季节无显著差异的原因之一。

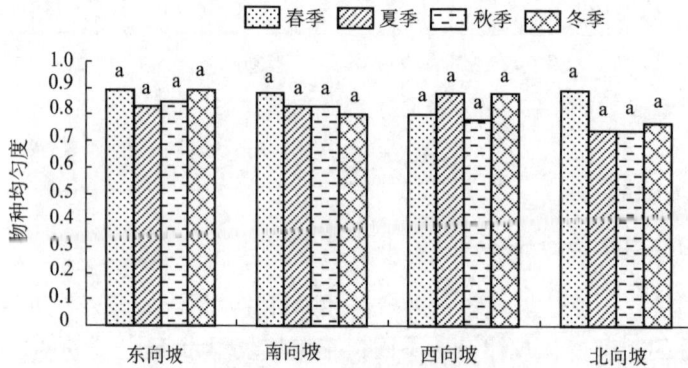

图 4-9　不同坡向植物物种均匀度的季节变化

不同字母表示差异显著（$p<0.05$）

第三节　成昆铁路的道路边坡植被恢复

一、植被类型及其结构特征

选择修建成昆铁路时形成的典型的路堑边坡，其立地条件为：29°85′N，103°61′E，海拔 461m，边坡高度 25m，于 1958 年修建。针对该典型边坡就成昆铁路的道路边坡植被恢复进行研究，得出道路边坡植物群落类型及其结构特征见表 4-7。由表 4-7 可知，土质东南向坡是以渐尖毛蕨[*Cyclosorus acuminatus*（Houtt.）Nakai]和芒萁（*Dicranopteris dichotoma* Bernh.）为优势种的群落，土质西北向坡是以芒萁和白茅[*Imperata cylindrica*（Linn.）Beauv]为优势种的群落，岩质东南向坡是以地瓜（*Ficus tikoua* Bur.）和蜈蚣草（*ephrolepis cordifolia* Presl）为优势种的群落，岩质西北向坡是以千里光（*Senecio scandens Buch* Ham.）和地瓜为优势种的群落。

表4-7 成昆铁路岩质边坡与土质边坡的植物群落类型及其结构特征

边坡类型	坡质、坡向	种数	盖度/%	丰富度（指数）	多样性指数（Shannon-Wiener）	Simpson Diversity	均匀度（指数）	Simpson Dominance	优势物种
岩质边坡	岩质、东南	41	44	3.577	2.482	0.885	0.668	0.115	地瓜、蜈蚣草
岩质边坡	岩质、西北	43	46	3.797	2.857	0.924	0.759	0.076	地瓜、千里光
土质边坡	黏土、东南	71	88	5.552	2.840	0.876	0.666	0.124	渐尖毛蕨、芒萁
土质边坡	黏土、西北	67	79	5.024	2.780	0.908	0.661	0.092	芒萁、白茅

从表4-7还可以看出，对土质东南向坡和道路边坡的岩质东南向坡来说，其群落优势度（Simpson Dominance）指数较高（0.124和0.115）。在土质东南向坡坡面上植物以蕨类植物芒萁和渐尖毛蕨为主，芒萁的重要值为0.209，而坡面上大多数植物的重要值都在0.01以下。形成这种状况的原因与当地的土壤性质有关，典型边坡地处四川省夹江县吴场镇，其土壤为典型的酸性土，比较适合蕨类植物，如芒萁、蜈蚣草、金星蕨、渐尖毛蕨。蕨类植物在酸性土壤中的竞争性一般比较强，尤其是芒萁作为酸性土壤的指示植物，它的竞争能力和"排外"能力很强，它能够分泌一种生物化感物质，抑制其他植物的生长（袁宜如等，1999; Paschke et al., 2000）。某个地段一旦被其种群所占据，其他植物便很难在此地萌发、生长和定居（严岳鸿等，2004；张开梅等，2004）。

在道路边坡的岩质东南向坡坡面上以地瓜和蜈蚣草为主，地瓜的重要值为0.206，而坡面上大多数植物的重要值也都在0.01以下。地瓜是桑科无花果属的匍匐小藤本，地瓜对环境条件适应性较广，耐贫瘠、节水、耐旱，可附着在石壁上生长。地瓜根系强大，纵横交错的匍匐茎紧贴地面，能迅速蔓延生长，在地表形成一个稳定的结构层，使地面能够抵挡住狂风暴雨的袭击。同时，地瓜的叶片较大，在防止雨水对土壤的直接冲蚀方面也能发挥作用，再加上其木质藤具有斜向支撑力，能够加固土层，是一种优良的水土保持植物，在公路护坡、河岸绿化和边坡绿化中可发挥重要的作用。在桂林植物园主干道、桃花专类园两处陡坡地上种植的地瓜榕，郁郁葱葱，起到了很好的绿化、护坡效果（邹玲俐和黄仕训，2007）。

Shannon-Wiener多样性指数值一般为1.5~3.5，很少超过4.5。四个边坡上的Shannon-Wiener多样性指数（2.840、2.780、2.482、2.875）接近3.5，因此这几个边坡上Shannon-Wiener多样性指数较高。Simpson Diversity指数的值为0~1，越接近1说明随机取样的两个个体属于不同种的概率越高，也就是群落的生物多样性越高，同时也说明群落的集中性（群落优势度）越差。四个坡面上的 Simpson Diversity 指数（0.876、0.908、0.885、0.924）接近于 1，因此四个坡面都具有较高的 Simpson Diversity 指数。综合 Shannon-Wiener 多样性指数和 Simpson Diversity 指数，夹江的自然恢复坡和石砌边坡物种多样性都比较高。

土质边坡的物种数（71、67）要比岩质边坡的物种数（41、43）高，盖度和丰富度指数比石砌边坡高，但是岩质边坡的均匀度指数（0.668、0.759）要比土质边坡的均匀度指数（0.666、0.661）高。因为在应用多样性指数时，具备低丰富度和高均匀度的群落与具备高丰富度和低均匀度的群落，可能得到相同的多样性指数。所以，岩质边坡的丰富度虽然低，但是可以有较高的物种多样性。

二、植被恢复物种组成及其特征

成昆铁路道路边坡坡面上自然定居的植物 106 种，隶属 51 科，63 属。从生活型看，该边坡植被以草本植物为主。其中多年生草本植物 50 种，占植物总数的 47.2%。1 年或 2 年生草本植物 20 种，占植物总数 18.9%。常绿灌木 2 种，落叶灌木 9 种，灌木总共占到植物总数的 8.5%。藤本 7 种，占植物总数的 6.6%。蕨类植物一共调查到 15 种，隶属 12 科，14 属，占植物总数的 14.2%。坡面上植物以草本植物为主，群落的层次比较单一，虽然有较高的群落生物多样性，但是很容易遭到破坏（郑元润，1999）。

调查中发现，铁路路堑边坡的全部植物在周边地区均有出现，且植物多为草本，其种子轻小，易于风播，表明路堑边坡植被可由周边植物经风播入侵并定居。成昆铁路道路边坡坡面植被组成中，菊科和禾本科植物种数较多（表4-8），菊科植物隶属 9 个种，占总数的 15.1%；禾本科植物隶属 16 个种，占总数的 15.1%。菊科和禾本科的植物分布范围广，优势度大，在路堑边坡的植被构成及生态恢复中有着十分重要的作用。

表 4-8　成昆铁路道路边坡植被恢复的物种组成及其重要值

科	种名	五个边坡的植物重要值				
		1	2	3	4	5
拔契科	拔契 *Smilax china* L.					0.006
百合科	麦冬 *Ophiopogon japonicus* L.f Ker-Gawl.		0.007			0.004
百合科	沿阶草 *Ophiopogon bodinieri* levi., Liliac., etc.					0.011
败酱科	白花败酱 *Patrinia villosa* (Thunb.).Juss.			0.002		
半边莲科	铜锤玉带草 *Pratia nummularia* (Lam.)A..Brown et Aschers.	0.001	0.001			
报春花科	聚花过路黄 *Lysimachia congestiflora* Hemsl.	0.032	0.014	0.002	0.002	0.003
车前科	车前 *Plantago asiatica* L.	0.003				
川续断科	川续断 *Dipsacus asperoides* C.Y.Cheng et T.M.Ai				0.002	
唇形科	金疮小草 *Ajuga decumbens* Thunb.	0.003	0.009	0.012	0.008	
唇形科	鼠尾草 *Salvia japonica* Thunb.				0.002	
唇形科	线纹香茶菜 *Isodon lophanthoides* (Buchanan-Hamilton ex D. Don) H. Hara	0.009	0.004	0.002		

续表

科	种名	五个边坡的植物重要值				
		1	2	3	4	5
酢浆草	酢浆草 *Oxalis corniculata* L.	0.012	0.010	0.005		0.003
豆科	紫穗槐 *Amorpha fruticosa* L.		0.002			
凤尾蕨科	井栏边草 *Pteris multifida* Poir.		0.003			
凤尾蕨科	西南凤尾蕨 *Pteris wallichiana* Agardh var. *wallichiana*					0.012
凤尾蕨科	蜈蚣草 *Pteris vittata* L.f *vittata*	0.013	0.001	0.174	0.076	
海金沙科	海金沙 *Lygodium japonicum* (Thunb.) SW	0.022	0.008	0.002	0.009	0.007
禾本科	白茅 *Imperata cylindrica* (L.) Beauv	0.072	0.080	0.040	0.011	0.064
禾本科	圆果雀稗 *Paspalum scrobiculatum* L. var. *orbiculare* (G. Forst.) Hack.	0.008	0.008	0.002		0.048
禾本科	狗尾草 *Setaria viridis* (L.) Beauv.		0.001		0.002	
禾本科	棕叶狗尾草 *Setaria palmifolia* (Koen.)Stapf	0.004	0.010		0.016	
金星蕨科	金星蕨 *Parathelypteris glanduligera* (Kze.) Ching.	0.017	0.070	0.060	0.049	0.014
禾本科	华北剪股颖 *Agrostis clavata* Trinius	0.029	0.001			
禾本科	马唐 *Digitaria sanguinalis* (L.) Scop.		0.001	0.002		
禾本科	金发草 *Pogonatherum paniceum* (Lam.) Hack	0.010	0.007	0.009		
禾本科	白草 *Pennisetum flaccidum* Grisebach	0.006				
禾本科	白花柳叶箬 *Isachne albens* Trinius	0.048	0.029	0.030	0.024	0.014
禾本科	紫马唐 *Digitaria violascens* Link	0.016	0.009	0.003	0.002	
禾本科	芒 *Miscanthus sinensis* Anderss.	0.025	0.040	0.059	0.062	0.092
禾本科	牛鞭草 *Hemarthria altissima* (Pior.) stapf et C.E.Hubb.	0.001	0.003		0.002	
禾本科	短叶黍 *Panicum brevifolium* L.		0.032	0.005	0.027	0.007
禾本科	牛筋草 *Eleusine indica* (L.)Gaertn	0.004	0.001			
禾本科	高羊茅 *Festuca elata* Keng ex E. B. *Alexeev*		0.001			
禾本科	早熟禾 *Poaannua. annua* L.	0.001		0.002		
藤黄科	地耳草 *Hypericum japonicum* Thunb.ex murray		0.002			0.010
菊科	苦荬菜 *Ixeris plolycephala* Cass.	0.003				
菊科	圆叶苦荬菜 *Ixeris stolonifera* A.Gray		0.001			
菊科	马兰 *Kalimeris indica* (L.) Sch. -Bip.			0.002		
菊科	华蒲公英 *Taraxacum borealisinense* Kitam.	0.002	0.002			
菊科	蒲公英 *Taraxacum mongolicum* Hand.-Mazz.	0.004		0.005	0.002	
菊科	千里光 *Senecio scandens* Buch.-Ham.ex D.Don	0.007	0.006	0.132	0.120	
菊科	金挖耳 *Carpesium divaricatum* Sieb. et Zucc.	0.001	0.004	0.005	0.006	
菊科	烟管头草 *Carpesium cernuum* L.	0.001			0.002	
菊科	豨莶草 *Siegesbeckia orientalis* L.	0.004	0.005	0.003	0.007	
卷柏科	伏地卷柏 *Selaginella nipponica* Franch. et Sav.		0.001			
兰科	白芨 *Bletilla striata* (Thunb. ex A.murray) Rchb.f.	0.001				

续表

科	种名	五个边坡的植物重要值				
		1	2	3	4	5
藜科	地肤 *Kochia scooparia*（L.）Schrad.		0.004			
里白科	芒萁 *Dicranopteris pedata* (Houtt.) Nakaike	0.209	0.131		0.011	0.466
楝科	川楝 *Melia azedarach* L.	0.002				
蓼科	水蓼 *Polygonum hydropiper* L.	0.001	0.010		0.007	
鳞毛蕨科	对马耳蕨 *Polystichum tsus-simense* (Hook.) J. Sm. Var.*tsus-simense*		0.021		0.006	
木贼科	问荆 *Equisetum arvense* L.	0.022	0.072		0.005	
葡萄科	三叶崖爬藤 *Tetrastigma hemsleyanum* Diels et Gilg	0.002				
鳞毛蕨科	斜方复叶耳蕨 *Arachniodes rhomboidea.*(Wall. ex mett.) Ching	0.009	0.002			
马鞭草科	臭牡丹 *Clerodendrum bungei* Steud.	0.007	0.007			0.003
毛茛科	打破碗花花 *Anemone hupehensis* Lemoine				0.012	
毛茛科	野棉花 *Anemone vitifolia* Buch.-Ham.	0.002				
木贼科	问荆 *Equisetum arvense* L.	0.022	0.072		0.005	
木贼科	节节草 *Equisetum ramosissimum* Desf.	0.029	0.007			
荨麻科	糯米团 *Gonostegia hirta* (Blume ex Hasskarl) Miq.	0.004	0.006	0.005	0.004	
荨麻科	长叶水麻 *Debregeasia longifolia* (Burm.f) Wedd.	0.001			0.006	
荨麻科	紫麻 *Oreocnide frutescens* (Thunb.) Miq.	0.003			0.045	
茜草科	栀子花 *Gardenia jasminoides* Ellis		0.001			
蔷薇科	东方草莓 *Fragaria orientalis* Lozinsk.	0.009	0.016	0.005	0.004	
蔷薇科	蛇莓 *Duchesnea indica* (Andr.) Focke	0.002				
蔷薇科	龙芽草 *Agrimonia pilosa* Ledeb.		0.004			
蔷薇科	木香花 *Rosa banksiae* Aiton	0.001				
蔷薇科	小果蔷薇 *Rosa cymosa* Tratt.	0.001				
蔷薇科	乌泡子 *Rubus parkeri* Hance		0.009			
茄科	白英 *Solanum lyratum* Thunb.			0.003	0.005	
茄科	黄果茄 *Solanum virginianum* L.	0.002	0.002			
茄科	龙葵 *Solanum nigrum* L.	0.007	0.006	0.008	0.005	
忍冬科	接骨草 *Sambucus chinensis* Lindl.	0.015	0.017		0.015	
伞形科	积雪草 *Centella asiatica* (L.) Urban	0.005				
伞形科	天胡荽 *Hydrocotyle sibthorpioides* Lam.	0.006	0.002			
伞形科	香根芹 *Osmorhiza aristata* (Thunb.) Makino et Yabe.	0.021	0.055	0.021	0.027	
伞形科	鸭儿芹 *Cryptotaenia japonica* Hassk.	0.003	0.001			
桑科	地果 *Ficus tikoua* Bur.	0.016	0.021	0.206	0.154	
莎草科	薹草 *Carex* L.	0.022	0.001			
莎草科	丛毛羊胡子草 *Eriophorum comosum* Nees	0.003	0.033	0.007	0.004	0.074
山茶科	山茶 *Camellia japonica* L.		0.002			0.012

续表

科	种名	五个边坡的植物重要值				
		1	2	3	4	5
十字花科	白花碎米荠 *Cardamine leucantha* (Tausch) O. E. Schulz		0.001			
石竹科	繁缕 *Stellaria media* (L.) Cyr.	0.001	0.001			
石竹科	漆姑草 *Sagina japonica* (Sw.) Ohwi		0.001			
水龙骨科	日本水龙骨 *Polypodiodes niponica* (Mett.) Ching			0.002		
蹄盖蕨科	中华短肠蕨 *Allantodia chinensis* (Mett.) Ching	0.007				
铁线蕨科	普通铁线蕨 *Adiantum edgeworthii* Hook.					0.003
苋科	喜旱莲子草 *Alternanthera philoxeroides* (Mart.) Griseb.	0.001				
苋科	牛膝 *Achyranthes bidentata* Blume	0.010	0.023	0.008	0.050	
野牡丹科	展毛野牡丹 *Melastoma normale* D. Don	0.002				
鸢尾科	蝴蝶花 *Iris japonica* Thunb.	0.019				
中国蕨科	狭叶金粉蕨 *Onychium tenuifrons* Ching.	0.007	0.023	0.002		0.072
紫草科	倒提壶 *Cynoglossum amabile* Stapf et Drumm.	0.006		0.005		
紫金牛科	紫金牛 *Ardisia japonica* (Thunb.) Blume					0.005
紫萁科	分株紫萁 *Osmunda cinnamonea* L.var.*asiatca* Fem.		0.002			
醉鱼草科	醉鱼草 *Buddleja lindleyana* Fort.			0.003	0.002	

注：　1 为土质东南向坡；2 为土质西北向坡；3 为岩质东南向坡；4 为岩质西北向坡；5 为自然边坡

三、不同坡向和坡质边坡物种多样性对比

在土质东南向坡和土质西北向坡坡面上，自然定居的植物种类分别为 71 种和 67 种，植被平均盖度达到 88% 和 79%。在岩质东南向坡和岩质西北向坡坡面上，自然定居的植物种类分别为 41 种和 43 种，植被平均盖度为 44% 和 46%。由表 4-7 可以看出，自然边坡的东南向坡和西北向坡在物种种数、植被平均盖度、物种多样性指数、均匀度指数和物种的生活型构成方面没有显著的差异，岩质东南向坡和岩质西北向坡也存在着同样的现象。这与张锡成（1999）在伊犁果子沟山地植被的坡向分布中的研究和喻庆国等（2007）在云南糯扎渡自然保护区植被沿坡向空间分异研究中所得出的结论不同。

坡向对植被分布的影响是间接的而不是直接的，它主要是通过影响植被生长的光、热和水分等条件而发挥作用（Nordin，1993）。因此，凡是影响植被生长的光、热和水分条件的因素，如海拔高度、坡度、坡位、山体大小、沟谷的宽窄和地形地貌等，也都影响山地植被的坡向分布。因此，坡向对植被分布的影响也具相对性。本研究区域的成昆铁路道路边坡周围山地海拔较低，坡面地形开阔，山体较小，不同坡向造成的生境条件差异较小，因而植被坡向分布的差异也不显著。

不同基质边坡的植物物种种数、植被平均盖度和物种多样性指数等方面的差异较大。调查区年平均降水量为 1357mm，光、热和水分条件良好，唯一的生态恢复限制因子是土壤（叶建军等，2003）。自然边坡的土壤基质较松软，其土壤属于河流冲积物母质发育

的黄壤土，为植物的生根提供了好的条件。且自然边坡的植被下层有 2~5cm 厚的凋落物，凋落物在涵养水源方面起着重大的作用，为坡面的水土保持提供了很好的条件，有利于植物的生长（林波等，2002; Rentch, 2005）。成昆铁路道路边坡的岩质边坡的土壤是由岩石风化物和植物结皮分解物组成的，厚度小于 5cm，植物立地条件差，因此道路边坡上生长的植物要比自然边坡少。

第四节　成达铁路的道路边坡植被恢复

一、植被类型及其结构特征

选择修建成达铁路时形成的典型的路堑边坡，其立地条件为：30°72′N，104°62′E，海拔 465m，边坡高度 17m，于 1992 年修建。针对该典型边坡就成达铁路的道路边坡植被恢复进行研究，得出道路边坡植物群落类型及其结构特征见表 4-9。由表 4-9 可知，东北坡向是以马唐[*Digitaria sanguinalis*（Linn.）Scop.]和白茅[*Imperata cylindrica*（Linn.）Beauv]为优势种的群落，西南向坡是以金发草[*Pogonatherum paniceum*（Lam.）Hack]为优势种的群落，自然坡是以白茅为优势种的群落。

表 4-9　成达铁路道路边坡与自然边坡的植物群落类型及其结构特征

边坡类型	坡质、坡向	种数	盖度/%	丰富度（指数）	多样性指数（Shannon-Wiener）	Simpson Diversity	均匀度（指数）	Simpson Dominance	优势物种
道路边坡	紫色土、东北	38	49	3.077	2.504	0.875	0.688	0.125	马唐、白茅
道路边坡	紫色土、西南	39	69	3.466	2.025	0.753	0.553	0.247	金发草
自然边坡	黏土	29	69	2.424	2.077	0.779	0.617	0.221	白茅

从表 4-9 还可以看出，自然恢复东北向坡和自然恢复西南向坡在丰富度指数、多样性指数和均匀度指数等方面都表现出很大的差异。丰富度指数和优势度指数都表现出自然恢复西南向坡>自然恢复东北向坡,而多样性指数和均匀度指数则表现出自然恢复东北向坡>自然恢复西南向坡。丰富度指数和优势度指数较大表示在自然恢复西南向坡的坡面上单位面积内的植物物种数目较多，但是优势植物较明显。在自然恢复西南向坡的坡面上共调查到 39 种植物，其中金发草的重要值为 0.367，而坡面上其他植物的重要值有 34 种在 0.02 以下，显示了简单群落物种的变化度，同时表现出了明显的单一物种优势度。金发草是禾本科多年生草本植物，植株较高大，秆硬似小竹，常见于岩石上，金发草具有发达的根系，根系能够深入岩石汲取养分，具有较强的生态适应性，是一种良好的护坡植物（彭丽等，2004; Petersen et al., 2004;王海洋等，2005）。

自然恢复东北坡向的生物多样性指数和均匀度较大,说明在自然恢复东北坡向的坡面上植物群落的各植物物种分布均匀，生物多样性较高。自然恢复西南向坡的盖度要比自然恢复东北向坡的盖度大，这主要是因为金发草形成的小群落的盖度占坡面总盖度的很大部分。

自然坡的生物多样性的指数要比两个自然恢复坡的小，这可能与坡面基质有关，自然恢复坡的坡面都是紫色土，而自然坡是黏土。自然坡的土壤基质为白茅提供了良好的生长环境，自然坡上白茅的重要值为 0.251，坡面上的优势度指数为 0.221，也显示出了明显的单一物种优势度。

二、植被恢复物种组成及其特征

成达铁路道路边坡坡面上自然定居的植物 54 种，隶属 22 科，25 属。从生活型看，该边坡植被以草本植物为主，且以禾本科和菊科植物居多（表 4-10）。其中，禾本科共调查到 15 个种，隶属于 15 个属；菊科共调查到 12 个种，隶属于 10 个属。禾本科和菊科植物共占坡面上植物总数的 1/2。坡面上植物以草本植物为主，群落层次比较单一，这样的群落稳定性差，很容易遭到破坏（郑元润，1999）。

表 4-10　成达铁路道路边坡植被恢复的物种组成及其重要值

科	种名	三个边坡的植物重要值		
		1	2	3
唇形科	金疮小草 *Ajuga decumbens* Thunb.	0.010	0.017	
酢浆草科	酢浆草 *Oxalis corniculata* L.	0.014	0.005	0.012
豆科	望江南 *Senna occidentalis* (L.) Link	0.018		
豆科	广布野豌豆 *Vicia cracca* L.	0.050	0.010	0.043
凤尾蕨科	蜈蚣草 *Pteris vittata* L.f *vittata*	0.071	0.041	0.098
禾本科	白茅 *Imperata cylindrica* (L.) Beauv	0.102	0.195	0.251
禾本科	圆果雀稗 *Paspalum scrobiculatum* L. var. *orbiculare* (G. Forst.) Hack.	0.003		
禾本科	狗尾草 *Setaria viridis* (L.) Beauv.	0.023	0.005	
禾本科	狗牙根 *Cynodon dactylon* (L.) Pers.	0.005		
禾本科	金发草 *Pogonatherum paniceum* (Lam.) Hack	0.036	0.367	0.102
禾本科	白草 *Pennisetum flaccidum* Grisebach	0.006	0.008	
禾本科	白花柳叶箬 *Isachne albens* Trinius			0.025
禾本科	马唐 *Digitaria sanguinalis* (L.) Scop.	0.134		
禾本科	芒 *Miscanthus sinensis* Anderss.	0.014	0.013	
禾本科	牛鞭草 *Hemarthria altissima* (Poir.) stapf et C. E. Hubb.	0.064	0.016	
禾本科	短叶黍 *Panicum brevifolium* L.	0.003	0.013	0.018
禾本科	牛筋草 *Eleusine indica* (L.) Gaertn.			0.027
禾本科	有芒鸭嘴草 *Ischaemum aristatum* L.	0.007	0.005	
禾本科	羊茅 *Festuca ovina* L.		0.039	
禾本科	早熟禾 *Poaannua* L. var. annua		0.019	
金星蕨科	金星蕨 *Parathelypteris glanduligera* (Kze.) Ching.	0.017		0.040
金星蕨科	渐尖毛蕨 *Cyclosorus acuminatus* (Houtt.) Nakai	0.003		
菊科	加拿大披碱草 *Erigeron canadensis* L.	0.025	0.016	0.032

续表

科	种名	三个边坡的植物重要值		
		1	2	3
菊科	三叶鬼针草 *Bidens pilosa* L.	0.099	0.049	0.045
菊科	米蒿 *Artemisia dalailamea* Krash.	0.008	0.005	0.010
菊科	牡蒿 *Artemisia japonica* Thunb.	0.005		
菊科	牛尾蒿 *Artemisia dubia* Wall. ex Bess.	0.020	0.010	0.012
菊科	黄鹌菜 *Youngia japonica* (L.) DC.		0.011	0.018
菊科	野菊 *Dendranthema indicum* (L.) Des Moul.		0.005	
菊科	苦荬菜 *Ixeris polycephala* Cass.			0.025
菊科	马兰 *Kalimeris indica* (L.) Sch. -Bip.	0.003	0.009	0.006
菊科	蒲公英 *Taraxacum mongolicum* Hand.-Mazz.	0.036	0.015	
菊科	清明菜 *Anaphalis flavescens* Hand.-Mazz.	0.003	0.005	
菊科	金挖耳 *Carpesium divaricatum* Sieb. et Zucc.	0.025	0.015	
蓼科	水蓼 *Polygonum hydropiper* L.			0.039
蓼科	尼泊尔酸模 *Rumex nepalensis* Spr.			0.006
马前科	断肠草 *Gelsemium elegans* Benth.	0.003		
毛茛科	野棉花 *Anemone vitifolia* Buch.-Ham.		0.007	
茜草科	六叶葎 *G. asperuloides* E. ssp. *hoffmeisteri* H. et G.	0.003	0.005	0.014
蔷薇科	东方草莓 *Fragaria orientalis* Lozinsk.		0.005	
蔷薇科	蛇莓 *Duchesnea indica* (Andrews) *Focke*	0.003	0.005	0.006
蔷薇科	龙芽草 *Agrimonia pilosa* Ledeb.		0.005	
蔷薇科	萎陵菜 *Potentilla chinensis* Ser.		0.010	
茄科	黄果茄 *Solanum virginianum* L.	0.004	0.007	
茄科	龙葵 *Solanum nigrum* L.	0.003		
忍冬科	接骨草 *Sambucus chinensis* Lindl.			0.006
伞形科	香根芹 *Osmorhiza aristata* (Thunb.) Makino et Yabe.	0.055	0.013	0.058
桑科	地果 *Ficus tikoua* Bur.	0.017	0.011	0.009
莎草科	丛毛羊胡子草 *Eriophorum comosum* Nees	0.073	0.010	0.014
十字花科	蔊菜 *Rorippa indica* (L.) Hiern.	0.003		
石竹科	繁缕 *Stellaria media* (L.) Cyr.			0.009
玄参科	通泉草 *Mazus miquelii* Makino			0.007
远志科	瓜子金 *Polygala japonica* Houtt.		0.005	
罂粟科	紫堇 *Corydalis* DC.		0.005	0.006

注：1 为铁路路堑边坡东北向边坡；2 为铁路路堑边坡西南向边坡；3 为自然边坡。

　　成达铁路道路边坡周围环境的植被盖度达 100%，植被类型以草本为主。成达铁路道路边坡坡面草本植被自然恢复的生物源是周围的自然植被，在风力和流水的搬运作用下，种子迁移至成达铁路道路边坡坡面上。

第五节　成渝铁路的道路边坡植被恢复

一、植被类型及其结构特征

选择修建成渝铁路时形成的典型的路堑边坡，其立地条件为：30°59′N，104°49′E，海拔434m，边坡高度10m，于1952年修建。针对该典型边坡就成渝铁路的道路边坡植被恢复进行研究，得出道路边坡植物群落类型及其结构特征见表4-11。由表4-11可知，东向坡是以丛毛羊胡子草（*Eriophorum comosum* Nees）和金发草（*Pogonatherum Paniceum*（Lam.）Hack.）为优势种的群落，西向坡是以丛毛羊胡子草为优势种的群落，自然坡是以金发草为优势种的群落。

表 4-11　成渝铁路道路边坡与自然边坡的植物群落类型及其结构特征

边坡类型	坡质、坡向	种数	盖度/%	丰富度指数	多样性指数 Shannon-Wiener	Simpson Diversity	均匀度指数	Simpson Dominance	优势物种
道路边坡	紫色土、东	28	86	2.069	1.869	0.784	0.561	0.216	丛毛羊胡子草、金发草
道路边坡	紫色土、西	29	74	2.193	1.983	0.739	0.589	0.261	丛毛羊胡子草
自然边坡	黏土	19	68	1.57	1.854	0.769	0.63	0.231	金发草

从表 4-11 还可以看出，自然恢复西向坡的群落优势度指数较高（0.261），而 Shannon-Wiener 指数比较低，显示了简单群落物种的变化度，同时表现出了明显的单一物种优势度。在自然恢复西南向坡的坡面上共调查到 29 种植物，其中丛毛羊胡子草的重要值为 0.296，而坡面上其他植物的重要值有 28 种在 0.1 以下。丛毛羊胡子草是莎草科羊胡子草属多年生常绿禾草，主要分布于云南、四川、贵州、西藏、广西、湖北、甘肃等省区；印度、越南、缅甸、印度尼西亚也有。喜温暖及强光照，耐旱，生石岩陡壁向阳处。

二、植被恢复物种组成及其特征

成渝铁路道路边坡坡面上自然定居的植物40种，隶属17科，33属。从生活型看，该边坡植被以草本植物为主，且以禾本科和菊科植物居多（表4-12）。其中禾本科共调查到10个种，隶属于10个属；菊科共调查到11个种，隶属于6个属。禾本科和菊科植物共占坡面上植物总数的 1/2 以上。坡面上植物以草本植物为主，群落层次比较单一，这样的群落稳定性差，很容易遭到破坏（郑元润，1999）。

成渝铁路道路边坡周围环境的植被盖度达 100%，植被类型以草本为主。成渝铁路道路边坡坡面草本植被自然恢复的生物源是周围的自然植被，在风力和流水的搬运作用下，种子迁移至成渝铁路道路边坡坡面上。

表 4-12　成渝铁路道路边坡植被恢复的物种组成及其重要值

科	种名	三个边坡的植物重要值		
		1	2	3
酢浆草科	酢浆草 Oxalis corniculata L.	0.007	0.004	0.014
凤尾蕨科	蜈蚣草 Pteris vittata L.f vittata	0.042	0.037	0.118
禾本科	白茅 Imperata cylindrica (L.) Beauv	0.078	0.094	0.081
禾本科	圆果雀稗 Paspalum scrobiculatum L. var. orbiculare (G. Forst.) Hack.	0.005		0.007
禾本科	狗尾草 Setaria viridis (L.) Beauv.	0.025	0.006	
禾本科	黑麦草 Lolium perenne Linn.		0.004	
禾本科	金发草 Pogonatherum paniceum (Lam.) Hack	0.171	0.038	0.221
禾本科	白花柳叶箬 Isachne albens Trinius	0.005	0.056	
禾本科	芒 Miscanthus sinensis Anderss.	0.054	0.074	
禾本科	牛鞭草 Hemarthria altissima (Pior.) stapf et C.E.Hubb.	0.168	0.010	0.115
禾本科	短叶黍 Panicum brevifolium L.	0.018	0.010	
禾本科	普通小麦 Triticum aestivum L.		0.004	
虎耳草科	虎耳草 Saxifraga stolonifera Curt.		0.004	
金星蕨科	金星蕨 Parathelypteris glanduligera (Kze.) Ching.	0.050	0.087	
菊科	咸虾花 Vernonia patula (Dryand.) Merr.		0.025	
菊科	飞蓬 Erigeron acer L.	0.020	0.013	0.064
菊科	三叶鬼针草 Bidens pilosa L.	0.009	0.021	
菊科	咸虾花 Vernonia patula (Dryand.) Merr.		0.025	
菊科	蒿 Artemesia spp.	0.004	0.025	0.007
菊科	野艾蒿 Artemisia lancea Vaniot	0.004		
菊科	藏白蒿 Artemisia younghusbandii J. R. D. ex Pamp.		0.003	
菊科	米蒿 Artemisia dalailamea Krash.	0.007		
菊科	飞蓬 Erigeron acer L.	0.020	0.013	0.064
菊科	三叶鬼针草 Bidens pilosa L.	0.009	0.021	
菊科	野艾蒿 Artemisia lancea Vaniot	0.004		
菊科	藏白蒿 Artemisia younghusbandii J. R. D. ex Pamp.		0.003	
菊科	蒿 Artemesia spp.	0.004	0.025	0.007
菊科	米蒿 Artemisia dalailamea Krash.	0.007		
菊科	牛尾蒿 Artemisia dubia Wall. ex Bess.	0.010	0.013	
菊科	野菊 Dendranthema indicum (L.) Des Moul.		0.014	0.018
菊科	蒲公英 Taraxacum mongolicum Hand.-Mazz.	0.015		0.034
菊科	金挖耳 Carpesium divaricatum Sieb. et Zucc.	0.007		
藜科	地肤 Kochia scooparia（L.）Schrad.		0.003	0.007
毛茛科	野棉花 Anemone vitifolia Buch.-Ham.			0.024
茜草科	六叶葎 G. asperuloides E. ssp. hoffmeisteri H. et G.		0.015	

续表

科	种名	三个边坡的植物重要值		
		1	2	3
茄科	白英 *Solanum lyratum* Thunb.	0.007		
茄科	黄果茄 *Solanum virginianum* L.		0.009	
茄科	龙葵 *Solanum nigrum* L.	0.004		
伞形科	野胡萝卜 *Osmorhiza aristata* Makino et Yabe			0.019
桑科	构树 *Broussonetia papyrifera* (L.) Vent.			0.007
桑科	地果 *Ficus tikoua* Bur.	0.008	0.036	0.022
莎草科	莎草 *Cyperus glomeratus* L.	0.004		0.034
莎草科	丛毛羊胡子草 *Eriophorum comosum* Nees	0.223	0.296	0.063
石竹科	繁缕 *Stellaria media* (L.) Cyr.	0.004	0.039	
铁线蕨科	铁线蕨 *Adiantum capillus-veneris* Linn.	0.026	0.023	
苋科	喜旱莲子草 *Alternanthera philoxeroides* (Mart.) Griseb.		0.004	
紫堇科	紫堇 *Corydalis* DC.	0.018	0.028	0.015

注：1 为岩质东向坡；2 为岩质西向坡；3 为自然边坡。

第六节 四川盆地道路边坡上的优势植物

植被恢复的主要目的是在较短时间内对裸露的道路边坡进行快速的植被恢复，并且使人工植物群落经过科学的养护管理能在一定时间后形成一个新的群落稳定态，不发生物种死亡而导致新的水土流失，最终实现人工植物群落向自然群落演替，形成以本地野生植物为优势种的稳定植物群。道路边坡人工植物群落建群种应具有快速生长能力、早期侵占性较强、抗旱、耐贫瘠和覆盖性较好且同时能与其他植物共生等特点。在草坪气候区划中，四川省属于过渡带类型区，在草种选择上具有一定的局域性和特殊性（脊晓刚等，2004）。四川盆地道路边坡上的优势植物有芒萁、地瓜、金发草、丛毛羊胡子草。

一、芒萁的生长特性

芒萁是蕨类植物门（*Pteri-dteri-dophyta*）里白科（*Gleicheniaceae*）植物，广布于我国长江以南各省区，越南、印度、日本和朝鲜南部也有分布。它的根状茎在表土层匍匐生长，且可不断分枝，根系发达。

芒萁是我国热带和亚热带地区广泛分布的酸性土指示植物，为亚热带丘陵灌木草丛的"识别种"或"标志种"植物：芒萁竞争能力强，常形成单优势种群落（罗丽萍等，1999）。野外观察表明，在低丘上受人为干扰严重的植物群落中，芒萁常形成单一物种群落。芒萁灌草丛，大多数是由于原有森林或次生灌丛反复砍伐、火烧以及农地被废弃后造成水土流失、土壤瘠薄和生境趋于干旱而形成的次生植被类型。对芒萁灌草丛的研究，目前主要集中在群落生物量与营养成分以及植被演替与生态恢复方面（郭晓敏等，2002）。

芒萁作为一种古老蕨类植物，具有耐酸、耐旱和耐瘠薄的特点，依靠它纵横交错的地下茎及从地下茎中生出的能深入土层 3m 以上的不定根，顽强地生长在我国南方广大山区及水土流失地区。目前一些地区已经将芒萁作为强度水土流失地区的恢复植物（林夏馨，2004）。芒萁是道路边坡上的优势植物之一（图4-10、图4-11）。但是，因为自然状态下，芒萁产生的他感物质能通过一定途径释放到周围环境，抑制周边其他植物种子的萌发及生长发育，从而形成单优势种的群落（袁宜如和李晓云，2007）。因此，在道路边坡恢复过程中，芒萁虽然抗逆性强，保水能力好，但是容易形成单优势种群落，因此不提倡用于道路边坡的人工恢复。

图4-10　成昆铁路道路边坡上的芒萁生长状况

图4-11　成昆铁路道路边坡上的芒萁形成的单优势种群落

二、地瓜的生长特性

地瓜（*Ficus tikoua* Bur.），别名地瓜藤、地石榴、地枇杷、地棠果等，系桑科榕属多年生匍匐木质藤本。分布在陕西、湖北、湖南、广西、四川、云南和贵州等省区，生于低山区的疏林、草坡、土坎和岩缝中。地瓜四季都能生长，以春季、夏季和秋季生长为旺，是喜光的阳性植物，也是抗旱、耐热、耐寒和抗霜冻的优良植物，在自然状态下以营养繁殖为主，常形成自然片状小群落，对保护边坡和控制水土流失起着不可估量的作用。地瓜是道路边坡上的优势植物之一（图 4-12）。地瓜根系强大，纵横交错的匍匐茎紧贴地面，能迅速蔓延生长，在地表形成一个稳定的结构层，使地面能够抵挡住狂风暴雨的袭击，同时，其叶片较大，在防止雨水对土壤的直接冲蚀方面也能发挥作用，再加上其木质藤具有斜向支撑力，能够加固土层，是一种优良的水土保持植物，在公路护坡、河岸绿化和边坡绿化中可发挥重要的作用。在桂林植物园主干道、桃花专类园两处陡坡地上种植的地瓜榕，郁郁葱葱，收到了很好的绿化和护坡效果（邹玲俐和黄仕训，2007）。

图 4-12　成昆铁路石切片石边坡上植物群落中的地瓜

三、金发草的生长特性

金发草（*Pogonatherum paniceum*）是禾本科金发草属的一种多年生草本植物。其秆丛生，形如小竹，国外称为微型竹（*Miniature bamboo*）或矮竹（*Dwarf bamboo*）。金发草在斜坡、岩缝、岸边和石壁上均有分布，但以岩石上分布居多。是一种较为典型的岩生植物（王海洋等，2005）。在西南地区多生长于岩石上，具有根系发达、可塑性强、耐干旱等性能，且根系可以覆盖整个岩石表面。因而在各种工程边坡护理、山体滑坡后的裸地植被恢复方面有着广泛应用前景（陈红等，2005）。

金发草是道路边坡上的优势植物之一（图4-13、图4-14）。陈红和王海洋（2004b）将金发草的种群结构分为三种类型：增长型、稳定型和衰退型，在紫土上为衰退型，表明此类基质上金发草种群幼龄个体较少，老龄个体相对地占有较大比例，种群竞争力不如其伴生植物。

图4-13　成达铁路岩石边坡上生长的金发草

图4-14　成渝铁路岩石边坡上生长的金发草

四、丛毛羊胡子草的生长特性

丛毛羊胡子草（*Eriophorum comosum*（Wall.））是莎草科羊胡子草属多年生常绿禾草，株高 14~80cm。其根状茎粗短，秆密丛生，基部具黑褐色叶鞘。丛毛羊胡子草主要分布于云南、四川、贵州、西藏、广西、湖北和甘肃等省区，在印度、越南、缅甸、印度尼西亚也有分布。丛毛羊胡子草喜温暖、强光照和耐旱，生于向阳的陡壁石缝间，是道路边坡上的优势植物之一（图 4-15、图 4-16）。

图 4-15　成达铁路岩石边坡上生长的丛毛羊胡子草

图 4-16　成渝铁路岩石边坡上生长的丛毛羊胡子草

李西等（2006）筛选出两种抗性强的岩生植物金发草和丛毛羊胡子草。从种子鉴定可知两种岩生植物金发草和丛毛羊胡子草具有种子产业化研究的价值。白景文等（2005）通过对金发草和丛毛羊胡子草这两种岩生植物的抗旱适应性研究得出，丛毛羊胡子草的抗旱性强于金发草。

芒萁、地瓜、金发草和丛毛羊胡子草是适应川中丘陵区的气候条件和土壤类型的乡土植物，且抗逆性强，适合道路边坡的粗放管护。但是芒萁、金发草和丛毛羊胡子草都是草本植物，在绿化过程中可适当引进胡枝子、苜蓿、紫穗槐等优良的护坡灌木，以便在坡面上建立乔、灌、草三位一体的绿化模式。

参 考 文 献

白景文, 罗承德, 李西, 等. 2005. 两种野生岩生植物的抗旱适应性研究. 四川农业大学学报, 23(3): 90-291.

白永飞, 李凌浩, 王其兵, 等. 2000. 锡林河流域草原群落植物多样性和初级生产力沿水热梯度变化的样带研究. 植物生态学报, 24(6): 667-673.

包维楷, 陈庆恒. 1999. 生态系统退化的过程及其特点. 生态学杂志, 18(2): 36-42.

陈红, 李绍才, 彭丽, 王海洋. 2005. 金发草枝构件格局及其环境变异. 广西植物, 25(1): 18-21.

陈红, 梁立杰, 杨彩霞. 2004. 可持续发展的道路建设生态观. 长安大学学报, 24(1): 69-71.

陈红, 王海洋. 2004. 不同基质环境条件下金发草的种群结构差异. 西南农业大学学报(自然科学版), 26(4): 448-451.

陈灵芝, 钱迎倩. 1997. 生物多样性科学前沿. 生态学报, 17(6): 566-572.

费永俊, 鲁文俊, 韩烈保. 2007. 荆江大堤护坡草本植物物种多样性及其季节动态. 草业科学, 24(10): 1-5.

郭晓敏, 牛德奎, 刘苑秋, 等. 2002. 江西省不同类型退化荒山生态系统植被恢复与重建措施. 生态学报, 22(6): 878-884.

胡玉昆, 李凯辉, 阿德力·麦地, 等. 2007. 天山南坡高寒草地海拔梯度上的植物多样性变化格局. 生态学杂志, 26(2): 182-186.

姜德义, 王国栋. 2003. 高速公路工程边坡的工程地质分类. 重庆大学学报, 26(11): 113-116.

蒋志刚, 马克平, 韩兴国. 1997. 保护生物学. 杭州: 浙江科学技术出版社.

李博, 杨持, 林鹏. 2002. 生态学. 北京: 高等教育出版社.

李步航, 张健, 姚晓琳, 等. 2008. 长白山阔叶红松林草本植物多样性季节动态及空间分布格局. 应用生态学报, 19(3): 467-473.

李世清, 李生秀, 张兴昌. 1999. 不同生态系统土壤微生物体氮的差异. 土壤侵蚀与水土保持学报, 5(1): 69-73.

李西, 罗承德. 2006. 两种岩生植物种子鉴定及播种量研究. 草业与畜牧, (8): 5-7.

李骁, 王迎春. 2006. 土壤微生物多样性与植物多样性. 内蒙古大学学报(自然科学版), 37(6): 708-713.

李旭光, 毛文碧, 徐福有. 1995. 日本德公路边坡绿化与防护. 公路交通科技, 12(2): 59-64.

林波, 刘庆, 吴彦. 2002. 川西亚高山人工针叶林枯枝落叶及苔藓层的持水性能. 应用与环境生物学报, 8(3): 234-238.

林夏馨. 2004. 芒萁的生长发育规律及人工繁殖技术. 福建水土保持, 16(2): 60-62.

刘春霞, 韩烈保. 2007. 高速公路边坡植被恢复研究进展. 生态学报, 27(5): 2090-2098.

刘秀峰, 唐成斌. 2001. 高等级公路生物护坡工程模式设计. 四川草原, 1: 40-43.

卢涛, 马克明, 倪红伟, 等. 2008. 三江平原不同强度干扰下湿地植物群落的物种组成和多样性变化. 生态学报, 28(5): 1893-1900.

卢宗凡. 2003. 关于水土保持工作的总结与思考. 水土保持学报, 17(1): 101-104.

罗丽萍, 葛刚, 陶勇, 等. 1999. 芒萁对几种杂草和农作物的生化他感作用. 植物学通报, 16(5): 591-597.

马建军, 李青丰, 张树礼. 2007. 沙棘与不同类型植被配置下土壤微生物、养分特征及相关性研究. 干旱区资源与环境, 21(6): 163-167.

马克平. 1995. 北京东灵山地区之植物群落多样性的研究丰富度、均匀度和物种多样性指数. 生态学报, 15(3): 268-270.

马克平, 刘灿然, 于顺利, 等. 1997. 北京东灵山地区植物群落多样性的研究——几种类型森林群落的种-多度关系研究. 生态学报, 17(6): 73-83.

马克平. 1994. 生物群落多样性的测度方法. 生物多样性, 2(3): 162-168, 231-239.

欧宁, 李轩, 陈永安. 2003. 高速公路岩质及不稳定边坡工程与生物防护结合技术研究. 公路, 1: 106-110.

彭丽, 李绍才, 王海洋. 2004. 金发草的种群分布格局和种间关系. 西南农业大学学报(自然科学版), 26(6): 689-692.

彭少麟. 1996. 恢复生态学与植被重建. 生态科学, 15(2): 26-31.

蒲玉琳, 龙高飞, 刘世全, 等. 2007. 山地土壤坡向性分异的研究概况. 土壤通报, 38(4): 753-757.

漆良华, 彭镇华, 张旭东, 等. 2007. 退化土地植被恢复群落物种多样性与生物量分配格局. 生态学杂志, 26(11): 1697-1702.

秦伟, 朱清科, 张宇清, 等. 2009. 陕北黄土区生态修复过程中植物群落物种多样性变化. 应用生态学报, 20(2): 403-409.

冉雪梅, 舒中潘. 2006. 遂渝铁路边坡种植基材配比对植被的影响. 路基工程, 6: 117-118.

山寺喜成. 1997. 恢复自然环境绿化工程概论——坡面绿化基础与模式设计. 北京: 中国林业出版社.

邵新庆, 王堃, 王赟文, 等. 2008. 典型草原自然恢复演替过程中植物群落动态变化. 生态学报, 28(2): 855-861.

覃凤飞, 安树青, 卓元午, 等. 2003. 景观破碎化对植物种群的影响. 生态学杂志, 22(43): 43-48.

汪殿蓓, 暨淑仪, 陈飞鹏. 2001. 植物群落物种多样性研究综述. 生态学杂志, 20(4): 55-60.

王代军, 胡桂馨, 高洁. 2000. 公路边坡侵蚀及坡面生态工程的应用现状. 草原与草坪, 3: 22-24.

王海洋, 彭丽, 李绍才, 等. 2005. 岩生植物金发草生长特征研究. 应用生态学报, 16(8): 1432-1436.

王太平, 杨晓明. 2010. 高速公路边坡植物群落物种多样性与土壤因子的关系. 福建林业科技, 37(2): 36-45.

王绪高, 郝占庆, 叶吉, 等. 2008. 长白山阔叶红松林物种多度和空间分布格局的关系. 生态学杂志, 27(2): 145-150.

王永安, 王双生. 2002. 公路绿地系统的生态学分析. 华东公路, 3: 69-73.

王正文, 王德利, 臧传来, 等. 2001. 大兴安岭次生林白桦对林下日阴菅及其他主要草本植物的影响. 生态学报, 21(8): 1301-1307.

温远光, 元昌安, 李信贤, 等. 1998. 大明山中山植被恢复过程植物物种多样性的变化. 植物生态学报, 22(1): 33-40.

谢晋阳, 陈灵芝. 1997. 中国暖温带若干灌丛群落多样性问题的研究. 植物生态学报, 21(3): 197-207.

胥晓刚, 杨冬生, 胡庭兴, 等. 2004. 不同植物种类在公路边坡植被恢复中的适应性研究. 公路, 6(6): 157-161.

徐阳春, 沈其荣, 冉炜. 2002. 长期免耕与施用有机肥对土壤微生物生物量碳、氮、磷的影响. 土壤学报,

39(1): 89-96.

徐一雯. 2005. 客土喷播-高速公路边坡绿化防护新技术. 湖南环境生物职业技术学院学报, 11(4): 309-312.

严岳鸿, 易绮斐, 黄忠良. 2004. 广东古兜山自然保护区蕨类植物多样性对植被不同演替阶段的生态响应. 生物多样性, 12(3): 339-347.

杨利民, 韩梅, 李建东. 1997. 生物多样性研究的历史沿革及现代概念. 吉林农业大学学报, 19(2): 109-114.

杨喜田, 董惠英, 黄玉荣, 等. 2000. 黄土地区高速公路边坡稳定性的研究. 水土保持学报, 14(1): 77-81.

杨小波, 张桃林, 吴庆书. 2002. 海南琼北地区不同植被类型物种多样性与土壤肥力的关系. 生态学报, 22(2): 190-196.

杨晓亮, 李杰华, 彭婷婷, 等. 2009. 两种有机添加物对岩石边坡植被恢复人工土壤抗蚀性的影响. 水土保持学报, 23(1): 21-25.

杨修, 高林. 2001. 德兴铜矿矿山废弃地植被恢复与重建研究. 生态学报, 21(11): 1932-1940.

杨玉金, 田耀武, 郑根宝, 等. 2006. 濮鹤高速公路边坡植被生态防护效果分析. 西北林学院学报, 21(1): 28-32.

叶建军, 许文年, 王铁桥. 2003. 南方岩质坡地生态恢复探讨. 岩石力学与工程学报, 22(增1): 2245-2249.

喻庆国, 亢新刚, 曹伟顺. 2007. 云南糯扎渡自然保护区植被沿坡向空间分异研究. 福建林业科技, 3(34): 9-13.

袁宜如, 李晓云. 2007. 芒萁生化他感作用机理初探. 安徽农业科学, 35(17): 5047-5048.

袁宜如, 葛刚, 叶居新. 1999. 芒萁的生化他感作用. 植物杂志, 2(31): 36-37.

岳天祥. 1999. 生物多样性模型研究. 自然资源学报, 14(4): 377-380.

曾丽霞, 裴娟, 刘浩, 等. 2009. 四川丘陵区不同类型边坡土壤的团聚体差异性研究. 四川师范大学学报(自然科学版), 32(3): 361-364.

张俊云, 周德培. 2002. 厚层基材喷射植被护坡植物选型设计研究. 水土保持学报, 16(4): 163-165.

张俊云, 周德培, 李绍才. 2000. 岩石边坡生态护坡研究简介. 水土保持通报, 20(4): 36-38.

张开梅, 石雷, 李振宇. 2004. 蕨类植物的化感作用及其对生物多样性的影响. 生物多样性, 12(4): 466-471.

张林静, 岳明, 顾峰雪, 等. 2002. 新疆阜康绿洲荒漠过渡带植物群落物种多样性与土壤环境因子的耦合关系. 应用生态学报, 13(6): 658-662.

张锡成. 1999. 伊犁果子沟山地植被的坡向分布. 兵团教育学院学报, 9(3): 5-7.

章家恩, 徐琪. 1999. 恢复生态学研究的一些基本问题探讨. 应用生态学报, 10(1): 109-113.

赵警卫, 芦建国, 王荣华. 2006. 七种生态护坡在高速公路边坡的应用效果. 公路, 1: 201-204.

赵良久. 1996. 生态环境综合整治与恢复技术研究取得重大成果. 中国科学院院刊, 4: 289-292.

赵晓霞, 孙静萍, 张自学. 2000. 典型草原放牧后植物种的多样性分析. 中国草地, 2: 21-23.

郑剑英, 吴瑞俊, 翟连宁. 1999. 黄土丘陵沟壑区小流域土壤养分的分布特征. 水土保持通报, 16(4): 26-30.

郑元润. 1999. 大青沟植物群落稳定性研究. 生态学报, 19(4): 578-580.

周跃, Watts D. 1999. 坡面生态工程及其发展现状. 生态学杂志, 18(5): 68-73.

周跃. 2000. 植被与侵蚀控制: 坡面生态工程基本原理探索. 应用生态学报, 11(2): 297-300.

邹玲俐, 黄仕训. 2007. 优良野生地被植物-地瓜榕的开发利用. 广西热带农业, 5: 45-46.

邹胜文. 2000. 高等级公路边坡生物防护方式浅析. 公路, 4: 50-52.

Andrés P, Zapater V, Pamplona M. 2006. Stabilization of motorway slopes with herbaceous cover, Catalonia,

Spain. Restoration Ecology, 4(1): 51-60.

Angold P G. 1997. The impact of a road upon adjacent heathland vegetation: effects on species composition. Journal of Applied Ecology, 34(2): 409-417.

Balisky A C, Burton P J. 1995. Root-zone soil temperature variation in association with microsite characteristics in high-elevation forest openings in the interior of British Columbia. Agr Forest Meteorol, 77: 31-54.

Bochet E, Garcia-Fayos P. 2004. Factors controlling vegetation establishment and water erosion on motorway slopes in Valencia. Restoration Ecology, 12(2): 166-174.

Brofas G, Varelides C. 2000. Hydroseeding and mulching for establishing vegetation on mining spoils in Greece. Land Degradation and Development, 11(4): 375-382.

Brosofske K D, Chen J, Crow T R, et al. 1999. Vegetation responses to landscape structure at multiple scales Acrossa Northern Wisconsin, USA. pine barrens landscape. Plant Ecology, 143(2): 203-218.

Chung H, Zak D R, Reich P B, et al. 2007. Plant species richness, elevated CO_2, and atmospheric nitrogen deposition alter soil microbial community composition and function. Global Change Biology, 13(5): 980-989.

Coppin N J, Richarids I G. 1990. Use of vegetation in civil engineering. Boston: Butterworths.

Gray D H, Sotir R B. 1992. Biotechnical stabilization of highway cut slope. Journal of Geotechnical Engineering, 118(9): 1395-1409.

Jover F. 1997. Revegetación de taludes de autovías y autopistas(Revegetation of highway slope). In: Peinado M, Sobrini I M(eds.). Avances en evaluación de impacto ambientaly ecoaudioria. Trotta, Madrid, Spain: 513-528.

Kepner W G. 2000. A landscape approach for detecting and evaluating change in a semi-arid environment. Environmental Monitoring and Assessment, 644(1): 223-235.

Knick S T. 2000. Landscape characteristics of disturbed shrub steppe habitats in south-western Idaho. Landscape Ecology, 12(5): 287-297.

Luarcet R. 1997. Plant species diversity and polyploidy in islands of natural vegetation isolated in extensive cultivated lands. Biodiversity and Conservation, 6(4): 591-613.

Morgan R R C, Rickson R J. 1995. Slope Stabilization and Erosion Control: A Bioengineering Approach. London: E & F N Spon.

Nagaraja B C, Somashekar R K, Raj M B. 2005. Tree species diversity and composition in logged and unlogged rainforest of Kudremukh National Park, South India. Journal of Environmental Biology, 26(4): 627-634.

Nordin A R. 1993. Bioengineering to ecoengineering. Part one: the many names. International Group of Bioengineers newsletter, 3: 15-18.

Paschke M W, Claire D L, Edward F R. 2000. Redente re-vegetation of road cut slopes in Mesa Verde National Park, U S A. Restoration Ecology, 8(3): 276-282.

Petersen S L, Roundy B A, Bryant R M. 2004. Revegetation methods for high-elevation roadsides at Bryce Canyon National Park, Utah. Restoration Ecology, 12(2): 248-257.

Pilar A, Montserrat J. 2000.Mitigation strategies in some motorway embankments. Restoration Ecology, 8(3):268-275.

Rentch J S, Fortney R H, Stephenson S L, et al. 2004. Vegetation-site relationships of roadside plant communities in West Virginia, USA. Journal of Applied Ecology, 42(1): 129-138.

Richard T T F, Robert D. 2000. Derlinger the ecological road-effect zone of a Massachusetts(U S A)suburban highway. Conservation Biology, 14(1): 36-46.

Ruiz-Jean M C, Aide T M. 2005. Vegetation structure, species diversity, and ecosystem processes as measures of restoration success. Forest Ecology and Management, 218(1): 159-173.

Sagar R, Raghubanshi A S, Singh J S. 2003. Tree species composition, dispersion and diversity along a disturbance gradient in a dry tropical forest region of India. Forest Ecology and Management, 186: 61-71.

Spedding T A, Hamel C, Mehuys G R, et al. 2004. Soil microbial dynamics in maize-growing soil under different tillage and residue management systems. Soil Biology and Biochemistry, 36(3): 499-512.

Stephen C T, Frissell C A. 2000. Review of ecological effects of roads on terrestrial and aquatic communities. Conservation Biology, 14(1): 18-30.

Taylor L R. 1978. Bates Williams Hutchinson a variety of diversities. In: Mound L A, Warloff N(eds.). Diversity of Insect Faunas. Oxford: Blackwell: 1-18.

Thomson J C, Ingold T. 1988. Erosion control in European construction. In Proceeding's of Conference XIX International Erosion Control Association. International Erosion Control Association. Colorado: Steamboat Springs: 2-10.

Tiegs S D, John F O, Molly M P, et al. 2005. Flood disturbance and riparian species diversity on the Colorado River Delta. Biodiversity and Conservation, 14(5): 1175-1194.

Tilman D, Doeing J A. 1994. Biodiversity and stability in grasslands. Nature, 367: 363-365.

Tilman D. 1997. Community invisibility recruitment limitation and grassland biodiversity. Ecology, 78(l): 81-92.

Tyser R W. 1998. Roadside revegetation in Glacier National Park, U S A: effects of herbicide and seeding treatments. Restoration Ecology, 6(2): 197-206.

Verma R K, Kapoor K S, Rawat R S, et al. 2005. Analysis of plant diversity in degraded and plantation forests in Kunihar Forest Division of Himachal Pradesh. Indian Journal of Forestry, 28(1): 11-16.

第五章　道路边坡土壤微生物的时空变异

山区的道路建设形成了很多裸露的岩石边坡（Megahan et al., 2001; 李俊玲, 2006; Parsakhoo et al., 2011）。就我国高速公路建设而言,每年形成的岩石边坡面积达 1000 万~1500 万 m^2（卓慕宁等, 2006）。岩石边坡造成了土壤植被覆盖层的大量剥离,引发严重的水土流失和生态破坏现象,加剧了生态环境的恶化,给人民生命和财产带来巨大的损失（Morgan and Rickson, 1995; 黄敬军, 2006; Salvini et al., 2013）。生态恢复工程不仅可以通过植物根系加固边坡,减少水土流失,而且能美化环境,为边坡生态恢复提供有利的条件。

道路边坡因边坡创面状况不同可分为土质边坡与岩石边坡。岩石边坡比土质边坡的异质性强,不具备植物生长所必需的土壤环境。岩石边坡坡度高陡,坡比一般在 1：0.75 以上,坡面外力侵蚀以径流侵蚀为主。受外力侵蚀的现象更加明显,雨水径流速度大,极易形成冲刷侵蚀,很难存留坡面自然风化的土壤颗粒,受水力和重力而堆积在坡脚,其岩体保水功能差,活性养分低,植物很难从边坡岩层中吸收水分及养分,植物难以存活,故对其进行生态防护的难度很大（张俊云等, 2000）。

岩石边坡生态护坡是在坡面构建基质–植被综合保护体系,通过体系本身的护坡工程性能保护整个坡面,可看作是特殊的复合材料系统。生态护坡工程是一个在岩石边坡创面上形成人工客土和培养植物的过程。人工土壤是一种特殊的土壤,它的重建是岩石边坡植物生态系统重建的基础（Ai et al., 2012）。生态护坡工程中所需人工土壤是岩石边坡生态护坡的物质基础,既要满足能较好地附着和固定在岩石坡面上,又能为植物的持续生长提供水分和营养物质。岩石边坡绿化是采用工程手段在坡面上创造植物生长条件,营造生态修复的初期植被,以这些初期植被来促进植物演替。通过草坪草和灌木的建植,减轻坡面上砂岩的风化和移动,促使其他植物包括野草的附着和定居,提高坡面植物的多样性,加快群落演替,为恢复和重建破坏的生态系统创造有利条件。

土壤微生物是陆地生态系统碳循环的重要组成部分,其在土壤生态系统中有着非常重要的作用。土壤微生物是土壤有机质和土壤养分转化和循环的动力,它参与土壤中腐殖质的形成、有机质的分解、土壤养分转化和循环等过程,对土壤中的养分供应起着非常重要的作用。土壤微生物生物量与有机质分解、土壤温室气体释放等紧密相关,可直接影响土壤生物活性及土壤养分的组成和转化,是土壤肥力的重要指标之一。在道路建设过程中,道路边坡坡度、坡向、地形和时间等对道路边坡土壤的形成发生密切相关,不可避免地会改变土壤微生物的生存环境,从而对土壤微生物产生重要的影响（郭培俊等, 2012）。

第一节　土壤微生物的影响因子与测定方法

一、土壤微生物的影响因子

土壤微生物是土壤中物质转化和养分循环的驱动力，土壤微生物可以直接参与养分循环、有机质分解等诸多生态过程，其指标通常被用来评价退化生态系统中生物群系与恢复功能之间的关系（Harris, 2003）。土壤微生物生物量是表征土壤生态系统中物质和能量流动的重要参数之一，被认为是植物生长可利用养分的重要来源，是土壤活性养分的储存库。土壤微生物生物量的多少在一定程度上反映土壤有机碳、氮同化和矿化能力的大小，是土壤生物活性大小的标志（赵先丽等, 2006）。土壤微生物生物量本身是土壤养分（氮、磷、硫）的储备库。据估计，植物吸收氮、磷、硫的 60%、47%、28%分别来自微生物氮、磷、硫，且植物的生长量与土壤微生物生物量有一定的关系。因此，微生物生物量是植物生长可利用养分的一个重要来源，并可表征土壤肥力特征和土壤生态系统中物质和能量流动。

土壤微生物生物量库的任何变化，都会对土壤碳、氮、硫的植物有效性及其在陆地生态系统中的循环产生深刻的影响（Jenkinson and Ladd, 1981）。同时土壤微生物量作为土壤中碳和养分的一种重要的源或汇，在一定程度上潜在地反映了土壤中碳素和氮素的数量，了解影响微生物生物量大小、周转以及碳和氮吸收的因素十分重要。但它容易受许多因素的影响，如植被类型、土壤理化性质、季节变化、土壤温度和湿度等。只有了解影响微生物生物量的因素，才能更好地利用土壤微生物服务于生态恢复，解决实际问题。

（一）不同植被类型对土壤微生物的影响

土壤微生物主要以植物残体为营养源，植被的种类组成、结构会随海拔的变化而变化，其所形成有机质的量和营养成分也会存在一定的差异，植物的质和量的差异必然会导致土壤微生物在不同植被下的较大差异。植物的群落类型是微生物生物量的一个重要制约因素（刘景双等, 2003）。Waldle（1992）和张于光等（2006）的研究与刘景双等的观点类似，他们认为：即使土壤性质相似，植物群落不同能够维持的微生物生物量差异也较大。其中归还土壤的植物残体数量和质量上的差异，是造成土壤有机质和土壤微生物生物量差异较大的原因之一。植被对土壤微生物过程的影响，主要归因于枯落物和根系分泌物的质和量的差异（Gymston et al., 1997; Augusto et al., 2002），这种差异将直接影响生态系统养分输入通量。因此，在很大程度上，植被对土壤微生物群落的影响是与土壤有机质的质量相联系的（Soetre and Bååth, 2000）。

不同植被条件下，土壤微生物生物量的排列顺序为：锐齿栎林>油松林>草丛（刘建军等, 2001）。刘满强等（2003）和魏媛等（2008）的研究发现，与侵蚀裸地比较，植被恢复显著提高了土壤微生物生物量，且不同植被对土壤微生物生物量的影响具有极显著差异（$p<0.01$），0~5cm 土层的季节平均值大小顺序为：保护荒草地>干扰荒草地>小叶栎>混交林≥木荷>马尾松，不同植被下土壤微生物生物量氮的差异更为明显，不同植被类型的土壤微生物生物量磷表现为乔木>草本>农田>灌木>弃耕地。

（二）土壤理化性质对土壤微生物的影响

土壤微生物生物量的含量除了受气候和植被等自然因素影响外，也很大程度上受到土壤理化性质的影响，且各种影响因素之间可能还存在相互作用。相关研究发现，土壤中有机碳的含量对土壤微生物生物量的含量起关键作用，有机碳控制着土壤中能量和营养物质的循环，是微生物群落稳定需要的能量和营养物的来源，也是土壤微生物生物量形成的重要因素。同时，Powlson等（1987）、Lovell等（1995）的研究发现，土壤有机质含量是影响土壤微生物生物量的一个重要因素。徐秋芳等（2005）进行土壤微生物与土壤有机碳的相关性研究发现，土壤微生物生物量和土壤总有机碳量有较好的正相关关系，有机碳越高，土壤微生物生物量越大。有研究表明，土壤微生物生物量磷与速效磷之间呈极显著正相关关系（陈国潮等, 1999; 徐阳春等, 2002; 王晔青等, 2008）。

土壤中加入有机物会使土壤微生物生物量明显增加，并影响土壤矿质氮的水平，而且微生物和植物可以竞争土壤中的矿质氮（Kare and Hart, 1997）。pH 也是影响土壤微生物生物量的一个重要因素，pH 可以通过直接或者间接方式影响土壤微生物的活性：一是通过减少植物产量，从而减少进入土壤的根系分泌物；二是通过抑制群落中某些微生物（如硝化细菌）来影响微生物的活性；三是通过增加铝的含量，从而降低底物的生物有效性，甚至引起中毒，且土壤 pH 下降会使微生物生命活动减弱。Joergensen 等（1995）在德国中部地区森林进行的土壤酸度梯度实验发现，当 pH 小于 5 后，土壤中微生物的生长繁殖便会受到抑制，土壤微生物生物量明显减小。

（三）季节变化对土壤微生物的影响

土壤微生物生物量是指："土壤中体积小于 $5000\mu m^3$ 的生物总量，但活的植物体如植物根系等不包括在内，它是活的土壤有机质部分"。土壤微生物生物量的季节变化在陆地生态系统碳循环方面具有重要作用，其之所以呈现季节性变化可能与下列因素有关：一是植物生长的季节性可能会影响土壤微生物生物量的季节变化，随着季节变化进入到土壤的新鲜有机物（如植物残体和根系分泌物）的数量不同；二是土壤温度和湿度的季节性变化也会影响土壤微生物生物量的季节变化。国外学者对土壤微生物生物量的季节动态在碳氮循环及养分释放方面的作用作了相关研究（Wardle, 1998; Edwards et al., 2006）。

何容等（2009）研究发现，武夷山不同海拔梯度土壤微生物生物量具有明显的季节性变化规律，且变化趋势一致，均表现为早春最大，夏季最小，并且指出土壤有效碳和土壤湿度是调控该区域森林土壤微生物生物量季节变化的重要生态因子。李世清等（2004）研究发现，田间土壤微生物生物量氮的变化也呈现明显的季节性规律，即夏季最高，冬季最低，其他时期居中，且与土壤温度有显著或极显著的正相关性，相关系数在 0.855 以上。陈国潮等（1999）对红壤微生物生物量的季节变化研究发现，红壤微生物生物量碳和氮随季节变化呈现明显的差异性，具体表现为：夏高冬低，春秋介于两者之间，红壤微生物量碳和氮的季节性变化主要受不同季节有机物质投入量的影响，同时还与温度和湿度有关。

（四）土壤温度和湿度对土壤微生物的影响

土壤微生物生命活动与土壤的水热条件密切相关，但由于不同研究的立地条件、土壤类型和土地利用方式等的不同，得到的结果并不一致。含水量和土壤温度对土壤微生物生物量的形成至关重要，这是因为：一方面水分可以通过影响土壤的透气状况对微生物起间接作用；另一方面水分作为微生物体的主要组成部分对微生物起直接作用。而温度则主要通过影响微生物的酶活性来调节微生物的生长与繁殖。只有具备适宜的水分和温度，微生物才能够进行正常的生命活动，以保证生态系统能量流动和物质循环的正常进行。

宇万太等（2008）研究发现，土壤湿度是土壤微生物生物量的重要影响因子，土壤水分与土壤微生物生物量密切相关，且在一定范围内土壤微生物生物量随着含水量的增加而增加。李香真和曲秋皓（2002）认为，土壤有机质水平高，微生物所受胁迫小，有利于微生物群落的发展。在湿度适宜的情况下，一般土壤微生物生物量与温度呈正相关性。Chen 等（2005）对我国台湾西部海岸沙丘森林生态系统研究发现，土壤微生物生物量碳、氮的波动主要与土壤湿度有关，温度对土壤微生物生物量波动的影响很小。Singh（1989）认为，微生物生物量氮在水分条件较好的秋季和冬季最低，而在干旱的夏季最高；土壤温度和作物生长是影响微生物生物量氮的主要因子。而 Van 等（1992）的研究结果则相反，他们认为土壤微生物生物量在湿润的冬季最高，在干旱的夏季最低，土壤水分是其主要的影响因子。

（五）空间变化对土壤微生物的影响

土壤微生物空间变异的研究涉及同一植被生长的同一坡面的不同坡位、同一林地土壤的不同层次、草地的表层和下层、距离根系远近程度等三维空间。微生物数量和种类在森林土壤不同土层中的变异情况不同。湘东丘陵区次生林土壤微生物主要分布在 0~20cm 的土层，随着土壤深度的增加，微生物数量迅速降低，自上而下逐渐减少（曾思齐，1998）。草地土壤微生物数量和生物量的分布在空间上具有垂直分布的规律。通常表层土微生物数量和生物量最高，随土层的加深而降低。微生物数量的垂直分布表明微生物的活动与植物根系生物量及有机质含量的分布情况有相关性。草地表层土壤有机质含量高，植物根系多，故该层的土壤生物活性也最高（郭继勋和祝延成，1997；赵吉等，1999）。

韩敬军和罗菊春（1999）发现林地土壤枯枝落叶层、腐殖质层、土壤层和母质层清晰，各层微生物数量由上到下依次减少，相对其他类群，放线菌和厌氧型细菌在土壤下层中的分布多，有时放线菌在各层数量变化情况不明显。曾思齐等（1998）对长白山北部林区云冷杉林土壤微生物进行了研究，发现原始林 O 层的细菌数量比 B 层的高三个数量级，比真菌和放线菌高两个数量级。姬兴杰等（2008）研究了不同肥料类型对微生物数量时空变化的影响，发现在同一土层中小麦苗期的细菌数量最大，抽穗期的真菌数量最大，随着小麦生育期的推进，放线菌数量逐渐增加，成熟期为最大值；在小麦生育的不同时期，细菌、真菌和放线菌数量在 20~40cm 的土层中最大，0~20cm 土层次之，40~120cm 土层随深度的增加数量逐渐减少。

二、土壤微生物的测定方法

正确评价土壤微生物生物量碳（SMBC）、氮（SMBN）和磷（SMBP），对于研究土壤中养分循环和有机物降解转化等土壤过程，监测和了解土壤质量变化等非常重要。自从 1976 年 Jenkinson 和 Powlson 提出氯仿熏蒸法以来，人们对微生物量的研究便产生了浓厚的兴趣。因此，微生物生物量的测定方法在人们不断地探索下不断得到改进和完善，其测定方法由传统的方法向快速、简便、准确和适应性广的方向发展。特别是 20 世纪 70 年代中期以来，随着对土壤微生物生物量研究范围的不断扩大，微生物生物量的测定方法不断得到改进与完善（陈国潮等，1999）。

（一）传统方法

20 世纪 70 年代以前，主要是采用传统的显微镜或者培养等方法研究土壤微生物的数量和种类，包括稀释平板法（也称培养计数法）和直接显微镜计数法。

稀释平板法也称培养计数法，其基本原理是："土壤微生物经分散处理成为单个细胞后，在特殊的培养基上生长并形成一个菌落，根据形成的菌落数来计算微生物的数量"。该方法是早期分离和测定土壤中微生物数量和种类的一种比较常用的研究方法（许光辉，1986）。该方法的优点在于可测定土壤中可培养的、不同类型的微生物数量，但该方法也有不足之处，如该方法仅能测定可以在培养基上快速生长繁殖并形成菌落的微生物种群，而土壤中只有少部分微生物具有这种特性，因此土壤中大部分微生物种群不适于这种方法来测定。另外，该方法测得的数据不到土壤中微生物实际数量的 1%，故不能作为土壤微生物的真实数量。此外，该方法测定结果的精确度和重复性也较差。

直接显微镜计数法的定义是："将土壤悬浮液制成一定厚度的琼脂薄片，在普通显微镜下记数，依据微生物的个体大小、数量、密度及干物质含量计算其生物量，同时根据其形态大致判断土壤中真菌和细菌生物量的比例，圆形一般视为细菌，而圆柱形主要是真菌，该法称为直接显微镜计数法"。其最大的缺点在于计数的难度大，在很大程度上依赖于经验，并且费时费力，因此，不宜将直接镜检法作为实验室测定土壤微生物生物量的常规方法（陶水龙，1998）。

（二）熏蒸系列方法

自应用氯仿熏蒸技术测定土壤微生物生物量以来，先后建立了测定土壤微生物生物量的熏蒸培养法（fumigation-incubation method, FI）和熏蒸提取法（fumigation-extraction method, FE）。

1. 熏蒸培养法

熏蒸培养法（FI）：Jenkinson（1966）研究认为氯仿熏蒸引起的土壤 CO_2 呼吸量增加主要是由于被熏蒸杀死的土壤微生物的分解所致，CO_2 呼吸增加量可用于估算土壤微生物生物量（Jenkinson, 1966）。至 1976 年，Jenkinson 和 Powlson 用氯仿熏蒸土壤后进行再培养时，发现其 CO_2 的释放量大幅度增加，比没有熏蒸的土壤要高得多，并且发现培养期间 CO_2 的释放量与原来土壤中的微生物生物量有非常显著的相关性，从而通过测定一定培养时间内土壤 CO_2 的释放量，就可以计算土壤微生物生物量，这就是著名的测定土壤微生物生物量的熏蒸培养方法。土壤微生物生物量碳（B_c）可以用下面公式计算：

$$B_c = F_c / K_c \tag{5-1}$$

式中，F_c 为熏蒸与不熏蒸土壤在培养期间释放 CO_2 的多少的差值；K_c 为熏蒸杀死的微生物生物量中的碳在培养过程中被分解后并以 CO_2 形式释放出来的比例，一般采用 0.45（Jenkinson and Ladd, 1981）。

熏蒸培养方法是基于以下五点假设：①假设熏蒸处理时，土壤中的所有微生物都被彻底杀死，也就是说熏蒸要彻底；②假设被杀死的土壤微生物生物量中的碳比未被杀死的土壤微生物生物量中的碳能更快地被分解；③假设未经过熏蒸灭菌处理的土壤，在培养期间死亡的微生物数量极少，可以忽略不计；④假设熏蒸灭菌处理对土壤的物理和化学性质没有任何影响；⑤假设所有土壤中被熏蒸杀死的微生物组织在培养期间被分解后并以 CO_2 形式释放出来的比例都一样，即所有的土壤可以共用 K_c 值。

这种方法具有操作简单、误差小等优点，因此适于常规分析，且对于多数土壤，该法的测定结果与计数法测定结果比较一致，结果较为可信。但由于该方法需要较长的培养时间，因此不适合大批样品分析。

2. 熏蒸浸提法

Vance 等（1987）创造了直接测定 K_2SO_4 浸提液中的碳的方法，并根据与熏蒸培养方法所测定的微生物生物量之间的关系，来计算土壤微生物生物量碳：

$$B_c = E_c / K_c \tag{5-2}$$

式中，E_c 为熏蒸与不熏蒸土壤 K_2SO_4 提取碳的差值；K_c 为熏蒸杀死的微生物生物量中的碳被 K_2SO_4 提取出来的比例，一般取 0.38。

熏蒸浸提法与熏蒸培养法相比，熏蒸提取法有以下优点：①简单、快速，适用于大批量样品的测定；②一次提取可同时测定微生物生物量碳和微生物生物量氮；③不仅可测土壤微生物生物量碳和微生物生物量氮，还可测定土壤微生物生物量磷和微生物生物量硫；④该方法适用范围广，可以测定酸性、中性、渍水土壤及新近施过有机肥土壤的微生物生物量（Ocio and Brookes, 1990）。

（三）底物诱导系列方法

Anderson 和 Domsch（1978）首先提出可以根据添加的易分解底物在培养初期的分

解速率来估算土壤微生物生物量的方法，这种方法也称底物诱导法。该方法是基于土壤微生物生物量的活性建立的，按照添加底物的种类可以分为：底物诱导呼吸法（substrate-induced respiration, SIR）和精氨酸氨化法。

1. 底物诱导呼吸法

一般认为葡萄糖是土壤中的绝大多数微生物都能够利用的物质，Anderson 和 Domsch 于 1978 年发现，当向土壤中加入葡萄糖并进行培养时，土壤中 CO_2 的释放量迅速增加，并持续大约 4 个小时保持稳定状态，此时的土壤呼吸量便称为诱导呼吸量。以 FI 方法为标准，得出：

$$B_c = 40.04\, CO_2$$

该方法的应用需要基于下列假设："假设加入底物后土壤中所有的微生物都以相同的速度做出反应，即以相同的速度代谢底物，释放出 CO_2 或消耗 O_2，且在短时间内微生物的生理生化状态不发生明显的改变"。因此，在此期间所释放的 CO_2 或消耗 O_2 量即诱导呼吸量就能够反映土壤微生物生物量的高低。该法的局限性在于只能用于测定土壤微生物生物量碳，并且耗时、费力、成本高，所以不适用于实验室常规分析（张海燕等，2005）。

2. 精氨酸氨化法

精氨酸为碱性氨基酸。Alef 和 Kleiner（1986）发现，有 50 多种细菌能够利用精氨酸作为其碳源和氨源，其最终代谢产物铵很容易从土壤中提取出来并被定量测定，从而建立了精氨酸氨化方法。精氨酸氨化法所依据的原理是："当向土壤加入精氨酸水溶液，并培养一段时间后，土壤中的 NH_4-N 大量增加，通过测定浸提液中 NH_4-N 的含量，就可以估计土壤微生物生物量"。在使用该方法时，因为比色分析的结果会受到浸提液中残留的精氨酸的干扰，所以在进行实际测定时，应该尽量减少精氨酸的用量，且培养时间不宜过长，一般以两个小时为宜，并且该方法不适用于有机物质含量丰富的土壤（林启美，1998）。

（四）成分分析法

用成分分析法计算土壤微生物生物量所依据的原理是："由于不同生物体的细胞壁和原生质的组成成分是不一样的，因此通过测定土壤中某些特有成分的含量，就有可能计算出土壤中微生物的生物量"（陶水龙等，1998）。目前常采用的是由 Jenkinson 等于 1979 年提出的 ATP 分析法（Jenkinson and Oades, 1979; Jenkinson et al., 1979）。虽然此方法灵敏度高，但该方法有一定的不足之处，主要是该方法容易受到土壤含磷量等因素的影响。另外，由于质地差异较大的土壤中微生物 ATP 含量差异也可能较大，ATP 与土壤微生物生物量的转换系数需要重新测定，这在一定程度上会增加工作量。另外，要准确地测定土壤中 ATP 的含量，必须满足下面三个条件：①使微生物生物量中的 ATP 完全释放出来；②迅速钝化 ATP 水解酶的活性，避免 ATP 的水解；③避免所提取出来的

ATP 被土壤胶体所吸附（吴金水等，2006）。由于上述不足之处，成分分析法仍然不是一般实验室大规模测定土壤微生物生物量的最佳方法。

（五）比色法

比色法是测定土壤微生物生物量的一种简便、快捷、费用低的测定方法，比色法是由 Nunan 等（1998）提出的。该方法的基本过程为：①调节新鲜土样的含水量至田间持水量的 50%左右；②将处理过的土壤于 25℃条件下暗室培养 10d；③氯仿熏蒸 24h 后，抽尽氯仿，然后用 0.5mol/L K_2SO_4 浸提振荡 30min，K_2SO_4 浸提液的液土比为 4∶1，而后过滤，滤液在 280nm 处进行比色分析测定。由于沉淀会影响比色效果，所以该方法要求过滤后最好立即进行比色。

第二节　道路边坡不同坡位的土壤微生物生物量碳、氮、磷

一、道路边坡不同坡位土壤微生物生物量碳的时空变异

土壤微生物生物量碳是土壤有机质中最为活跃的部分，调节着陆地生态系统的生物地球化学过程（Paul and Clark, 1996）。虽然全球土壤微生物生物量碳总量约占全球土壤有机碳总量的 1.4%，但其周转速率快，在全球碳循环中有着非常重要的意义（Wardle, 1992）。土壤微生物生物量碳具有极高的灵敏性，是反映土壤质量、人类干扰及土地利用变化最为敏感的指标之一，也可以反映土壤能量循环和养分转移与运输（Powlson and Boroks, 1987）。

（一）道路边坡不同坡位土壤微生物生物量碳的空间变异

针对位于四川丘陵区 2003 年开始修建的遂渝铁路，选择遂渝铁路遂宁站附近的典型岩石边坡，就通过客土喷播技术进行人工土壤植被恢复 5 年后的土壤微生物生物量碳进行研究，得出道路边坡不同坡位土壤微生物生物量碳的季节变化见表 5-1。由表 5-1 可知，铁路岩石边坡土壤微生物生物量碳随坡位不同呈现出一定的规律性变化。铁路岩石边坡土壤微生物生物量最大值出现在夏季坡下，为 185.21mg/kg，最小值出现在秋季坡上，为 92.47mg/kg。土壤微生物生物量在不同季节随坡向的变化规律不是很一致，在春季表现为坡中>坡上>坡下，夏季表现为坡下>坡上>坡中，秋季表现为坡中>坡下>坡上，冬季表现为坡上>坡中>坡下，其中春秋两季土壤微生物生物量碳的最大值均出现在坡中，且显著性分析结果表明坡位对微生物生物量碳有显著影响，即坡中显著大于坡上和坡下，而坡上和坡下之间无显著差异。在夏季，微生物生物量碳最大值出现在坡下，且显著大于坡上和坡中。在冬季，坡上土壤微生物生物量碳含量最高，其次是坡中，坡下最少，且只有坡上显著大于坡下。由此可见，一年四季，道路边坡不同坡位土壤微生物生物量碳均有显著性差异。

与道路边坡相比，自然边坡土壤微生物生物量碳表现出较强的空间变异规律，即四个季节土壤微生物生物量碳最大值均出现在坡中，且坡中与坡上和坡下均呈现显著性差

异。除在夏季表现为坡中>坡上>坡下外，其余季节均表现出一致的规律性：坡中>坡下>坡上，且春季和冬季坡下显著大于坡上，这可能与土壤含水量有关，自然边坡土壤含水量除春季在坡下最大以外，夏、秋、冬季节均在坡中达到最大值（表5-1）。由表5-1还可知，自然边坡土壤微生物生物量碳最大值出现在春季坡中，为802.44mg/kg，是铁路岩石边坡最大值的4.22倍；最小值出现在秋季坡上，为39.51mg/kg，仅占自然边坡最大值的5%。由此可见，自然边坡土壤微生物生物量碳在一年当中的变化幅度非常大，且坡位对自然边坡土壤微生物生物量碳有显著性影响。

表 5-1 道路边坡不同坡位土壤微生物生物量碳的季节变化 （单位：mg/kg）

坡位	道路边坡				自然边坡			
	春季	夏季	秋季	冬季	春季	夏季	秋季	冬季
坡上	145.80b	135.99b	92.47b	181.80a	208.80c	267.72b	39.51b	72.46c
坡中	176.40a	108.98b	125.12a	161.71ab	802.44a	450.08a	138.57a	515.97a
坡下	141.60b	185.21a	116.16ab	119.37b	405.00b	194.88b	47.76b	149.91b

注：相同小写字母表示不同坡位间无显著差异，不同字母表示有显著差异（$p<0.05$）。

与自然边坡相比，铁路岩石边坡土壤微生物生物量碳不如前者多。具体表现为：对坡中而言，四个季节自然边坡土壤微生物生物量碳的含量均大于铁路岩石边坡；对坡上而言，秋冬季节自然边坡土壤微生物生物量碳的含量低于铁路岩石边坡；对坡下而言，除了在秋季时自然边坡土壤微生物生物量碳小于铁路岩石边坡外，其余季节均大于道路边坡。由此可见，总体上自然边坡土壤微生物生物量碳要优于道路边坡。

（二）道路边坡不同坡位土壤微生物生物量碳的时间变异

土壤微生物生物量碳的消长反映微生物利用土壤碳源进行自身细胞建成并大量繁殖的过程，同时反映微生物细胞解体使有机碳矿化的过程（张成娥和梁银丽，2001）。对道路边坡不同坡位土壤微生物生物量碳的季节变化进行研究发现，铁路岩石边坡各个坡位在不同季节均呈现较大幅度的变化（表 5-1）。坡上和坡中表现出相似的变化规律，即春季和冬季土壤微生物生物量碳比夏季和秋季大，这可能是夏季和秋季植物对土壤养分的大量需求限制了土壤微生物对养分的可利用性，使雨量较多的夏季和秋季土壤微生物生物量碳较低，而在比较干旱和气温低的春季和冬季比较高，这也体现了植物生长对养分的吸收与土壤微生物对体内养分的保持具有同步性，有利于生态系统受到破坏后的恢复，这与 Barbhuiya 等（2004）的观点比较一致。而坡下则表现为夏季时土壤微生物生物量碳的含量达到最大值。这可能说明不同坡位土壤微生物生物量碳的季节变化是不同的。全年中，微生物生物量碳的最大值出现在夏季坡下，为185.21mg/kg，最小值出现在秋季坡上，为92.47mg/kg，仅为最大值的一半。季节对不同坡位土壤微生物生物量碳的含量均有显著影响，坡上表现为冬季>春季>夏季>秋季，冬季显著大于其余三个季节，春季和夏季之间无显著差异，但二者均显著大于秋季；坡中表现为春季>冬季>夏季>秋季，其中春季和冬季显著大于夏季和秋季；坡下表现为夏季>春季>冬季>秋季，且夏季显著大于其余三个季节。

由表 5-1 可知，自然边坡与道路边坡不同。坡中和坡下表现为春季土壤微生物生物量碳最大，其中坡中春季是全年最大值，为 802.44mg/kg，夏季和冬季次之，秋季最小。坡上表现为夏季>春季>冬季>秋季。总体上看，表现为夏季相对较高，秋季急剧下降，冬季和春季又逐渐增加。坡上秋季为全年最小值，为 39.51mg/kg，仅为最大值的 1/20。这可能是因为春季气温还比较低，植物还处于尚未萌发生长的休眠期，所以对土壤养分的利用比较少，这时土壤微生物便有了充足的养分来源，导致微生物生物量碳含量比较高，而到夏季和秋季，尤其是雨量充沛的秋季，植物大量生长，与微生物之间形成对养分的竞争的关系，且根系活动对养分的吸收作用更为强烈，对碳源需求较多，使土壤中的养分供给不能同时满足两者对营养物质的要求，而在一定程度上抑制了微生物的大量繁殖，导致土壤微生物生物量碳在秋季达到最小值（宋秋华等，2003）。而到冬季时，由于气温降低，作物根系活力减弱，分泌物减少，植物也过了生长季节，土壤中多余的碳源又重新被固定在微生物体内，使微生物生物量碳增加。

二、道路边坡不同坡位土壤微生物生物量氮的时空变异

微生物生物量氮是土壤氮素的一个重要储备库，在土壤氮素循环与转化过程中起着重要的调节作用。另外，土壤微生物生物量与土壤肥力有十分紧密的关系，土壤微生物生物量氮和潜在的土壤可利用氮之间存在着显著的正相关关系（姚政等，1997；沈其荣等，2000）。且土壤微生物生物量氮易于矿化，容易被植物吸收利用，因此与土壤有机氮相比具有更高的有效性。

（一）道路边坡不同坡位土壤微生物生物量氮的空间变异

由表 5-2 可知，采用客土喷播植被护坡后的铁路岩石边坡土壤微生物生物量氮在不同的坡位表现出较大的差异，坡位对其有显著性影响。在春季和冬季，土壤微生物生物量氮表现出相似的空间变异状况，即坡上显著大于坡下，但只有在冬季时，坡上土壤微生物生物量氮才显著大于坡中，即春季时坡中和坡上无显著性差异。夏、秋季节土壤微生物生物量氮的空间变异相同，表现为坡下、坡中二者之间无显著差异，但均显著大于坡上，这与铁路岩石边坡土壤含水量之间有相似的空间变异规律。总体看来，铁路岩石边坡土壤微生物生物量氮的最大值出现在夏季坡下，为 59.64mg/kg；最小值为 9.41mg/kg，出现在冬季坡下，最大值约为最小值的 6.34 倍。

表 5-2　道路边坡不同坡位土壤微生物生物量氮的季节变化　（单位：mg/kg）

坡位	道路边坡				自然边坡			
	春季	夏季	秋季	冬季	春季	夏季	秋季	冬季
坡上	39.76a	40.82b	29.50b	26.64a	40.16c	88.53b	55.48b	44.00b
坡中	36.97ab	55.26a	36.44a	12.46b	138.75a	189.64a	163.04a	224.76a
坡下	28.76b	59.64a	37.54a	9.41b	113.84b	81.77b	55.26b	43.73b

注：相同小写字母表示不同坡位间无显著差异，不同字母表示有显著差异（$p<0.05$）。

作为道路边坡对照的自然边坡土壤微生物生物量氮的含量均在坡中达到最大值，其中冬季时为 224.76mg/kg，为全年最大值，是道路边坡年最大值的 3.77 倍，全年最小值出现在春季坡上，为 40.16mg/kg，是道路边坡的 4.17 倍（表 5-2）。在四个季节中，坡位对自然边坡土壤微生物生物量氮有显著性影响，即坡中显著大于坡上和坡下。除春季表现为坡中>坡下>坡上，且坡下显著大于坡上外，夏季、秋季和冬季均表现为坡中>坡上>坡下，坡上和坡下无显著差异。这与自然边坡土壤含水量的空间变异十分吻合，由此可知，含水量可能是影响土壤微生物生物量氮空间变异的一个重要因素。对土壤微生物生物量氮而言，一年中自然边坡的含量均大于铁路岩石边坡，说明自然边坡生态系统要优于道路边坡，这可能与道路边坡土壤的性质和恢复年限有关，因为生态系统的恢复是一个漫长的过程，短短 5 年还远远达不到自然边坡的状况。

（二）道路边坡不同坡位土壤微生物生物量氮的时间变异

土壤氮的微生物矿化和固持是同时发生在土壤氮素循环中的两个重要过程，而微生物既是这两个过程的"执行者"，又是植物营养元素的"活性库"。由表 5-2 可知，铁路岩石边坡不同坡位土壤微生物生物量氮均在夏季达到最大值，分别为坡上 40.82mg/kg、坡中 55.26mg/kg、坡下 59.64mg/kg；最小值均出现在冬季，分别为坡上 26.64mg/kg、坡中 12.46mg/kg、坡下 9.41mg/kg；春季和秋季在二者之间。坡上仅冬季和夏季之间有显著差异，其余均无显著差异；坡中夏季显著大于春季、秋季和冬季，春季和秋季之间无显著差异，但二者均显著大于冬季；坡下在四个季节均有显著差异，大小顺序为夏季>秋季>春季>冬季。

对自然边坡各坡位土壤微生物生物量氮研究发现，季节对其有明显的影响，土壤微生物生物量氮在不同坡位表现出的季节变化规律不一致，坡上表现为夏季>秋季>春季>冬季，坡中表现为冬季>夏季>秋季>春季，坡下为春季>夏季>秋季>冬季。其中，最大值出现在坡中冬季，为 224.76mg/kg，最小值出现在坡下冬季，为 43.73mg/kg。自然边坡坡上夏季与其余季节有显著差异，但其余三个季节之间无显著差异；坡中冬季与其余季节有显著差异，夏季和秋季之间无显著差异，但二者均显著大于春季；坡下春季显著大于其余季节，夏季显著大于秋季和冬季，且秋季和冬季无显著差异。

三、道路边坡不同坡位土壤微生物生物量磷的时空变异

（一）道路边坡不同坡位土壤微生物生物量磷的空间变异

土壤微生物生物量磷是土壤有机磷的一部分，通常占全磷量的 2.4%~23.3%，占有机磷的 5%~47%，与土壤有机磷化合物相比，微生物生物量磷更容易矿化为植物可利用的有效磷。微生物生物量磷是有机磷中活性较高的部分，它不仅是土壤有效磷的重要供给源，而且与土壤有效磷直接相平衡（何振立，1997）。对铁路岩石边坡土壤微生物生物量磷的研究发现，春季和冬季，最大值出现在坡中，最小值出现在坡下；夏季和秋季最大值出现在坡上，夏季最小值出现在坡中，冬季最小值出现在坡下（表 5-3）。全年最大值出现在秋季坡上，为 162.00mg/kg，最小值出现在夏季坡中，为 55.61mg/kg，大

约只占最大值的 1/3。四个季节土壤微生物生物量磷均随坡位不同而出现显著性差异。

表 5-3　道路边坡不同坡位土壤微生物生物量磷的季节变化　　（单位：mg/kg）

坡位	道路边坡				自然边坡			
	春季	夏季	秋季	冬季	春季	夏季	秋季	冬季
坡上	111.28b	81.94a	162.00a	66.95b	62.42b	98.67c	135.70b	155.38b
坡中	154.57a	55.61b	135.49ab	147.58a	147.58a	441.66a	537.79a	473.54a
坡下	95.25b	62.56b	116.38b	66.94b	66.95b	180.71b	157.74b	131.22b

注：相同小写字母表示不同坡位间无显著差异，不同字母表示有显著差异（$p<0.05$）。

由表 5-3 可知，自然边坡与道路边坡不同，四个季节自然边坡土壤微生物生物量磷最大值均出现在坡中，最大值出现在秋季坡中，为 537.79mg/kg，为道路边坡最大值的 3.48 倍，最小值出现在春季坡上，为 62.42mg/kg。除在冬季土壤微生物生物量磷表现为坡中>坡上>坡下外，春季、秋季和冬季均表现为坡中>坡下>坡上。坡位对自然边坡土壤微生物生物量磷有显著影响，且在各个季节均表现为坡中显著大于坡上和坡下，夏季时坡上和坡下之间无显著性差异，其余三个季节坡上和坡下之间均有显著性差异。在夏季和冬季，自然边坡土壤微生物生物量磷的含量均大于铁路岩石边坡；在春季时，铁路岩石边坡土壤微生物生物量磷的含量大于自然边坡；在秋季时，坡上的表现是自然边坡小于铁路岩石边坡，坡中和坡下是自然边坡大于铁路岩石边坡。

（二）道路边坡不同坡位土壤微生物生物量磷的时间变异

土壤微生物生物量磷是土壤有机磷最为活跃的部分，是作物磷素营养非常重要的来源，且在磷素循环与转化中起着重要的调节作用。由表 5-3 可知，铁路岩石边坡土壤微生物生物量磷因坡位不同呈现不同的季节性变化规律。坡上和坡下有类似的变化规律，最大值均出现在秋季，分别为 162.00mg/kg 和 116.38mg/kg，且秋季显著大于其他季节，其中春季显著大于夏季和冬季。坡中春季最大，为 154.57mg/kg，秋季和冬季居中，夏季最小且与其他季节有显著差异，为 55.61mg/kg，也是全年最小值。

通过对自然边坡不同坡位土壤微生物生物量磷含量的季节变化研究发现，自然边坡坡上表现为冬季>秋季>夏季>春季，冬季与秋季无显著差异且二者均显著大于春季和夏季；坡中与坡上不同，春季显著小于其他三个季节，且其他季节之间无显著差异，其中秋季土壤微生物生物量磷的含量为全年最高，为 537.79mg/kg；坡下土壤微生物生物量磷的季节变化规律是夏季最大，为 180.71mg/kg，其次是秋季，冬季次之，春季最小。春季、冬季显著小于夏季，夏季与秋季无显著差异（表 5-3）。

第三节　道路边坡不同坡向的土壤微生物生物量碳、氮、磷

一、道路边坡不同坡向土壤微生物生物量碳的时空变异

土壤微生物对外界条件诸如土地利用的变化、管理措施、耕作和肥力水平等的变化

十分敏感，与土壤生态系统的稳定和健康息息相关，能够及时反映土壤质量变化状况（Miller and Dick, 1995; Pascual et al., 2000; Steenwerth et al., 2002; Bucher and Lanyon, 2005）。

（一）道路边坡不同坡向土壤微生物生物量碳的空间变异

针对位于四川丘陵区 2003 年开始修建的遂渝铁路，选择遂渝铁路遂宁站附近的典型的路堑边坡，就道路边坡基材通过客土喷播技术进行人工土壤植被恢复 5 年后的土壤微生物生物量碳进行研究，得出道路边坡不同坡向土壤微生物生物量碳见表 5-4。由表 5-4 可知，农田土壤微生物生物量碳并不是最大的，除冬季外，农田土壤最小。不同季节道路边坡土壤微生物生物量碳的最大值随坡向不同而不同，春季为南向坡、夏季和冬季为北向坡、秋季为西向坡；最小值除夏季时出现在南向坡外，其余季节均在东向坡达到最小值。其中，土壤微生物生物量碳的最大值出现在春季南向坡，为 477.00mg/kg，最小值出现在冬季东向坡，为 129.73mg/kg，最大值是最小值的 3.67 倍。道路边坡不同坡向与农田土壤微生物生物量碳的变异分别为：春季表现为南向坡＞西向坡＞北向坡＞东向坡＞农田，其中南向坡、西向坡显著大于北向坡、东向坡和农田；夏季表现为北向坡＞东向坡＞西向坡＞南向坡＞农田，北向坡与其他坡向和农田均有显著差异；秋季表现为西向坡＞南向坡＞北向坡＞东向坡＞农田，所有边坡土壤微生物生物量碳均不呈现显著性差异；冬季表现为北西坡＞南向坡＞农田＞西向坡＞东向坡，北向坡和南向坡显著大于西向坡和东向坡。由此可见，除冬季外，农田土壤微生物生物量碳均表现出最小值；其次，仅秋季时坡向对土壤微生物生物量碳的影响不显著。

表 5-4　道路边坡不同坡向土壤微生物生物量碳的季节变化　　（单位：mg/kg）

坡向	春季	夏季	秋季	冬季
东向坡	263.40b	314.97b	278.93a	129.73c
南向坡	477.00a	274.81bc	324.79a	247.45ab
西向坡	472.2a	287.05bc	330.25a	158.69bc
北向坡	287.40b	392.68a	291.48a	283.72a
农田	240.80b	230.16c	269.75a	196.71b

注：相同小写字母表示不同坡位间无显著差异，不同字母表示有显著差异（$p<0.05$）。

（二）道路边坡不同坡向土壤微生物生物量碳的时间变异

已有研究表明，季节变化主要通过温度和水分条件对土壤微生物过程产生影响（Piao et al., 2000; Widén, 2002）。王国兵等（2009）的研究表明，森林土壤微生物生物量的季节波动可划为夏高冬低型、夏低冬高型和干-湿季节交替循环型三种主要模式，并指出其影响因素主要为土壤湿度、温度、季节干-湿交替循环或与植物的生长节律等。

对不同坡向道路边坡土壤微生物生物量碳季节变化的研究发现，与农田土壤相比，道路边坡土壤更易受季节变化的影响。由表 5-4 可知，不同坡向土壤微生物生物量碳的季节动态不一致，东向坡和北向坡均在夏季达到最大值，在冬季达到最小值；南向坡和西向坡的变化规律较为一致，均为春季>秋季>夏季>冬季。这与王国兵等（2009）的研究较为一致，即夏高冬低型。不同坡向土壤微生物生物量碳均随季节出现显著性差异，分别表现在东向坡冬季显著低于其他季节；南向坡春季显著高于其他季节；西向坡春季显著高于其他季节，冬季显著低于其他季节；北向坡夏季显著高于其他季节。农田土壤与道路边坡相比，并不是含量最高的，这可能与传统耕作对土壤的危害有关。

二、道路边坡不同坡向土壤微生物生物量氮的时空变异

（一）道路边坡不同坡向土壤微生物生物量氮的空间变异

对不同坡向道路边坡和农田土壤微生物生物量氮的研究发现，坡向对土壤微生物生物量氮的含量有显著影响（表 5-5）。与道路边坡相比，各个季节农田土壤微生物生物量氮含量均是最少的。这可能与农田土壤的传统耕作方式有关，由于长期向农田土壤施加化肥，导致土壤质量下降。一年中，道路边坡土壤微生物生物量氮随坡向不同而不同。春季西向坡>南向坡>北向坡>东向坡，西向坡显著大于东向坡；夏季北向坡>南向坡>东向坡>西向坡，且每个坡向之间均呈现显著性差异；秋季南向坡>东向坡>北向坡>西向坡，只有南向坡和西向坡之间有显著差异；冬季东向坡>西向坡>南向坡>北向坡，东向坡和西向坡、南向坡和北向坡有显著差异，但西向坡、南向坡和北向坡之间无显著差异。春季、夏季、秋季和冬季道路边坡土壤微生物生物量氮最大值分别出现在西向坡、北向坡、南向坡和东向坡，春季、夏季、秋季和冬季道路边坡土壤微生物生物量氮最小值分别出现在东向坡、西向坡、西向坡和北向坡，全年最大值出现在秋季南向坡，最小值出现在春季东向坡。

表 5-5　道路边坡不同坡向土壤微生物生物量氮的季节变化　（单位：mg/kg）

坡向	春季	夏季	秋季	冬季
东向坡	49.43b	66.53c	101.50ab	113.04a
南向坡	70.50ab	81.90b	120.43a	84.15b
西向坡	82.96a	52.74d	82.67b	85.61b
北向坡	69.71ab	100.59a	96.98ab	64.80b
农田	53.01b	32.69e	50.64c	11.66c

注：相同小写字母表示不同坡位间无显著差异，不同字母表示有显著差异（$p<0.05$）。

（二）道路边坡不同坡向土壤微生物生物量氮的时间变异

由表 5-5 可知，不同坡向道路边坡土壤微生物生物量氮呈现季节性波动，与农田土壤相比，其含量相对较高。对其进行分析发现，不同坡向的具体季节动态不一致。东向坡、南向坡、西向坡和北向坡土壤微生物生物量氮的最大值分别出现在冬季（113.04mg/kg）、秋季（120.43mg/kg）、冬季（85.61mg/kg）和夏季（100.59mg/kg），

最小值分别出现在春季（49.43mg/kg）、春季（70.50mg/kg）、夏季（52.74mg/kg）和冬季（64.80mg/kg）。季节对各个坡向土壤微生物生物量氮均具有显著影响，具体表现为东向坡春季和夏季显著低于秋季和冬季；南向坡秋季显著高于其他季节，且其他季节无显著差异；西向坡夏季显著低于其他季节；北向坡表现为夏秋季节显著高于春季和冬季。

三、道路边坡不同坡向土壤微生物生物量磷的时空变异

（一）道路边坡不同坡向土壤微生物生物量磷的空间变异

春季和秋季时道路边坡土壤微生物生物量磷的最大值出现在北向坡，且均显著大于南向坡和西向坡（表 5-6）。其中，春季北向坡的道路边坡土壤微生物生物量磷含量是全年中最大的，为 503.52mg/kg，夏季和冬季最大值出现在东向坡和西向坡。不同季节道路边坡土壤微生物生物量磷的最小值分别出现在东向坡、北向坡、南向坡、东向坡，其中夏季北向坡含量最少，为 65.68mg/kg。坡向对道路边坡土壤微生物生物量磷有显著影响，春季北向坡显著大于东向坡、南向坡和西向坡；夏季东向坡显著大于南向坡、西向坡和北向坡；秋季东向坡和北向坡显著大于南向坡和西向坡；冬季西向坡显著大于东向坡和北向坡。秋季和冬季时，农田土壤均比道路边坡土壤微生物生物量磷含量少。

表 5-6　道路边坡不同坡向土壤微生物生物量磷的季节变化　　（单位：mg/kg）

坡向	春季	夏季	秋季	冬季
东向坡	219.80b	133.65a	364.60a	206.81cd
南向坡	255.71b	84.88b	249.23b	272.56ab
西向坡	275.36b	85.30b	278.33b	313.04a
北向坡	503.52a	65.68b	385.43a	242.76bc
农田	494.57a	138.94a	217.73b	157.16d

注：相同小写字母表示不同坡位间无显著差异，不同字母表示有显著差异（$p<0.05$）。

（二）道路边坡不同坡向土壤微生物生物量磷的时间变异

由表 5-6 可知，不同坡向道路边坡土壤微生物生物量磷呈现季节性波动。农田土壤春季最大，夏季最小，且春季显著大于其他季节，但与道路边坡相比，农田土壤微生物生物量磷并不是呈现最大含量的状况。南向坡和西向坡季节变化一致，为春季、秋季和冬季无显著差异且冬季最大，三者显著大于夏季。东向坡表现为秋季最大，春季和冬季次之，夏季最小；北向坡表现为春季最大，秋季次之，夏季最小，且各个季节之间均有显著性差异。由此可见，不同坡向土壤微生物生物量磷的季节变化除了与温度和湿度等有关外，还与各个坡向的微环境有关，微环境会导致小范围内土壤理化性质的差异，进而会影响土壤微生物的活动，使不同坡向土壤微生物生物量磷的含量随季节变化的规律呈现不一致性。

第四节　道路边坡土壤微生物生物量碳、氮、磷与有关因子的相关性

对道路边坡土壤微生物生物量碳、氮、磷与有关因子的相关性分析发现，道路边坡土壤微生物生物量碳、氮、磷与土壤含水量和植物状况紧密相关。由表 5-7 可知，土壤微生物生物量碳与土壤微生物生物量磷、土壤含水量，植物多样性与土壤含水量之间有显著正相关性（$p<0.05$），土壤微生物生物量碳与土壤微生物生物量氮达到极显著正相关性（$p<0.01$）。土壤微生物生物量氮和土壤微生物生物量磷之间及二者与土壤含水量之间达到极显著正相关性（$p<0.01$）。土壤微生物生物量氮与植物多样性有极显著正相关性（$p<0.01$），植物均匀度与土壤微生物生物量碳、氮、磷、土壤含水量和植物多样性达到极显著正相关（$p<0.01$）。植物盖度只与土壤含水量有极显著正相关（$p<0.01$）。微生物生物量与植物丰富度有一定的负相关关系。

表 5-7　道路边坡土壤微生物生物量、含水量与植物多样性相关性分析

项目	SMBC	SMBN	SMBP	SM	PC	Margalef	Shannon	Pielou
SMBC	1							
SMBN	0.572^{**}	1						
SMBP	0.237^{*}	0.586^{**}	1					
SM	0.191^{*}	0.518^{**}	0.543^{**}	1				
PC	-0.078ns	0.087ns	0.034ns	0.217^{**}	1			
Margalef	-0.054ns	-0.010ns	-0.105ns	-0.038ns	-0.050ns	1		
Shannon	0.097ns	0.272^{**}	0.139ns	0.178^{*}	-0.061ns	0.343^{**}	1	
Pielou	0.252^{**}	0.393^{**}	0.334^{**}	0.213^{**}	-0.129ns	-0.155ns	0.633^{**}	1

* 5 %水平显著差异；** 1 %水平显著差异。

注：ns 为无显著差异；SMBC 为土壤微生物生物量碳；SMBN 为土壤微生物生物量氮；SMBP 为土壤微生物生物量磷；SM 为土壤含水量；PC 为植物盖度；Margalef 为物种丰富度指数；Shannon-wiener 为物种多样性指数（此处简写为 Shannon）；Pielou 为物种均匀度指数

道路边坡植物均匀度与土壤微生物生物量有显著相关性，可能是因为植物根系可以为微生物栖息提供良好的场所，且根系分泌物可作为营养基质被微生物利用；植物根系的生长活动也可改变土壤的物理环境，使其有利于微生物生长；植被凋落物增加了有机物质的输入，使土壤有机质等养分含量提高，为微生物提供更为丰富的碳源（夏北成等，1998；谢锦升等，2008）。这说明在对道路边坡采用植被进行护坡后，随着植被的恢复，地表覆盖度增大，从而可有效防止或减轻水蚀和风蚀的形成，减少土壤养分的流失。随着植被的恢复，物种逐渐丰富，对土壤性质的改善也逐渐增强。另外，植物残体等物质及时返回到生态系统中，为生态护坡后的养分补给和改善提供了充足的物质来源。特别是微生物生物量和活性得到改善，加速了土壤的物质代谢能力，使土壤性质不断得到改善。改善后的土壤反过来又能为植被恢复提供更多的营养物质，促进植被恢复，二者相

互促进，互为动力，最终使生态系统向健康方向发展。

道路边坡土壤含水量与土壤微生物生物量和植物之间均有显著相关性，说明道路边坡土壤水分影响是植物和土壤微生物活动的关键因素，土壤中适宜的水分状况使微生物活动旺盛，促进了植物残体及地表凋落物分解及腐殖化，加快了土壤有机质的积累。植物均匀度与植物丰富度呈负相关，可能是因为生态护坡采用的草本植物所致。草本植物地上部分生长量大，可以为土壤微生物提供大量凋落物，促使有机物进入土壤，草本植物根系密集于土壤表层，其分泌物和死亡的根是微生物丰富的能源物质，加之其一年生习性决定了物质和养分能得到及时补充，故可对土壤微生物数量及组成产生明显的影响。但是，由于边坡恢复采用的草本植物大量生长也会造成本地植物自然入侵困难，导致一种植物或几种植物单一存在，使均匀度增大，而使丰富度降低。

在道路边坡生态恢复建设中各种群落类型的植被都有其独特的作用，构建乔灌草立体生态系统，且以速生草本植物作为生态恢复的先锋植物，能增加土壤微生物数量，改善土壤微生物群落结构；反过来，微生物群落结构的改善将有利于地上植物群落的稳定发展。针对上述情况，在边坡恢复中应采用暖季型与冷季型植物混播、落叶型和常绿型树种搭配、不同花期植物相互组合。草-灌结合型植物组成的立体生态系统，能够保持水土和改善土壤，可获得较好的早期生态效应和后期的护坡效果。同时补播本土植物是促进植被恢复演替进程的主要途径之一，不仅可以增加乡土物种的比例、增加植物群落的多样性和均匀度，而且随着恢复时间的推移，可以形成层次明显和功能群组合合理的植物群落，同时会对土壤微生物生物量的恢复起到积极的作用。

第五节　道路边坡不同坡位的土壤微生物数量

一、道路边坡不同坡位土壤微生物数量的时空变异

（一）道路边坡不同坡位土壤微生物数量的空间变异

1. 道路边坡不同坡位土壤细菌数量的空间变异

土壤微生物是一个庞大而复杂的生物群落，其数量变化受土壤、植被和气候等多因素的制约，致使微生物在土壤中的分布很不均匀。细菌在土壤有机质和无机质的转化过程中起重要的作用，特别是细菌能把植物不能直接利用的复杂含氮化合物转化为可给态的含氮无机化合物，所以细菌的氨化作用过程尤为重要。

针对位于四川丘陵区 2003 年开始修建的遂渝铁路，选择遂渝铁路遂宁站附近的典型的岩石边坡，就通过客土喷播技术进行人工土壤植被恢复 5 年后的土壤细菌进行研究，得出道路边坡不同坡位土壤细菌数量的季节变化见表 5-8。从表 5-8 可以看出，道路边坡土壤细菌数量的最大值出现在秋季坡上，为 3.76×10^6CFU/g，最小值出现在春季坡中，为 0.49×10^6CFU/g。土壤细菌数量在夏季和冬季表现为坡下>坡中>坡上，春季表现为坡下>坡上>坡中，道路边坡在春季、夏季、冬季最大值均出现在坡下。秋季铁路岩石边坡土壤细菌数量在不同坡位的变化为坡上>坡下>坡中。春季土壤细菌数量表现为坡下与坡

上、坡中有显著差异；夏季、冬季坡位对土壤细菌数量的影响相同，即坡上只与坡下有显著差异，而秋季坡位对土壤细菌数量无显著影响。

表 5-8　道路边坡不同坡位土壤细菌数量的季节变化　（单位：10^6 CFU/g）

坡位	道路边坡				自然边坡			
	春季	夏季	秋季	冬季	春季	夏季	秋季	冬季
坡上	0.61a	0.50b	3.76a	1.34b	1.74a	1.97b	2.61b	1.95b
坡中	0.49a	2.26ab	1.89a	1.83ab	3.20a	7.91a	6.79a	2.54b
坡下	2.67b	3.35a	3.03a	2.25a	2.31a	3.15b	5.87a	3.64a

注：相同小写字母表示不同坡位间无显著差异，不同字母表示有显著差异（$p<0.05$）。

自然边坡土壤细菌数量的最大值出现在夏季坡中，是道路边坡的 2.1 倍（$7.91×10^6$CFU/g），最小值出现在春季坡上，为 $1.74×10^4$CFU/g。由表 5-8 可知，在春季、夏季和秋季，自然边坡不同坡位土壤细菌数量的变化具有相同的规律，即坡中>坡下>坡上，冬季表现为坡下>坡中>坡上。春季自然边坡不同坡位土壤细菌数量无显著差异。在夏季、秋季、冬季，自然边坡坡中与坡上、坡下的土壤细菌数量有显著差异，坡上与坡中、坡下有显著差异，坡下与坡中、坡上有显著差异。

2. 道路边坡不同坡位土壤真菌数量的空间变异

由表 5-9 可知，采用客土喷播护坡后的道路边坡土壤真菌数量在秋季、冬季具有相同的分布，即坡下>坡中>坡上，而春季土壤真菌数量的分布是坡中>坡下>坡上，坡中土壤真菌的数量是 $1.74×10^4$CFU/g，为铁路岩石边坡土壤真菌的最大值。冬季坡位对道路边坡土壤真菌数量有显著的影响，即坡中和坡上、坡下有显著差异。

表 5-9　道路边坡不同坡位土壤真菌数量的季节变化　（单位：10^4CFU/g）

坡位	道路边坡				自然边坡			
	春季	夏季	秋季	冬季	春季	夏季	秋季	冬季
坡上	1.05a	0.81a	0.11a	0.68b	3.93a	2.42a	6.00a	1.58a
坡中	1.74a	0.58a	1.46a	0.71b	7.21a	7.60b	7.41a	5.32b
坡下	1.16a	1.61a	1.60a	1.15a	4.40a	2.39a	8.12a	1.19a

注：相同小写字母表示不同坡位间无显著差异，不同字母表示有显著差异（$p<0.05$）。

自然边坡土壤真菌数量的最大值出现在秋季坡下，为 $8.12×10^4$CFU/g，是道路边坡土壤真菌数量最大值的 4.67 倍。土壤真菌数量在春季的分布与道路边坡的分布相同，为坡中>坡下>坡上，夏季、冬季不同坡位土壤真菌数量的分布是坡中>坡上>坡下。春季、夏季和冬季的最大值均出现在坡中。自然边坡秋季土壤真菌数量的分布情况与道路边坡夏季、秋季和冬季的分布相同，即坡下>坡中>坡上。在春、秋两季，坡位对自然边坡土壤真菌数量无显著影响，对夏季、冬季土壤真菌数量的影响相同，均为坡中与坡上、坡下有显著差异（表 5-9）。

真菌在土壤中的数量分布主要与其所处的土壤环境（如土壤 pH、通气状况和有机质等）和植被状况有关。道路边坡不同坡位由于植被状况、土壤通气性、温度、水分和 pH 存在差异，加之土壤真菌大多是好气性的，致使在坡面的分布情况不同。

3. 道路边坡不同坡位土壤放线菌数量的空间变异

对道路边坡不同坡位土壤放线菌数量的研究发现，最大值和最小值均出现在坡上，数量分别为冬季 $1.27×10^4$CFU/g、夏季 $0.29×10^4$CFU/g。土壤放线菌不同季节在坡面的分布情况是：春季表现为坡中>坡上>坡下，夏季、秋季表现为坡中>坡下>坡上，冬季表现为坡上>坡下>坡中。春季、夏季、秋季土壤放线菌的最大值均出现在坡中。坡位在不同季节对铁路岩石边坡土壤放线菌数量均无显著性影响（表 5-10）。

表 5-10　道路边坡不同坡位土壤放线菌数量的季节变化（单位：10^4CFU/g）

坡位	道路边坡				自然边坡			
	春季	夏季	秋季	冬季	春季	夏季	秋季	冬季
坡上	0.79a	0.29a	0.59a	1.27a	1.56ab	0.42b	1.29ab	6.90a
坡中	0.84a	0.58a	0.92a	0.34a	1.62b	1.13b	1.49b	3.97a
坡下	0.48a	0.53a	0.73a	0.73a	2.86b	0.98a	1.44ab	4.51a

注：相同小写字母表示不同坡位间无显著差异，不同字母表示有显著差异（$p<0.05$）。

自然边坡土壤放线菌数量的最大值和最小值分别出现在冬季坡上和夏季坡上，为 $6.9×10^4$CFU/g 和 $0.42×10^4$CFU/g。自然边坡土壤放线菌数量夏季、秋季、冬季在坡面的分布情况与铁路边坡的相同，即夏季、秋季为坡中>坡下>坡上，冬季为坡上>坡下>坡中。春季土壤坡上和坡中放线菌数量的变化不大。由表 5-10 可知，坡位对土壤放线菌数量的影响只出现在冬季，坡下和坡上、坡中有显著差异。

（二）道路边坡不同坡位土壤微生物数量的时间变异

1. 道路边坡不同坡位土壤细菌数量的时间变异

土壤微生物随季节的变化对微生物的周转有重要的影响，它对有效氮和植物营养的循环有重要作用。微生物数量的增加可导致氮的固定，对高等植物来说减少了氮的有效利用。相反，微生物活性的增加可提供植物对营养元素的利用率。

由表 5-8 可知，道路边坡坡中和坡下土壤细菌的数量随季节具有相同的变化规律，表现为春季到夏季数量上升至最高点，分别为 $2.26×10^6$CFU/g、$3.53×10^6$CFU/g，夏季到冬季数量均减少，且坡下土壤细菌冬季降到最低值 $2.25×10^6$CFU/g。道路边坡土壤细菌在坡上的变化幅度较大，从夏季到秋季急剧增加达到最大值 $3.76×10^6$CFU/g，到冬季又急剧减少，最小值出现在夏季。季节对坡下铁路岩石边坡土壤细菌数量无显著影响，显著差异出现在坡上秋季与春季、夏季、冬季，坡中春季与夏季、秋季、冬季。

　　自然边坡坡中土壤细菌数量的变化与道路边坡坡中和坡下土壤细菌数量的变化趋势相同，最小值出现在冬季，最大值在夏季为最小值的 3.11 倍。自然边坡坡上和坡下季节变化具有相似的规律，表现为土壤细菌从春季的最小值增加到秋季的最大值，到冬季又减少。自然边坡坡上的最大值和最小值分别为 $2.61×10^6$CFU/g、$1.74×10^6$CFU/g，坡下的最大值和最小值分别为 $5.87×10^6$CFU/g、$2.31×10^6$CFU/g。季节对自然边坡不同坡位土壤细菌数量有显著影响，表现为：坡上春季与秋季之间；坡中春季与夏季、秋季之间，夏季与春季、秋季、冬季之间，秋季与春季、夏季、冬季之间；坡下春季与秋季之间。

2. 道路边坡不同坡位土壤真菌数量的时间变异

　　道路边坡坡上土壤真菌数量的最大值和最小值分别为 $1.05×10^4$CFU/g、$0.11×10^4$CFU/g，春季土壤真菌数量最大，秋季土壤真菌数量最小。自然边坡坡上土壤真菌数量的最大值和最小值分别为 $6.00×10^4$CFU/g、$1.58×10^4$CFU/g，坡下土壤真菌数量的最大值和最小值分别为 $8.12×10^4$CFU/g、$1.19×10^4$CFU/g。自然边坡坡中土壤真菌数量的变化趋势与道路边坡坡下的变化趋势相似，从春季缓慢升高到夏季的最大值，又急剧降低到冬季的最小值，自然边坡三个坡位的土壤真菌数量的最小值均出现在冬季（表 5-9）。

3. 道路边坡不同坡位土壤放线菌数量的时间变异

　　放线菌在土壤中的分布与活动受土壤温度、水分、pH 及有机质含量、不同生境植被状况、地面凋落物的数量、种类及分布、当地气候状况、外界压力（干扰，如重金属污染）等诸多因素的影响，同时与植株分解过程、土壤酶、植物根际分泌及放线菌特性等有关。

　　道路边坡坡上、坡中和坡下土壤放线菌数量的季节动态分别具有不同的变化趋势（表5-10）。道路边坡坡上从春季到夏季急剧减少后又增加到冬季的最大值。道路边坡坡中从春季到夏季降低，到秋季又增加，后降低到冬季的最小值。道路边坡坡下从春季的最小值增加到秋季，秋冬两季土壤放线菌数量几乎相同。道路边坡坡上土壤放线菌数量的最大值出现在冬季，为 $1.27×10^4$CFU/g；最小值出现在夏季，为 $0.29×10^4$CFU/g。道路边坡坡中和坡下的最大值均出现在秋季，分别为 $0.98×10^4$CFU/g、$0.73×10^4$CFU/g，而最小值坡中出现在冬季，坡下出现在春季。但经统计分析发现，季节对道路边坡土壤放线菌数量无显著影响。

　　自然边坡坡上、坡中和坡下土壤放线菌数量随季节的变化与铁路岩石边坡坡上具有相似的变化规律，均为从冬季降到夏季的最小值，从夏季到冬季升高，冬季为最大值。自然边坡三个坡位的最小值分别为 $0.42×10^4$CFU/g、$1.13×10^4$CFU/g、$0.98×10^4$CFU/g。最大值分别为 $6.9×10^4$CFU/g、$3.97×10^4$CFU/g、$4.51×10^4$CFU/g。经统计分析发现，季节对自然边坡土壤放线菌数量均有显著影响，坡上夏季和冬季有显著差异，坡中冬季与春季、夏季、秋季有显著差异，坡下春季与夏季、冬季有显著差异。

二、道路边坡不同坡向土壤微生物数量的时空变异

（一）道路边坡不同坡向土壤微生物数量的空间变异

1. 道路边坡不同坡向土壤细菌数量的空间变异

坡向是影响微气候的一个重要地形因素，这主要取决于太阳辐射量的多少，太阳辐射对土壤温度和土壤含水量有着重要的影响。因此，地形可通过改变土壤结构来影响土壤微生物群落的活性。针对位于四川丘陵区 2003 年开始修建的遂渝铁路，选择遂渝铁路遂宁站附近的典型的路堑边坡，就通过客土喷播技术进行人工土壤植被恢复 5 年后的土壤细菌进行研究，得出道路边坡不同坡向土壤细菌数量的季节变化见表 5-11。

表 5-11　道路边坡不同坡向土壤细菌数量的季节变化（单位：10^6CFU/g）

坡向	春季	夏季	秋季	冬季
东向坡	1.92b	3.20a	6.14a	6.35a
南向坡	2.62a	4.29a	6.05a	2.47a
西向坡	2.02b	5.87a	5.73a	2.58a
北向坡	1.77b	4.34a	5.44a	4.23a
农田	2.04b	6.38a	5.73a	7.10a

注：相同小写字母表示不同坡向及农田间无显著差异，不同字母表示有显著差异（$p<0.05$）。

由表 5-11 可知，道路边坡不同季节土壤细菌数量的最大值和最小值随坡向的变化而变化，春季最大值为南向坡、夏季为西向坡、秋季、冬季均为东向坡，最小值春季为西向坡、夏季为东向坡、秋季为西向坡、冬季为南向坡。其中，土壤细菌的最大值为冬季东向坡，数量为 $6.35\times10^6\text{CFU/g}$，最小值为春季北向坡，数量为 $1.77\times10^6\text{CFU/g}$。不同坡向与农田土壤细菌数量的分布分别为：春季南向坡＞农田＞西向坡＞东向坡＞北向坡，夏季农田＞西向坡＞北向坡＞南向坡＞东向坡，秋季东向坡＞南向坡＞西向坡＝农田＞北向坡，冬季农田＞东向坡＞北向坡＞西向坡＞南向坡。坡向在夏、秋、冬三季对道路边坡土壤土壤细菌的数量无显著影响，春季南向坡与其他坡向土壤细菌的数量有显著差异。

2. 道路边坡不同坡向土壤真菌数量的空间变异

由表 5-12 可知，农田土壤真菌数量在四个季节的变化不大，最大值出现在春季，最小值出现在秋季，分别为 $3.84\times10^4\text{CFU/g}$、$3.35\times10^4\text{CFU/g}$。不同坡向铁路岩石边坡土壤真菌的最大值在春季、夏季均出现在北向坡，秋季出现在西向坡，冬季出现在东向坡。最小值春季为西向坡，夏季、冬季为南向坡，秋季为北向坡。其中土壤真菌的最大值是秋季西向坡，为 $6.45\times10^4\text{CFU/g}$，最小值是冬季南向坡，为 $1.32\times10^4\text{CFU/g}$。不同坡向与农田土壤真菌数量的分布情况是：春季北向坡＞南向坡＞农田＞东向坡＞西向坡，夏季农田＞北向坡＞西向坡＞东向坡＞南向坡，秋季西向坡＞南向坡＞东向坡＞农田＞北向

坡，冬季东向坡＞农田＞北向坡＞西向坡＞南向坡。坡向对春季铁路岩石边坡土壤真菌的数量无显著影响，夏季南向坡和北向坡有显著差异，秋季西向坡与东向坡、北向坡有显著差异，冬季南向坡、西向坡与东向坡、北向坡之间有显著差异（表 5-12）。

表 5-12　道路边坡不同坡向土壤真菌数量的季节变化（单位：10^4CFU/g）

坡向	春季	夏季	秋季	冬季
东向坡	2.79a	1.92a	3.36b	4.07a
南向坡	4.28a	1.46ab	4.69ab	1.32b
西向坡	2.61a	2.08a	6.45a	1.45b
北向坡	4.91a	3.08ac	3.10b	3.50a
农田	3.84a	3.36a	3.35b	3.52ab

注：相同小写字母表示不同坡向及农田间无显著差异，不同字母表示有显著差异（$p<0.05$）。

3. 道路边坡不同坡向土壤放线菌数量的空间变异

由表 5-13 可知，道路边坡不同坡向土壤放线菌数量的最大值和最小值分别为 $3.16×10^4$CFU/g、$0.41×10^4$CFU/g，分别出现在春季南向坡和冬季东向坡。农田土壤放线菌最大值和最小值分别出现在春季和夏季，是道路边坡的 0.87 倍和 2.73 倍。不同季节道路边坡和农田土壤放线菌数量的分布情况为：春季南向坡＞农田＞北向坡＞西向坡＞东向坡，夏季东向坡＞西向坡＞农田＞北向坡＞南向坡，秋季西向坡＞东向坡＝南向坡＞农田＞北向坡，冬季农田＞北向坡＞西向坡＞南向坡＞东向坡。坡向对春季、夏季、冬季铁路岩石边坡土壤放线菌数量无显著影响，但春季道路边坡、夏季南向坡与农田土壤放线菌数量有显著差异，秋季东向坡与南向坡、北向坡有显著差异（表 5-13）。

表 5-13　道路边坡不同坡向土壤放线菌数量的季节变化　（单位：10^4CFU/g）

坡向	春季	夏季	秋季	冬季
东向坡	2.13a	1.63a	1.64b	0.41a
南向坡	3.16a	0.81ab	1.64a	0.51a
西向坡	2.29a	1.18a	1.68ab	0.87a
北向坡	2.33a	0.82a	1.11a	0.93a
农田	2.75b	1.12ac	1.33ab	1.37a

注：相同小写字母表示不同坡向及农田间无显著差异，不同字母表示有显著差异（$p<0.05$）。

（二）道路边坡不同坡向土壤微生物数量的时间变异

1. 道路边坡不同坡向土壤细菌数量的时间变异

从表 5-11 可知，道路边坡南向坡和北向坡的土壤细菌数量具有相似变化趋势，从春季增加到秋季的最大值，到冬季又急剧减小。道路边坡东向坡从春季的最小值一直增加到冬季的最大值。道路边坡西向坡从冬季的最小值急剧增加到夏季的最大值后又降低。农田土壤细菌数量的变化趋势与道路边坡土壤细菌数量的变化均不同，从春季的最小值急剧增加到夏季后又降低，从秋季再升高到冬季的最大值。道路边坡东向坡、西向坡、北向坡和农田的土壤细菌数量最小值均出现在春季，而南向坡的最小值出现在冬季。道路边坡南向坡、北向坡的土壤细菌数量最大值出现在秋季，道路边坡东向坡、农田的土壤细菌数量最大值出现在冬季，道路边坡西向坡的土壤细菌数量最大值出现在夏季。

经统计分析发现，季节对农田土壤细菌数量无显著影响，季节对道路边坡不同坡向的土壤细菌数量均有显著影响，表现为东向坡春季与秋季、冬季，夏季与冬季有显著差异；南向坡秋季与春季、冬季有显著差异；西向坡春季与夏季、秋季，冬季与夏季、秋季有显著差异；北向坡春季与夏季、秋季、冬季有显著差异。

2. 道路边坡不同坡向土壤真菌数量的时间变异

道路边坡东向坡、北向坡、农田的土壤真菌数量变化趋势相似，从春季降到夏季的最小值，从夏季到冬季又升高，但北向坡和农田在夏季、秋季的变化不大（表5-12）。南向坡、西向坡的坡下土壤真菌数量具有相似变化趋势，从春季到夏季土壤真菌数量减少，后又急剧增加到秋季的最大值，到冬季又显著降低，达到最低点。道路边坡南向坡、西向坡的土壤真菌数量最大值出现在秋季，东向坡的土壤真菌数量最大值出现在冬季，北向坡和农田的土壤真菌数量最大值出现在春季。道路边坡南向坡、西向坡土壤真菌数量最小值出现在冬季，东向坡、北向坡、农田的土壤真菌数量最小值均出现在夏季。不难发现道路边坡土壤真菌数量北向坡最接近于农田土壤真菌数量，且随季节变化的趋势相同，说明北向坡的立地条件是四个坡向中最适合土壤真菌生长的。

经统计分析发现，道路边坡东向坡、北向坡和农田受季节的影响不显著；对道路边坡南向坡来说，夏季与春季、秋季，冬季与春季、秋季有显著差异；对道路边坡西向坡来说，秋季与春季、夏季、冬季，春季与冬季、秋季之间有显著差异。

3. 道路边坡不同坡向土壤放线菌数量的时间变异

道路边坡不同坡向土壤放线菌数量的季节动态变化相似，春季到夏季土壤放线菌数量降低，夏季到秋季又升高，秋季到冬季降低（表5-13）。农田土壤放线菌的变化趋势不同于道路边坡土壤放线菌数量的变化，春季到夏季也是先降低，但夏季到冬季缓慢增加。道路边坡不同坡向和农田土壤放线菌数量的最大值均出现在春季，东向坡、南向坡、西向坡的最小值出现在冬季，北向坡和农田的土壤放线菌数量最小值出现在夏季。

经统计分析发现，季节对道路边坡不同坡向和农田土壤放线菌数量均有显著影响。对道路边坡东向坡和农田来说，春季与夏季、秋季、冬季之间有显著差异；对道路边坡南向坡、北向坡来说，夏季与春季、秋季、冬季间有显著差异；对道路边坡西向坡来说，夏季与春季、秋季间有显著差异。

参 考 文 献

陈国潮, 何振立, 姚槐应. 1999. 红壤微生物量的季节性变化研究. 浙江大学学报(农业与生命科学版), 25(4): 387-388.

陈辉, 李双成, 郑度. 2003. 青藏公路铁路沿线生态系统特征及道路修建对其影响. 山地学报, 21(5): 559-567.

郭继勋, 祝廷成. 1997. 羊草草原土壤微生物的数量和生物量. 生态学报, 17(1): 78-82.

郭培俊, 艾应伟, 陈朝琼, 等. 2012. 植生土类型对岩石边坡人工土壤理化性质和微生物活性的影响. 水土保持学报, 26(1): 203-208.

韩敬军, 罗菊春. 1999. 长白山北部林区云冷杉林下土壤的研究. 北京林业大学学报, 21(6): 35-39.

何容, 王国兵, 汪家社, 等. 2009. 武夷山不同海拔植被土壤微生物量的季节动态及主要影响因子. 生态学杂志, 28(3): 394-399.

何振立. 1997. 土壤微生物生物量及其在养分循环和环境质量评估中的意义. 土壤, 29(2): 61-69.

黄锦辉, 李群, 刘晓丽. 2002. 河南周口至省界段高速公路建设对生态环境的影响. 生态学杂志, 21(1): 74-79.

黄敬军. 2006. 废弃采石场岩质边坡绿化技术及废弃地开发利用探讨. 中国地质灾害与防治学报, 17(3): 69-72.

姬兴杰, 熊淑萍, 李春明, 等. 2008. 不同肥料类型对土壤酶活性与微生物数量时空变化的影响. 水土保持学报, 22(1): 123-133.

李俊玲. 2006. 石质边坡绿化技术探讨. 陕西农业科学, 5: 116-118.

李世清, 李生秀, 张兴昌. 1999. 不同生态系统土壤微生物体氮的差异. 水土保持学报, 5(1): 69-73.

李世清, 任书杰, 李生秀. 2004. 土壤微生物体氮的季节性变化及其与土壤水分和温度的关系. 植物营养与肥料学报, 10(1): 18-23.

李香真, 曲秋皓. 2002. 蒙古高原草原土壤微生物量碳氮特征. 土壤学报, 39(1): 97-104.

林启美. 1998. 精氨酸氨化法干扰因素分析. 生态学杂志, 17(2): 68-70.

刘建军, 栾仲东, 李华. 2001. 油松与锐齿栎林地土壤微生物生物量初步研究. 陕西林业科技, 2: 7-10.

刘景双, 杨继松, 于君宝, 等. 2003. 三江平原沼泽湿地土壤有机碳的垂直分布特征研究. 水土保持学报, 17(3): 5-8.

刘满强, 胡锋, 何园球, 等. 2003. 退化红壤不同植被恢复下土壤微生物量季节动态及其指示意义. 土壤学报, 40 (6): 937-944.

钱华, 柏明娥, 刘本同, 等. 2006. 岩质边坡绿化过程中人工土壤的重建. 中国水土保持科学, 4(Supp.): 83-86.

沈其荣, 王岩, 史瑞和. 2000. 土坡微生物量和土壤固定态馊的变化及水稻对残留 N 的利用. 土壤学报, 37(3): 330-338.

宋秋华, 李凤民, 刘洪升, 等. 2003. 黄土区地膜覆盖对麦田土壤微生物体碳的影响. 应用生态学报, 14(9): 1512-1516.

陶水龙, 林启美, 赵小蓉. 1998. 土壤微生物量研究方法进展. 土壤肥料, 5: 15-18.

王国兵, 阮宏华, 唐燕飞, 等. 2009. 森林土壤微生物生物量动态变化研究进展. 安徽农业大学学报, 36(1): 100-104.

王晔青, 韩晓日, 马玲玲, 等. 2008. 长期不同施肥对棕壤微生物量磷及其周转的影响. 植物营养与肥料学报, 14(2): 322-327.

魏媛, 张金池, 喻理飞. 2008. 退化喀斯特植被恢复过程中土壤微生物生物量碳的变化. 南京林业大学学报(自然科学版), 32(5): 71-75.

吴金水, 林启美, 黄巧云, 等. 2006. 土壤微生物生物量测定方法及其应用. 北京: 气象出版社.

夏北成, Zhou J Z, Tiedje J M. 1998. 植被对土壤微生物结构的影响. 应用生态学报, 9(3): 296-300.

谢锦升, 杨玉盛, 杨智杰, 等. 2008. 退化红壤植被恢复后土壤轻组有机质的季节动态. 应用生态学报, 19(3): 557-563.

徐秋芳, 姜培坤, 沈泉. 2005. 灌木林与阔叶林土壤有机碳库的比较研究. 北京林业大学学报, 27(2): 18-22.

徐学选, 刘文兆, 高鹏, 等. 2003. 黄土丘陵区土壤水分空间分布差异性探讨. 生态环境, 12(1): 52-55.

徐阳春, 沈其荣, 冉炜. 2002. 长期免耕与施用有机肥对土壤微生物生物量碳、氮、磷的影响. 土壤学报, 39(1): 89-96.

许光辉. 1986. 土壤微生物分析方法手册. 北京: 农业出版社.

姚政, 赵京音, 蒋小华. 1997. 施用不同有机物后土壤微生物量的动态变化. 上海农业学报, 13(1): 47-48.

宇万太, 姜子绍, 柳敏, 等. 2008. 不同土地利用方式对土壤微生物生物量碳的影响. 土壤通报, 39(2): 282-286.

袁剑刚, 周先叶, 陈彦, 等. 2005. 采石场悬崖生态系统自然演替初期土壤和植被特征. 生态学报, 25(6): 1517-1522.

曾思齐, 周国英, 余济云. 1998. 湘东丘陵区次生林土壤微生物的分布及酶的活性研究. 中南林学院学报, 18(2): 20-23.

张成娥, 梁银丽. 2001. 不同氮磷施肥量对玉米生育期土壤微生物量的影响. 中国生态农业学报, 9(2): 72-74.

张海燕, 张旭东, 李军, 等. 2005. 土壤微生物量测定方法概述. 微生物学杂志, 25(4): 95-99.

张俊云, 周德培, 李绍才. 2000. 岩石边坡生态护坡研究简介. 水土保持通报, 15(4): 36-38.

张于光, 张小全, 肖烨. 2006. 米亚罗林区土地利用变化对土壤有机碳和微生物量碳的影响. 应用生态学报, 17(11): 2029-2033.

赵吉, 廖仰南, 张桂枝, 等. 1999. 不同草原生境下的土壤微生物生物量研究. 中国草地, 3: 57-67.

赵先丽, 程海涛, 吕国红, 等. 2006. 土壤微生物生物量研究进展. 气象与环境学报, 22(4): 8-72.

卓慕宁, 李定强, 郑煜基. 2006. 高速公路生态护坡技术的水土保持效应研究. 水土保持学报, 20(1): 164-167.

Ai Y W, Chen Z Q, Guo P J, et al. 2012. Fractal characteristics of synthetic soil for cut slope revegetation in the Purple soil area of China. Canadian Journal of Soil Science, 92(2): 277-284.

Alef K, Kleiner D. 1986. Arginine ammonification, a simple method to estimate microbial activity potentials in soils. Soil Biology and Biochemistry, 18: 233-235.

Anderson J P E, Domsch K H. 1978. A physiological method for the quantitative measurement of microbial biomass in soils. Soil Biology and Biochemistry, 10(3): 215-221.

Augusto L, Ranger J, Binkley D, et al. 2002. Impact of several common tree species of European temperate forests on soil fertility. Annals of Forest Science, 59(3): 233-253.

Barbhuiya A R, Arunachalam A, Pandey H N, et al. 2004. Dynamics of soil microbial biomass C, N and P in disturbed and undisturbed stands of a tropical wet-evergreen forest. European Journal of Soil Biology, 40(3-4): 113-121.

Bucher A E, Lanyon L E. 2005. Evaluating soil management with microbial community level physiological profiles. Applied Soil Ecology, 29(1): 59-71.

Chen T H, Chiu C Y, Tian G L. 2005. Seasonal dynamics of soil microbial biomass in coastal sand dune forest. Pedobiologia, 49(6): 645-653.

Edwards K A, McCulloch J, Kershaw G P, et al. 2006. Soil microbial and nutrient dynamics in a wet Arctic sedge meadow in late winter and early spring. Soil Biology and Biochemistry, 38(9): 2843-2851.

Gmyston S J, Vaughan D, Jones D. 1997. Rhizosphere carbon flow in trees, in comparison with annual plants: The importance of root exudation and its impact on microbial activity and nutrient availability. Applied Soil Ecology, 5(1): 29-56.

Harris J A. 2003. Measurements of the soil microbial community for estimating the success of restoration. European Journal of Soil Science, 54(4): 801-808.

Jenkinson D S. 1966. Studies on the decomposition of plant materials in soil: II. Partial sterilization of soil and the soil biomass. European Journal of Soil Science, 17(2): 280-302.

Jenkinson D S, Ladd J N. 1981. Microbial biomass in soil. Measurement and turnover. In: Paul E A, Ladd J N(eds.). Soil Biochemistry. NewYork: Marcel Dekker: 415-471.

Jenkinson D S, Oades J M. 1979. A method for measuring adenosine triphosphate in soil. Soil Biology and Biochemistry, 11(2): 193-199.

Jenkinson D S, Davidson S A, Powlson D S. 1979. Adenosine triphosphate and microbial biomass in soil. Soil Biology and Biochemistry, 11: 521-527.

Joergensen R G, Anderson T H, Wolters V. 1995. Carbon and nitrogen relationships in the microbial biomass of soils in beech(*Fagus sylvatica* L.)forests. Biology and Fertility of Soils, 19(2): 141-147.

Kaye J P, Hart S C. 1997. Competition for nitrogen between plants and soil microorganisms. Trends in Ecology and Evolution, 12(4): 139-143.

Lovellr R D, Jarvis S C, Bardgett R D. 1995. Soil microbial biomass and activity in long-term grassland: effects of management changes. Soil Biology and Biochemistry, 27(7): 969-975.

Megahan W F, Wilson M, Monsen S B. 2001. Sediment production from granitic cutslopes on forest roads in Idaho, USA. Earth Surface Processes and Landforms, 26(2): 153-163.

Miller M, Dick R P. 1995. Dynamics of soil C and microbial biomass in whole soil and aggregates in two cropping systems. Applied Soil Ecology, 2: 253-261.

Morgan R R C, Rickson R J. 1995. Slope Stabilization and Erosion Control: A Bioengineering Approach. London: E & F N Spon.

Nunan N, Morgan M A, Herlihy M. 1998. Ultraviolet absorbance(280nm)of compounds released form soil during chloroform fumigation as an estimate of microbial biomass. Soil Biology and Biochemistry, 30(12): 1599-1603.

Ocio J A, Brookes P C. 1990. An evaluation of methods for measuring the microbial biomass in soils following recent addition of wheat straw and the characterization of the biomass that develops. Soil Biology and Biochemistry, 22(5): 685-694.

Parsakhoo A, Hosseini S A, Ghaffariyan M R. 2011. Economics of a hydraulic hammer for forest road construction in a mountainous area. Journal of Forest Science, 57(12): 565-573.

Pascual J A, Garcia C, Hernandez T, et al. 2000. Soil microbial activity as a biomarker of degradation and remediation processes. Soil Biology and Biochemistry, 32(13): 1877-1883.

Paul E A, Clark F E. 1996. Soil Microbiology and Biochemistry. New York: Academic Press.

Piao H C, Hong Y T, Yuan Z Y. 2000. Seasonal changes of microbial biomass carbon related to climatic factors in soils from karst areas of southwest China. Biology and Fertility of Soils, 30(4): 294-297.

Powlson D S, Boroks P C, Christensen B T. 1987. Measurement of soil microbial biomass provides an early indication of changes in total soil organize matter due to straw incorporation. Soil Biology and Biochemistry, 19: 159-164.

Salvini R, Francioni M, Riccucci S, et al. 2013. Photogrammetry and laser scanning for analyzing slope stability and rock fall runout along the Domodossola-Iselle railway, the Italian Alps. Geomorphology, 185(1): 110-122.

Singh J S, Raghbanshi A S, Singh R S, et al. 1989. Microbial biomass acts as a source of Plant nutrients in dry tropical forest and savanna. Nature, 338: 499-500.

Soetre P, Bååth E. 2000. Spatial variation and patterns of soil microbial community structure in a mixed spruce-birch stand. Soil Biology and Biochemistry, 32(7): 909-917.

Steenwerth K L, Jackson L E, Calderón F J, et al. 2002. Soil microbial community composition and land use history in cultivated and grassland ecosystems of coastal California. Soil Biology and Biochemistry, 34: 1599-1611.

Van G M, Lad J N, Amato M. 1992. Microbial biomass responses to seasonal change and imposed drying regimes at increasing depths of undisturbed top soil profiles. Soil Biology and Biochemistry, 24: 103-111.

Vance E D, Brookes P C, Jenkinson D S. 1987. Microbial biomass measurements in forest soils: the use of the chloroform fumigation-incubation method in strongly acid soils. Soil Biology and Biochemistry, 19(6): 697-702.

Wardle D A. 1992. A comparative assessment of factors which influence microbial biomass carbon and nitrogen levels in soil. Biological Reviews, 67(3): 321-358.

Wardle D A. 1998. Controls of temporal variability of the soil microbial biomass: a global synthesis. Soil Biology and Biochemistry, 30: 1627-1637.

Widén B. 2002. Seasonal variation in forest-floor CO_2 exchange in a Swedish coniferous forest. Agr Forest Meteorol, 111(4): 283-297.

第六章 道路边坡土壤酶的时空变异

  山区道路建设的土石方数量大、结构物多、开挖范围广,形成的道路边坡数量巨大,岩石边坡是道路边坡中的重要形态,约占道路边坡总量的 80%。山区道路边坡的开挖极易造成植被破坏和水土流失,对生态环境的影响远大于平原区的道路建设。道路边坡对生态环境的破坏已不再是一定范围内的局域性问题,而是影响到我国生态环境建设总体目标实现的全局性问题。作为道路边坡重要形态的岩石边坡,其创面植被护坡技术的发展与完善对我国的生态环境建设具有重要意义。

  山区道路建设对山体的切挖,形成了大量的裸露岩石边坡人工创面。岩石边坡因植被破坏、创面直接经过雨水冲刷和太阳暴晒,加之植被生长所需的表层土和营养物质严重匮乏等原因,自然恢复成效常不大(Balisky and Burton, 1995; Snelder and Bryan, 1995; Andrés and Jorba, 2002)。铁路挖方不仅破坏景观,还会导致生物多样性降低,破坏铁路沿线的生态平衡(Andrés et al., 1996; Balaguer, 2002)。为改善岩石边坡的植被存活率和生长情况,液压喷播护坡技术广泛应用于生态护坡工程中,特别是在常规方法无法实施的崎岖陡峭山区(Roberts and Bradshaw, 1985; Albadalejo et al., 2000)。液压喷播护坡技术,是通过混凝土搅拌机把绿化基材、植生土、纤维及混合植被种子搅拌均匀,形成基材混合物喷射到岩石坡面上,在坡面形成植物的生长层。植生土的作用是减小喷射到坡面的基材混合物的空隙,使其三相分布更合理,同时和绿化基材共同促进人工土壤团聚体结构的形成(Simpson, 1988)。

  岩石边坡与森林、草地等一般的土质边坡不同,它不具备植被生长所必需的土壤环境,没有氮、磷、钾和有机质等营养元素的积累。岩石边坡坡度较大,因而即使坡面有少量因岩石风化产生的土壤母质,也会因雨水的冲刷而流失。岩石边坡坡面自然生态条件恶劣,在阳光的直射下裸露岩石表面温度过高,即使有风运或动物搬运的种子嵌入岩石缝隙中,也会因温度过高而难以发芽和生存。岩质边坡人工土壤,是由部分耕作熟化土壤、泥炭、草纤维、保水剂、黏合剂、复合肥、土壤改良剂、pH 缓冲剂和固化剂等成分混合形成。覆盖在原有的土壤发生层上,无固定厚度、土层结构和剖面,完全改变了表层土体的构型,已经不能再归入地带性的自然土壤类型。

  土壤酶活性和地形、温度、有机质、全氮、水分、结皮、pH 等因素息息相关。然而,现有大量的研究集中在森林、草地、林地等自然熟化土壤的土壤酶活性研究方面,但对道路边坡中岩石边坡创面人工土壤酶活性的研究却极少。土壤酶参与了土壤中一切生物化学过程,是衡量土壤肥力的重要指标。岩石边坡是道路边坡的一种重要形态,岩石边坡创面人工土壤作为一种不同于熟化土壤的特殊土壤类型,其生化性质必定与自然土壤不同,因而研究岩石边坡创面人工土壤的酶活性变化对监测和评价道路边坡生态护坡效果至关重要。

第一节　土壤酶研究概述

土壤酶是参与土壤一切新陈代谢的重要物质，主要来自于微生物细胞，也来自动植物残体。土壤酶参与了土壤中所有的生物化学过程，包括：腐殖质的合成与分解；有机化合物、动植物和微生物残体的转化与水解；土壤中有机和无机化合物的各种氧化还原反应；等等。上述所有过程与土壤中各营养元素的释放与储存、土壤中腐殖质的形成与发育以及土壤的结构和物理状况都是紧密相关的。土壤酶参与了土壤的发生和发育及土壤肥力的形成和演化的全过程（Bandick and Dick, 1999; Paz-Ferreiro et al., 2009）。土壤酶活性是衡量土壤肥力的重要指标，研究岩石边坡人工土壤的酶活性变化对监测和评价生态护坡效果至关重要。

季节和地形变化会影响土壤酶活性，气温和土壤水分是调节土壤生化过程的关键因子（Kang and Freeman, 1999; Ollinger et al., 2002），如结皮分解（Kirschbaum, 1995）、有机碳的溶解和释放（Briones et al., 1998; Freeman et al., 2001b）以及营养元素矿物化（Jonasson et al., 2004）。结皮能调节有机氮的矿化和分解（Wardle and Lavelle, 1997），pH 会影响微生物产酶量、酶反应的进程（Tabatabai, 1994）。总之，土壤酶活性与地形、温度、有机质、全氮、水分、结皮和 pH 等因素息息相关。

一、土壤酶的主要种类

在土壤所有成分中，酶是最活跃的有机成分之一，它驱动着土壤的代谢过程，对土壤圈中的养分循环和污染物质的净化具有重要的作用，土壤酶活性大小能灵敏地反映出土壤中生化反应的方向和强度，它的特性是土壤生物学的重要性质之一。土壤中进行的各种生化反应，除受微生物本身活动影响外，实际上都是在相应酶的参与下完成的。与此同时，土壤酶活性大小还可综合反映土壤理化性质和土壤中重金属污染情况，如脲酶活性可用于监测土壤重金属污染。在 20 世纪 70 年代，国内外学者将土壤酶应用到土壤重金属污染的研究领域，到目前为止，应用于重金属污染的土壤酶监测指标主要有土壤脲酶、脱氢酶、转化酶和磷酸酶等。

（一）脲酶

脲酶是一种酰胺酶，能促进有机质分子中肽键的水解。脲酶在植物生长过程中起到重要作用，土壤中的硫胺态氮，包括尿素氮肥只有在脲酶催化下才能水解。土壤的脲酶活性与土壤的微生物数量、有机质含量、全氮和速效氮含量呈正相关。人们常用土壤的脲酶活性表征土壤的氮素状况（Bremner and Mulvaney 1978; 李振高等, 2008）。Sardans 等（2008）的研究表明，土壤脲酶活性对土壤温度非常敏感，在冬季时和土壤温度呈正相关，在夏季时和土壤温度呈负相关。当土壤水分很高时，从秋季到春季脲酶活性会逐渐增加。

（二）蔗糖酶

蔗糖酶是把高分子化合物分解成能被植物和微生物利用的营养物质的水解酶之一，土壤中蔗糖酶直接参与土壤碳素循环，对增加土壤中易溶性营养物质起着重要的作用。通常蔗糖酶的活性越强，土壤肥力越高，因而它不仅能够表征土壤生物学活性强度，也可以作为评价土壤熟化程度和土壤肥力的一个指标（Bandick and Dick, 1999）。土壤蔗糖酶活性和有机质呈正相关，土壤水分过高会胁迫抑制土壤蔗糖酶的活性（王维等，2004）。

（三）蛋白酶

蛋白酶参与土壤中存在的氨基酸、蛋白质以及其他含蛋白质氮的有机化合物的转化，它们的水解产物是高等植物的氮源之一。蛋白酶对土壤中氨基酸、蛋白质及含氮有机化合物的水解发挥重要作用，最终产物氨基酸是植物生长所需的重要物质（孙启祥和张建峰，2006）。土壤蛋白酶活性与土壤水分呈正相关，ANOVA 测试表明干燥对其活性影响极大（Sardans et al., 2008）。Tscherko 等（2001）和 Sierra 等（2003）的研究发现，土壤蛋白酶活性和土壤水分呈正相关，土壤水分是决定蛋白酶活性的关键因素。

（四）过氧化氢酶

过氧化氢酶广泛存在于土壤和生物体内，能促进过氧化氢对各种化合物的氧化。几乎所有生物体内都有过氧化氢酶，在某些细菌中，其数量约为细胞干重的 1%。过氧化氢酶具有保护酶的作用，对动植物的生长发育和营养代谢活动具有重要意义。土壤中的过氧化氢酶活性与土壤呼吸强度和土壤微生物活动有关，在一定程度上反映了土壤微生物学过程的强度（Casida, 1977; Hersman and Temple, 1979; Frankenberger and Dick, 1983）。

（五）多酚氧化酶

多酚氧化酶是一种复合性酶，主要来自于土壤微生物、植物根系分泌物及动植物残体的分解释放。土壤多酚氧化酶能把土壤中芳香族化合物氧化成醌，醌与土壤中蛋白质、氨基酸、糖类、矿物等物质反应生成大小分子量不等的有机质和色素，完成土壤的芳香族化合物循环。在土壤中芳香族有机化合物转化为腐殖质组分的过程中，多酚氧化酶起着重要作用。测定土壤多酚氧化酶的活性，能在一定程度上探求土壤的腐殖化进程。土壤多酚氧化酶的反应机制被用于土壤环境修复之中（Leinweber et al., 2008）。多酚氧化酶活性和土壤有机质的沉淀、分解息息相关（Freeman et al., 2001a; Sinsabaugh et al., 2008）。Carreiro 等（2000）和 Waldrop 等（2004b）的研究表明，在山地生态系统中，土壤多酚氧化酶活性和土壤碳流失呈正相关性。在另一些研究中发现草地生态系统中土壤多酚氧化酶活性和土壤 pH 呈正相关，多酚氧化酶分解有机质的速度在碱性土壤中更快（Zeglin et al., 2007; Stursova and Sinsabaugh, 2008）。

二、影响土壤酶活性的因素

（一）地形

边坡地形包括不同的坡位和坡向，能形成不同的小环境。它对土壤水分、温度和有机质的空间分布影响明显，进而影响边坡植被的生长、类型分布、矿物质运动和土壤成土过程（Kubota et al., 1998; Florinsky and Kuryakova, 2000; Florinsky et al., 2002）。前人的很多研究表明，土壤性质和营养物质的变异性受到边坡地形变化的影响（Garten et al. 1994; Mudrick et al., 1994）。Bergstrom 等（1998）和 Decker 等（1999）的研究发现，坡位会影响土壤酶活性（如脲酶、磷酸酶、蔗糖酶等）。与边坡上坡位相比，下坡位土壤的微生物生物量和氮矿质化程度更高（Groffman et al., 1993）。Tsui 等（2004）的研究发现，坡上土壤含有更多的有机质、有效氮和有效钾，而坡底表层土壤以下 0~5cm 处则含有更高浓度的有效磷，并且 pH 也更高。

坡向对于山地生态具有较大的影响作用。山地的方位决定了其可接受到的日照时数和太阳辐射强度。南向坡辐射收入最多，其次为东南向坡、西南向坡，再次为东向坡与西向坡，最少的为北向坡。向光坡（阳坡或南向坡）和背光坡（阴坡或北向坡）之间的温度或植被的差异往往是很大的。坡向对降水的影响作用也很明显。一山之隔，其降水量可相差几倍。来自西南的暖湿气流在南北或偏南北走向山脉的西向坡和西南向坡能形成大量降水，东南暖湿气流则在东向坡和东南向坡造成丰富的降水。由于光照、温度、雨量、风速和土壤质地等因子的综合作用，坡向影响植物生长，并使植物和环境的生态关系发生变化（Sariyildiz et al., 2005; Noorbakhsh et al., 2008）。Kang 等（2009）的研究显示，北向坡的土壤酶活性要高于南向坡，这种结果是由于受到土壤化学物质（包括铁、铝、镁元素）和结皮差异的影响。森林系统土壤中的酶活性由温度、营养物质含量及结皮含量所决定，而这些因素都跟地形紧密相关。

（二）气候

气候不仅直接影响土壤的水热状况和物质的转化与迁移，而且还可通过改变植物群落（包括植被类型、动植物生态状态等）影响土壤的形成（Finzi et al., 1998）。地球上不同地带由于热量、降水量及干湿度的差异，其天然植被互不相同，土壤类型也不相同。此外，气候条件还可影响土壤形成速率。温度高、雨量多的地区，风化淋溶较强，盐基易淋失，容易形成酸性的自然土壤。半干旱或干旱地区的自然土壤，盐基淋溶少，又由于土壤水分蒸发量大，下层的盐基物质容易随着毛管水的上升而聚集在土壤的上层，使土壤具有石灰性反应（van Breemen et al., 1997; van Breemen and Finzi, 1998）。

季节的变化（温度和降水）能控制土壤中微生物的代谢，进而影响大多数土壤酶的形成和分布（Kang and Freeman, 1999）。温度是决定土壤生化速率的重要因素（Ineson et al., 1995; Briones et al., 1998; Freeman et al., 2001b）。对于切挖边坡来说，太阳辐射量的差异是影响小环境的重要因素之一（Campbell and Norman, 1998; Evans and Winterhalder, 2000）。比如，Andrés 等（1996）的研究表明，太阳辐射量高的地方，土壤温度越高，含水量越低。如果土壤表面孔隙度低，太阳辐射量与土壤温度、土壤含水量的以上相关现象就更为明显（Morgan, 1980; Coppin and Bradshaw, 1982）。Baldrian 等（2008）的研究表明，季节变化对边坡表层以下 0~5cm 处的土壤的酶活性有着重要的影响，土壤酶活性最大值出现在 10 月，是因为土壤中含有高比例的水分和麦角甾醇。Kang 等（2009）的研究发现，脲酶正相关于空气温度，这表明温度可能是决定土壤酶活性的一个主要因素，而秋季出现更高酶活性则是因为大量植被的结皮沉积和分解产生的营养物质。

（三）水分

土壤水分是土壤的重要组成部分之一，它在土壤形成过程中起着极其重要的作用。形成土壤剖面的土层内各种物质的运移是以溶液形式进行的，也就是说，这些物质随同液态土壤水一起运动。与此同时，土壤水参与了土壤中许多物质的转化过程，如矿物质风化、有机化合物的合成和分解等。土壤水分也是作物吸水的最主要来源，作为自然界水循环的一个重要环节，土壤水处于不断的运动和变化中，并影响植被的生长和土壤中许多化学、物理和生物学过程（Butler et al., 1986; Peterjohn et al., 1994）。

边坡不同坡位和坡向的土壤水分会影响不同植被的生长情况和分布特点，也会改变土壤成土过程（Daniels et al., 1987; Kubota et al., 1998）。水分是决定土壤中各种生化过程的关键性因子，如植被结皮的沉积和分解过程（Kirschbaum, 1995）、微生物呼吸量（Howard and Howard, 1993; Leirós et al., 1999）、营养物质的矿化和固定吸收过程（Schmidt et al., 1999; Jonasson et al., 2004）。前人的很多研究表明，土壤水分和温度是呈负相关的，也就是说当气温升高的时候，土壤水分和各种微生物需要的营养物质是逐渐较少的（Rustad and Fernandez, 1998）。

（四）氮素

土壤中氮元素的含量范围是 0.02%~0.50%，表层土壤含氮量远比心土层、底土层的含氮量高。土壤中氮素形态分为无机态和有机态两大类。在陆地生态系统中，大气中的氮素通过生物同化作用或物理和化学作用进入土壤，转为土壤和水体的生物有效氮形态，即铵态氮（NH_4^+-N）和硝态氮（NO_3-N），然后土壤和水体中的生物有效氮又回归于大气中。这种氮元素的形态变化、运转和移动构成了氮素循环，而土壤氮的内循环是其中一个重要的组成部分。在土壤–植物系统中，氮素在动植物体、微生物体、土壤有机质、土壤矿物中的转化和迁移，包括有机氮的矿化、无机氮的生物固持作用、硝化和反硝化作用、黏土对铵的固定和释放作用、腐殖质形成和腐殖质稳定化作用等。国外的专家学者通过对多种生态系统的调查显示，氮的沉积和变化会改变土壤酶活性和土壤碳素含量的变化，并且土壤氮素和腐殖质关系密切（Grandy et al., 2007; Leinweber et al., 2008）。

一般来说，土壤氮素是限制植物生长的营养物质之一。Nadelhoffer 等（1999）和 Magill 等（1997）的研究表明，在大多数温带森林中，土壤有效氮会使植被生长减缓。然而 Spieker 等（1996）的研究表明，欧洲森林土壤氮素的大量沉积会加快植物生长。比如，土壤氮素沉积的增加会对生态系统内部运转和微生物群落产生巨大影响。氮素沉积会增加氮素透过率和痕量气体损耗量，改变土壤碳素储存量和植物群落组成（Mack et al.,

2004; Waldrop et al., 2004a,b; Suding et al., 2005）。在森林生态系统中，当有效氮超出生物需求量时，氮素会达到饱和，进而导致土壤 pH 的改变，森林产量下降，大量氮素流失（Allison et al., 2007）。

众所周知，脲酶和蛋白酶活性的变化会影响土壤氮素的转化。Frankenberger 和 Dick（1983）的研究显示，全氮和脲酶活性密切相关。Saiya-Cork 等（2002）的研究表明，在森林生态系统里，总氮素矿化率通常伴随着土壤脲酶活性的增加而增加。Xue 等（2006）的研究发现，茶园和果园生态系统中，在长期高氮素的肥料作用下，参与氮素循环的土壤酶活性急剧增强（如脲酶和蛋白酶）。

（五）碳素

土壤有机质是指进入土壤中的各种有机物质，在土壤微生物作用下形成的一系列有机化合物的总称。有机质是土壤的重要组成部分，在土壤肥力、环境保护、农业可持续发展等方面有着很重要的作用和意义。土壤中的微生物是有机残体降解和腐殖质化过程的直接参与者，对土壤有机质在各库之间的转移起直接作用，因此能直接反映土壤有机质的动态变化。自 20 世纪 70 年代开始，土壤微生物碳受到了重视，它对耕作、轮作和施肥等措施以及土壤质量的影响非常敏感，且综合性强。有机质是土壤营养物质的来源，能增加土壤通气性、水分渗透率和存贮量，减少水土侵蚀和流失，增强杀虫剂效用（Gregorich et al., 1993）。

土壤微生物生物量碳含量与气候条件密切相关，降水量、温度、干旱指数等均显著影响土壤微生物生物量碳含量（Schlesinger and Andrews, 2000; Lal, 2004）。当土壤微气候发生变化时，土壤微生物生物量碳就发生急剧变化，如土壤变干时，微生物量碳减少，当土壤重新湿润时，微生物量碳急剧增加。土壤微生物生物量碳含量与土壤轻组有机碳含量、可矿化碳含量之间存在显著正相关。有机质的总量和组成取决于植被残渣输出量和人为因素等，如堆肥（Schulten and Leinweber, 1991; Leinweber and Reuter, 1992）、污物（Leinweber et al., 1996）、大气尘埃（Schmidt et al., 1999; Rumpel, 1999）以及森林砍伐（Magdoff and Weil, 2004）。土壤有机质含量变化能动态体现不同植物产量、土壤有机体、土壤物化平衡过程之间的相互关系（Kögel-Knabner et al., 2006; von Lützow et al., 2008）。进一步的研究发现，植物群落能影响有机质含量（Nierop et al., 2001a,2001b）。微生物有机质的沉积会调节土壤酶活性的大小，土壤酶活性对研究有机质分布至关重要（Grandy et al., 2007），并且酶活性对土壤有机质的含量变化反应敏感（Powlson et al., 1987）。

（六）结皮

生物土壤结皮是由土壤颗粒和蓝细菌、藻类、微小细菌、地衣及苔藓类植物以不同比例结合而形成的，它占据了土壤表层几毫米处的位置。生物土壤结皮广泛分布于干旱、半干旱区，盖度达到 40%～70%，影响着土壤表层的特性，还对定居于其上的植物产生影响，并在很大程度上决定着植物种子散布、萌发和定居。生物土壤结皮与植物的关系存在三种观点：绝大多数学者认为它们之间存在着正相关性，因为生物土壤结皮为植物的定居、生长和繁殖提供了有利的地表环境；一些学者认为它们之间存在负相关性，因为生物土壤结皮使地表更加光滑，因此降低了对植物种子的捕获，减少了种子萌发以及定居；此外，还有一部分学者的研究表明，它们之间不存在相关性，因为生物土壤结皮经常占据着植物所不能定居的极端环境（Sinsabaugh et al., 1994）。

Harrison 和 Pearce（1979）的研究表明，土壤表层生物结皮的磷酸酶活性四季差异较大，在 10 月达到顶峰，这可能是生物土壤结皮的下落和分布由风力决定，植被地下部分会影响有机质的分布和矿化作用。生物土壤结皮也会因南北坡不同，地形陡峭与平坦的不同而重新分配，这也是由于不同坡向和坡位影响了有机质的分布。Kang 等（2009）的研究显示土壤酶活性在 10 月达到顶峰，很可能是因为生物土壤结皮在 9~10 月进入高峰期，大量新鲜的结皮给土壤提供充分有效的营养。

植物结皮特性会影响腐殖质中的微生物数量，进而反向调节生态系统功能，如氮素矿化和沉积（Wardle and Lavelle, 1997）。Nancy 等（2005）的研究表明，不同植物的结皮特性能形成不同的小气候，导致土壤酶活性的空间差异性和微生物功能的多样性。在云杉森林生态系统的有机环境中，针状植物的结皮是形成腐殖质的初级材料，并且可能是微生物分解和腐烂的主要营养源和底物之一。植物的分解腐烂过程包括营养元素（碳素和氮素）的连续变化，并会导致整个生态系统氮素的人为富集（Sinsabaugh et al., 2005），在这些土壤营养物质的催化和转变过程中，酶扮演着枢纽的职责（Burns and Dick, 2002）。高含量的有效氮会通过破坏有机化合物来改变酶活性。前人的很多研究利用不同处理实验法考察土壤有机碳和有机氮的相互关系，结果表明在氮素饱和土壤中，惰性有机物分解速度的下降是因为高含量的氮素对细胞外酶活性的抑制作用（Sinsabaugh et al., 2002）。此外，高含量的氮素会减少参与有机氮降解的微生物活性。因此，土壤酶活性的测量是一个监测土壤质量变化和污染土壤恢复的有力手段，也是土壤微生物运作的有效指示因子（Dick, 1992; Decker et al., 1999; Cadwell, 2005）。

（七）pH

土壤 pH 是土壤性质的主要变量，它对土壤的大多数化学反应和化学过程都有着很大影响，并对土壤中的氧化还原、沉淀溶解、吸附、解吸和配位反应等过程起着支配作用。土壤 pH 对植物和微生物所需养分元素的有效性有显著的影响，在 pH 大于 7 的情况下，微量金属阳离子如 Zn^{2+}、Fe^{2+}等的溶解度降低，植物和微生物会蒙受由于此类元素的缺乏而带来的负面影响；在 pH 小于 5.5 时，铝、锰及众多重金属的溶解度显著提高，进而毒害生物；更极端的 pH 预示着土壤中将出现特殊的离子和矿物。土壤酶活性与土壤 pH 有一定的相关性，如转化酶的最适值是 4.5~5.0，因此在碱性土壤中会受到程度不同的抑制；磷酸酶的最适值是 4.0~6.7 和 8.0~10，因此在中性、酸性土壤中都可检测到；脲酶活性在中性土壤中最高；脱氢酶活性在碱性土中最大。

土壤 pH 能通过控制微生物的酶产量、酶活性的电离诱导的构象变化、底物的酸碱变化来决定酶活性的大小（Tabatabai, 1994）。对全球范围内 40 个生态系统进行 Meta 分析，结果证实除少量由土壤有机质和生态系统范围的因素控制外，土壤 pH 是控制几乎所有种类的酶活性的关键因子。氧化酶（如多酚氧化酶、过氧化物酶）相比于水解酶来说，对土壤 pH 敏感些，会随 pH 的增加而增加，土壤碱性条件下会刺激多酚氧化酶活性的增加（Sinsabaugh et al., 2008；Yao et al., 2009）。土壤 pH 还能影响有机质分解（Jenkinson, 1977; DeLaune et al., 1981; Amato and Ladd, 1992; Motavalli et al., 1995）。土壤多酚氧化酶在碱性土壤中会更多地参与惰性有机化合物的降解，在草原生态系统中，土壤 pH 和多酚氧化酶呈正相关关系（Zeglin et al., 2007; Stursova and Sinsabaugh, 2008）。在土壤 pH 大范围变化背景下的土壤中，有机质的分解会产生相互矛盾的结果：一种研究结果显示在中性土壤中有机质分解速度最快，变酸性和变碱性的情况下均分解速度降低（DeLaune et al., 1981）；另一种研究结果表明有机质分解速度从土壤 pH 微酸性到碱性逐步增加（Amato and Ladd, 1992）。

第二节　道路边坡不同坡位的土壤酶活性

一、坡位对道路边坡土壤酶活性的影响

地形是影响成土过程的重要因素之一（McDaniel et al., 1992; Buol et al., 1997），水土流失和各个坡位的重力影响会使坡面表层土产生迁移作用（Hall, 1983）。土壤理化性质的空间变异性受到多种环境因子的影响，如地形地势、气候和植被分布等（Chen et al., 1997; McKenzie and Ryan, 1999）。

针对位于四川丘陵区 2003 年开始修建的遂渝铁路，选择遂渝铁路遂宁站附近的典型岩石边坡，就通过客土喷播技术进行人工土壤植被恢复 5 年后的土壤性质进行研究，得出道路边坡不同坡位和季节的土壤酶活性见表 6-1。由表 6-1 可知，道路边坡土壤脲酶活性在四个季节中均为坡上和坡中显著大于坡下，秋冬季节的脲酶活性坡中最大，春夏季节的脲酶活性坡上最大。土壤的脲酶活性很高，可能是因为喷射的基材中带有大量尿素的关系。蔗糖酶活性很低，可能是因为它适合酸性环境，最适 pH 为 5.5，而喷播基材形成的人工土壤因为成分的影响呈碱性。由此看来，要使岩石边坡重建的土壤生态系统达到最好效果，需要在前期调整土壤 pH 或加入蚯蚓等土壤动物。

表 6-1　道路边坡不同坡位和季节的土壤酶活性

酶种类	月份	坡位		
		坡上	坡中	坡下
脲酶	1 月	27.21±4.71 Ba	29.24±4.93a	11.99±3.53b
	4 月	34.47±3.67 Aa	33.58±5.10a	8.24±1.44b
	7 月	28.48±3.17 ABa	26.58±2.78a	9.73±7.38b
	10 月	24.68±4.72 Ba	31.17±5.45a	11.74±3.40b
蔗糖酶	1 月	0.78±0.41 Bb	1.61±0.32B a	0.32±0.12 Bb
	4 月	6.64±1.37 Aa	5.01±2.60 Aab	2.29±0.35 Ab
	7 月	1.57±0.65 Ba	1.40±0.65 Ba	0.43±0.35 Bb
	10 月	0.97±0.63 Ba	1.05±0.35 Ba	0.26±0.09 Bb

酶种类	月份	坡位		
		坡上	坡中	坡下
蛋白酶	1 月	8.03±0.91 Bb	9.31±0.57 Ba	8.08±0.54 Bb
	4 月	7.66±0.77 Bab	8.22±0.67 Ca	6.77±1.03 Cb
	7 月	8.08±0.57 Ba	7.69±0.28 Cab	7.01±0.49 BCb
	10 月	9.81±0.90 A	10.19±0.42 A	9.80±0.61 A
多酚氧化酶	1 月	4.51±0.59 ABab	3.78±0.61 Bb	5.06±1.07 Ba
	4 月	0.64±0.32 C	0.52±0.23 C	0.85±0.38 C
	7 月	5.56±0.79 A	6.42±1.30 A	6.46±0.81 A
	10 月	3.43±1.24 B	3.13±0.30 B	3.98±0.68 B
过氧化氢酶	1 月	8.21±0.36 ABa	7.36±0.67 Bab	5.69±0.53 ABc
	4 月	9.07±0.44 Aa	9.14±0.58 Aa	6.37±0.64 Ab
	7 月	7.75±1.27 Ba	7.72±0.49 Ba	4.56±1.03 Cb
	10 月	7.14±0.64 Ba	7.53±0.38 Ba	4.82±0.20 BCb

注：大写字母表示同一坡位不同月份之间土壤酶活性的差异显著性，小写字母表示同一月份不同坡位土壤酶活性的差异显著性，不同字母表示有显著差异（$p<0.05$）。

从表 6-1 还可以看出，道路边坡土壤的蛋白酶活性在 10 月无显著差异性，1 月和 4 月的蛋白酶为坡中最大，7 月为坡上最大。前人对阿巴拉契亚山脉的峡谷土壤分析也得出，坡下土壤的脲酶和蛋白酶等活性显著降低（Garten et al., 1994; Bergstrom et al., 1998）。坡位间多酚氧化酶活性只在 1 月有显著差异，为坡下显著大于坡中，坡中的活性最低。其他三个季节的多酚氧化酶均无显著差异性。道路边坡人工土壤的过氧化氢酶活性在四个季节均为坡上和坡中显著大于坡下。Bergstrom 等（1998）和 Decker 等（1999）得出结论：边坡坡位能决定土壤酶活性。遂渝铁路的典型岩石边坡处于坡下的土壤酶活性显著低于坡上和坡中，可能是因为受到邻近铁轨的电磁干扰、环境污染更甚和人为影响大所致。因此，道路边坡的坡下环境和成土过程需要得到我们更多的关注，采取更严密的保护措施，如种植抗污染物种，在液压喷播的初期加入更多的营养物质促使植物定居扎根。

二、季节对道路边坡不同坡位土壤酶活性的影响

季节、气温和土壤水分会影响微生物新陈代谢，进而决定大多数土壤酶的产生（Kang and Freeman, 1999; vanMeeteren et al., 2007）。由表 6-1 可知，岩石边坡人工土壤的脲酶活性在坡上和坡中无显著差异，坡上为 4 月显著大于 1 月和 10 月。在三个坡位上蔗糖酶和蛋白酶活性分别为 4 月和 10 月最大，并且蔗糖酶活性 4 月显著大于其他三个季度，坡上和坡中的蛋白酶活性均为 4 月最大。土壤温度直接影响释放酶类的微生物种群及数量。因此，土壤温度是影响酶活性的因素之一(关松荫等，1986)。焦晓光等（2008）的研究发现，夏季土壤脲酶活性比较活跃，热量对土壤脲酶活性影响较大。土壤蛋白酶活性和

土壤水分呈正相关，干燥会降低蛋白酶活性，这就是夏季蛋白酶活性相对较低的原因。遂渝铁路的典型道路边坡土壤蔗糖酶活性规律性不强，说明它与温度和土壤水分关联度不大。道路边坡土壤的多酚氧化酶活性均为 7 月最大，4 月最小，1 月和 10 月在三个坡位上无显著差异性。过氧化氢酶活性在所有坡位上均为 4 月最大，且显著大于 7 月和 10 月。

三、坡位、季节和土壤酶活性之间的关系

对遂渝铁路的典型道路边坡土壤酶活性研究表明，坡位、季节和土壤酶活性之间存在以下关系（表 6-2）。

（1）道路边坡土壤的脲酶活性正相关于蔗糖酶活性（$p<0.01$）并与坡位负相关（$p<0.01$）；

（2）道路边坡土壤的蔗糖酶活性显著负相关于多酚氧化酶活性（$p<0.01$），负相关于坡位（$p<0.05$）；

（3）道路边坡土壤的过氧化氢酶活性显著正相关于脲酶、蔗糖酶（$p<0.01$），显著负相关于多酚氧化酶活性和坡位（$p<0.01$）；

（4）季节只和道路边坡土壤的蛋白酶活性正相关（$p<0.01$）。

表 6-2　道路边坡坡位、季节和土壤酶活性之间的关系

项目	脲酶	蔗糖酶	蛋白酶	多酚氧化酶	过氧化氢酶	坡位
蔗糖酶	0.541**					
蛋白酶	0.230	−0.217				
多酚氧化酶	−0.243	−0.653**	−0.033			
过氧化氢酶	0.835**	0.663**	0.001	−0.402**		
坡位	−0.737**	−0.330*	−0.160	0.106	−0.712**	
季节	−0.051	−0.214	0.402**	0.140	−0.238	0.000

* $p<0.05$；　** $p<0.01$。

第三节　道路边坡不同坡向的土壤酶活性

一、坡向对道路边坡土壤酶活性的影响

岩石边坡的坡向差异能决定太阳照射的角度和各个坡面接收太阳辐射量的大小（Campbell and Norman, 1998; Evans and Winterhalder, 2000）。不同岩石边坡的地形参数（如坡向、坡度）差异造成了不同的气候小环境（Jones, 1996）。Andrés 等（1996）的研究显示，边坡坡面接收的太阳辐射越多，表层土的水土水分越少，坡面温度越高。土壤水分含量、土壤温度、植被生长情况和分布类型、土壤成土过程均在一定程度上受到坡向的影响（Butler et al., 1986; Daniels et al., 1987; Kubota et al., 1998）。

选择位于四川丘陵区 2003 年开始修建的遂渝铁路遂宁站附近的典型岩石边坡，就通过客土喷播技术进行人工土壤植被恢复 5 年后的土壤性质进行研究，得出道路边坡不同

坡向和季节的人工土壤酶活性见表 6-3。由表 6-3 可知，道路边坡土壤脲酶活性在 4 月和
10 月无显著差异性，1 月和 7 月东向坡最大。蔗糖酶和蛋白酶活性均在 1 月无显著差异，
阳坡（东向坡和南向坡）的蔗糖酶活性大于阴坡（西向坡和北向坡），蛋白酶活性在除
1 月外的其他三个月均为东向坡最大，4 月和 7 月为北向坡最小。道路边坡土壤的多酚氧
化酶活性在 1 月和 7 月均为西向坡最大，4 月和 10 月均为南向坡最大。道路边坡过氧化
氢酶活性在 1 月和 10 月无显著差异，各坡向的土壤酶活性差异不大。道路边坡人工土壤
不同坡向层面上，各种酶活性差异不大，即坡向这个因素不是决定土壤酶活性的决定性
因子，它只和蛋白酶活性具有一定的关联。

表 6-3　道路边坡不同坡向和季节的土壤酶活性

酶种类	月份	坡向			
		东向坡	南向坡	西向坡	北向坡
脲酶	1 月	41.38±0.83 Aa	41.33±1.60 Aa	35.27±1.50 Bb	37.27±1.51 BCb
	4 月	45.90±2.84 Aa	44.95±5.34 Aa	44.29±2.19 Aa	48.45±4.85 Aa
	7 月	41.35±2.09 Aa	37.81±3.68 Aa	39.44±1.62 ABa	36.20±3.48 Cb
	10 月	45.57±3.28 Aa	46.76±3.65 Aa	46.18±3.60 Aa	46.71±3.03 ABa
蔗糖酶	1 月	7.13±1.00 Ba	6.25±1.57 Aa	5.58±0.80 Aa	6.97±0.36 Ba
	4 月	10.13±0.57 Aa	8.23±1.33 Ab	6.61±0.80 Ac	5.69±0.65 Bc
	7 月	7.53±0.52 Bc	7.48±0.78 Ac	8.85±1.22 Ab	10.40±0.25 Aa
	10 月	5.21±0.81 Bb	7.43±1.20 Aa	7.53±1.63 Aa	6.51±0.45 Bab
蛋白酶	1 月	8.69±1.00 Ba	8.48±1.57 Aa	8.39±0.80 Aa	8.42±0.36 Aa
	4 月	9.84±0.57 Aa	8.58±1.33 Ab	8.28±0.80 Ac	7.46±0.65 Ac
	7 月	5.90±0.62 Ba	5.66±0.78 Aa	5.25±1.22 Aab	4.36±0.25 Bb
	10 月	8.79±0.81 Ba	8.04±1.20 Aa	7.53±1.63 Ab	8.31±0.45 Aab
多酚氧化酶	1 月	2.41±0.37 Ab	3.22±0.86 Aab	4.53±1.89 Aa	3.37±0.58 Aab
	4 月	0.95±0.48 Bab	1.18±0.52 Ba	0.46±0.18 Bb	0.42±0.37 Bb
	7 月	1.19±0.66 ABbc	1.79±0.26 ABb	2.80±0.72 ABa	0.92±0.18 Bc
	10 月	1.46±0.29 ABb	2.73±0.17 ABa	1.65±0.65 ABb	1.79±0.66 Bb
过氧化氢酶	1 月	9.70±0.02 Aa	9.71±0.01 Aa	9.69±0.03 Aa	9.70±0.02 Aa
	4 月	9.72±0.03 Ab	9.75±0.03 Aab	9.76±0.03 Aab	9.77±0.01 Aa
	7 月	9.75±0.02 Aa	9.59±0.20 Aa	9.74±0.02 Aa	9.74±0.03 Aab
	10 月	9.75±0.01 Aa	9.73±0.01 Aa	9.75±0.01 Aa	9.73±0.04 Aa

注：大写字母表示同一坡向不同月份之间土壤酶活性的差异显著性，小写字母表示同一月份不同坡向土壤酶活性的差
异显著性，不同字母表示有显著差异（$p<0.05$）。

二、季节对道路边坡不同坡向土壤酶活性的影响

季节是影响土壤酶活性的重要因子，不同的季节导致气温和土壤水分的差异性，进

而影响土壤微生物新陈代谢进程、植被生长分布和生物结皮含量（Jonasson et al., 2004; vanMeeteren et al., 2007）。四川省的气候类型为亚热带季风气候，四季分明，夏季高温多雨，冬季温和湿润。春夏两季太阳照射量充足，秋冬两季照射量迅速减少。全年降水量的77%分布在5~9月这段时间内。Kang 等（2009）的研究结果得出，土壤脲酶活性和气温呈正相关，说明温度是决定脲酶活性的重要因素。

遂渝铁路的典型道路边坡土壤脲酶活性在阳坡的四个季度上无显著差异，阴坡上 4 月显著大于 1 月。且春秋两季的脲酶活性偏高，夏季的活性反而最低。这说明温度不是决定岩石边坡人工土壤的因素，人工土壤有它自身的特性，不同于其他种类的土壤环境。由表 6-3 可以看出，人工土壤的蔗糖酶在西向坡和南向坡上无显著差异，且东向坡上 4 月最大，北向坡上 7 月最大。蛋白酶活性在四个坡向上均夏季最小，春季较大。蛋白酶活性和土壤水分关系密切，呈正相关性。这说明虽然夏季雨量充沛，但是太阳照射强大，土壤水分的蒸发量相对于降水量来说更大，因此干旱的夏季土壤会限制蛋白酶活性。多酚氧化酶活性在四个坡向上均为 4 月最小，1 月最大。道路边坡土壤的过氧化氢酶活性在四个坡向上均无显著性差异，这说明过氧化氢酶的活性和太阳照射量以及土壤水分蒸发量关联不大。

三、坡向、季节和土壤酶活性之间的关系

对遂渝铁路的典型道路边坡土壤酶活性研究表明，坡向、季节和土壤酶活性之间存在以下关系（表 6-4）。

（1）道路边坡土壤脲酶活性正相关于蛋白酶、过氧化氢酶活性（$p<0.01$），负相关于多酚氧化酶活性、季节（$p<0.01$）；

（2）道路边坡蔗糖酶活性负相关于蛋白酶活性、季节（$p<0.01$），多酚氧化酶活性（$p<0.05$）；

（3）道路边坡人工土壤的多酚氧化酶活性负相关于过氧化氢酶（$p<0.01$），正相关于季节（$p<0.05$）。

表 6-4 道路边坡坡向、季节和土壤酶活性之间的关系

项目	脲酶	蔗糖酶	蛋白酶	多酚氧化酶	过氧化氢酶	坡向
蔗糖酶	−0.029					
蛋白酶	0.362**	−0.338**				
多酚氧化酶	−0.433**	−0.273*	0.139			
过氧化氢酶	0.452**	0.052	0.095	−0.226*		
坡向	−0.128	−0.035	−0.278*	0.045	0.091	
季节	−0.302**	−0.338**	0.163	0.687**	−0.170	0.037

* $p<0.05$, ** $p<0.01$。

第四节　不同类型边坡土壤酶活性的季节差异性

　　道路边坡属于人工边坡，根据岩性不同，可分为岩质边坡和土质边坡两种，道路边坡坡长不定，坡度多为陡坡，坡高一般在 30m 以内，一般属于不稳定边坡，需处理才能稳定。道路边坡与自然边坡、农田边坡不同，它处在一个特殊的生境条件下。它不具备植被生长所必需的土壤环境，没有氮、磷、钾、有机质等营养元素的积累，由于道路边坡大多是岩石边坡，其坡度较大，即使坡面有少量因岩石风化产生的土壤母质，也会因雨水的冲刷而流失，而且坡面自然生态条件恶劣，在阳光的直射下裸露岩石表面温度过高，即使有风运或动物搬运的种子嵌入岩石缝隙中，也会因温度过高而难以发芽和生存。针对道路边坡创面岩质化特性所喷播的人工土壤，是由部分耕作熟化土壤、大量未经耕作熟化的深层土壤，以及外源土壤与泥炭、草纤维、保水剂、黏合剂、复合肥、土壤改良剂等非土壤成分共同均匀混合形成。其中的微生物类型和土壤酶的种类与含量，也与周围的自然土壤有所区别。

一、边坡类型、季节对土壤酶活性的影响

　　由表 6-5 可知，不同类型边坡土壤脲酶、蔗糖酶活性均表现为自然边坡和农田边坡显著大于道路边坡。除 4 月外，自然边坡的土壤脲酶活性大于农田边坡，土壤蔗糖酶活性是所有季度均为自然边坡大于农田边坡。土壤蛋白酶活性在不同类型的边坡土壤中无显著差异，在 4 月和 7 月，自然边坡的土壤酶活性显著大于道路边坡和农田边坡，10 月则是道路边坡土壤蛋白酶活性最大，自然边坡土壤蛋白酶活性最小。除 4 月外，不同类型边坡土壤多酚氧化酶活性表现为自然边坡最大，道路边坡最小，1 月、7 月和 10 月三个月则是道路边坡土壤多酚氧化酶酶活性显著人于自然边坡。过氧化氢酶活性均为农田边坡土壤活性最大，且显著大于岩石边坡的人工土壤。

表 6-5　不同类型边坡和季节的土壤酶活性

酶种类	月份	边坡类型		
		道路边坡	自然边坡	农田边坡
脲酶	1 月	29.24±4.93 b	43.25±3.32 Ca	38.39±1.40 Ba
	4 月	33.58±5.10 b	51.43±2.91 Ba	55.11±5.17 Aa
	7 月	26.58±2.78 c	48.06±1.63 Ba	42.64±1.54 Bb
	10 月	31.17±5.45 b	60.45±2.62 Aa	57.23±2.89 Aa
蔗糖酶	1 月	1.61±0.32 Bb	7.83±0.97 Ba	7.52±1.42 Aa
	4 月	5.01±2.60 Ab	9.90±0.96 Aa	7.27±0.62 Aab
	7 月	1.40±0.65 Bb	5.45±1.82 Ca	4.70±0.91 Ba
	10 月	1.05±0.35 Bb	7.02±0.40 BCa	7.52±0.25 Aa

续表

酶种类	月份	边坡类型		
		道路边坡	自然边坡	农田边坡
蛋白酶	1 月	9.31±0.57 B	9.22±0.80	8.48±0.85 B
	4 月	8.22±0.67 Cab	9.00±0.35 a	7.80±0.73 Bb
	7 月	7.69±0.28 Cb	8.80±0.71 a	4.01±0.22 Cc
	10 月	10.19±0.42 Aa	8.83±0.27 b	9.84±0.40 Aa
多酚氧化酶	1 月	3.78±0.61 Ba	2.77±0.55 Ab	3.84±0.22 Aa
	4 月	0.52±0.23 Cb	1.13±0.32 Ca	0.84±0.36 Cab
	7 月	6.42±1.30 Aa	1.97±0.36 Bb	1.64±0.71 Cb
	10 月	3.13±0.30 Ba	1.87±0.69 BCb	2.97±0.34 Ba
过氧化氢酶	1 月	7.36±0.67 Bb	9.63±0.04 BCa	9.75±0.01 a
	4 月	9.14±0.58 Ab	9.56±0.09 Cab	9.77±0.01 a
	7 月	7.71±0.49 Bb	9.73±0.04 Aa	9.77±0.01 a
	10 月	7.53±0.38 Bb	9.68±0.03 ABa	9.77±0.01 a

注：大写字母表示同一类型边坡不同月份之间土壤酶活性的差异显著性，小写字母表示同一月份不同类型边坡土壤酶活性的差异显著性，不同字母表示有显著差异（$p<0.05$）。

　　道路边坡创面生态恢复工程所使用的人工土壤在理论上能帮助土壤经历成土和熟化过程变成熟土。就遂渝铁路的典型道路边坡而言，其岩石边坡创面人工土壤在短时间内不能达到自然边坡和农田边坡等自然熟化土壤的程度。经过液压喷播保护的岩石边坡植被物种单一、覆盖率和成熟度低，坡面受到阳光直射、雨水冲刷极易发生水土流失的现象。土壤酶活性作为重要的土壤肥力指标，对环境特别敏感。虽然这三个不同的边坡都靠近铁路，但道路边坡的距离最近，相对于自然环境和农田环境来说，道路边坡坡面环境要恶劣，重金属污染、火车尾气、高气压流、电磁辐射和生活垃圾等都不可避免地影响着道路边坡坡面区域环境，导致人工土壤的酶产量和活性降低（张志卿等，2009）。

　　由表 6-5 的结果可知，道路边坡土壤脲酶活性季节间无显著差异性，自然和农田边坡的土壤脲酶活性在 10 月显著大于 1 月和 7 月。这与道路边坡土壤理化性质不同于自然边坡、农田边坡两种熟化土壤理化性质有关。道路边坡和自然边坡土壤蔗糖酶活性均为 4 月最大，自然边坡和农田边坡土壤蔗糖酶活性最小值出现在 7 月。自然边坡土壤蛋白酶活性季节间无显著差异，道路边坡土壤蛋白酶活性和农田边坡土壤蛋白酶活性的最大值出现在 10 月，最小值出现在 7 月。土壤蛋白酶活性和土壤水分呈显著的正相关关系，干燥的土壤环境会严重制约蛋白酶活性。ANOVA 分析法证实土壤脲酶活性对土壤温度更敏感，而蛋白酶活性对土壤水分更敏感（Baldrian et al., 2008）。三种类型边坡土壤多酚氧化酶活性的最小值均出现在 4 月，最大值则是自然边坡和农田边坡出现在 1 月，道路边坡土壤多酚氧化酶活性出现在 7 月。农田边坡土壤过氧化氢酶活性季节间无显著差异性，道路边坡的过氧化氢酶活性最大值出现在 4 月。

二、边坡类型、季节和土壤酶活性之间的关系

对遂渝铁路的典型道路边坡土壤酶活性研究表明，边坡类型、季节和土壤酶活性之间存在以下关系（表 6-6）。

（1）脲酶活性与蔗糖酶、过氧化氢酶活性和边坡类型呈极显著正相关关系（$p < 0.01$），与多酚氧化酶呈极显著负相关关系（$p<0.01$），脲酶活性与季节呈显著正相关关系（$p<0.05$）；

（2）蔗糖酶活性极显著正相关于过氧化氢酶活性和边坡类型（$p<0.01$），极显著负相关于多酚氧化酶活性（$p<0.01$）；

（3）多酚氧化酶活性极显著负相关于过氧化氢酶活性（$p<0.01$）；

（4）过氧化氢酶活性与边坡类型有相关性（$p<0.01$）。

表 6-6　边坡类型、季节和土壤酶活性之间的关系

项目	脲酶	蔗糖酶	蛋白酶	多酚氧化酶	过氧化氢酶	边坡类型
蔗糖酶	0.736**					
蛋白酶	0.058	0.071				
多酚氧化酶	−0.538**	−0.496**	0.128			
过氧化氢酶	0.771**	0.826**	−0.228	−0.549**		
边坡类型	0.650**	0.627**	−0.340*	−0.283	0.770**	
季节	0.297*	−0.188	0.024	0.006	−0.020	0.000

* $p<0.05$;　** $p<0.01$。

第五节　土壤酶活性与坡向、季节、土壤理化性质的相关性

土壤酶参与了土壤的发生和发育及土壤肥力的形成和演化的全过程，是衡量土壤肥力的重要指标。季节和地形变化会影响土壤酶活性，气温和土壤水分是调节土壤生化过程（结皮分解、有机碳的溶解和释放、营养元素矿化等）的关键因子。结皮能调节有机氮的矿化和分解，pH 会影响微生物产酶量、酶反应的进程。总之，土壤酶活性和地形、温度、有机质、全氮、水分、结皮、pH 等因素息息相关。

道路边坡不同坡向和季节的土壤理化性质见表 6-7，道路边坡土壤酶活性与坡向、季节、理化性质的关系见表 6-8。由表 6-7、表 6-8 可知，季节是影响岩石边坡人工土壤酶活性和理化性质的关键因素，这是因为季节会影响温度、土壤水分、结皮组成等（Jonasson et al., 2004; van Meeteren et al., 2007）。遂渝铁路的典型道路边坡所处区域每年大量降雨发生在春夏两季，秋冬两季干燥少雨，年降水量的 77% 出现在 5~9 月。土壤水分和结皮在 1 月和 10 月显著高于 4 月和 7 月，相关分析发现季节和这两个因素呈显著相关性（$p<0.01$）。

表 6-7　道路边坡不同坡向和季节的土壤理化性质

理化性质	月份	坡向			
		东向坡	南向坡	西向坡	北向坡
全氮	1 月	0.172±0.001 Db	0.182±0.001 Ca	0.146±0.001 Cd	0.152±0.001 Bc
	4 月	0.198±0.002 Ab	0.200±0.001 Aa	0.154±0.001 Bd	0.161±0.001 Ac
	7 月	0.192±0.001 Ba	0.190±0.001 Bb	0.171±0.001 Ac	0.154±0.001 Bd
	10 月	0.182±0.001 Ca	0.178±0.001 Db	0.156±0.001 Bc	0.142±0.001 Cd
有机质	1 月	4.58±0.41 ABa	4.27±0.04 Ba	3.34±0.56 b	4.75±0.07 Aa
	4 月	4.97±0.34 Aa	4.89±0.20 Aa	4.15±0.10 b	3.90±0.21 Bb
	7 月	3.44±0.78 B	3.51±0.28 C	3.38±0.51	3.45±0.36 BC
	10 月	3.33±0.15 Ba	3.32±0.17 Ca	3.21±0.10 a	2.97±0.19 Cb
pH	1 月	7.78±0.20 b	8.04±0.03 a	8.08±0.04 a	7.99±0.02 a
	4 月	7.78±0.08 b	7.99±0.04 a	7.97±0.04 a	8.03±0.02 a
	7 月	8.14±0.04 b	8.27±0.09 a	8.11±0.02 b	8.08±0.02 b
	10 月	7.75±0.03 c	8.20±0.06 a	8.14±0.01 b	8.18±0.05 ab
水分	1 月	24.7±2.7 A	23.8±0.8 A	22.7±0.9 A	22.7±1.5 A
	4 月	5.7±1.1 Bc	9.0±1.1 Bb	13.9±1.2 Ba	15.4±0.9 Ba
	7 月	4.9±1.2 Bb	7.8±0.4 Ba	9.5±2.2 Ba	9.9±2.1 Ba
	10 月	23.4±1.8 A	21.7±1.8 A	24.6±1.6 A	23.0±3.1 A
结皮	1 月	12.3±3.9 Aa	4.0±1.2 Bb	4.0±2.5 ABb	2.4±1.3 Bb
	4 月	1.0±0.3 Bb	1.7±0.6 Ba	0.6±0.3 Bb	0.8±0.2 Bb
	7 月	1.0±0.2 Bb	0.9±0.2 Bb	4.3±2.4 ABa	1.5±0.1 Bb
	10 月	7.6±3.2 A	8.8±3.2 A	7.5±3.8 A	6.7±3.6 A

注：大写字母表示同一坡向不同月份之间土壤理化性质的差异显著性，小写字母表示同一月份不同坡向之间土壤理化性质的差异显著性，不同字母表示有显著差异（$p<0.05$），若没有字母，则表示各组之间无差异。

表 6-8　道路边坡土壤酶活性与坡向、季节、理化性质的关系

项目	脲酶	蔗糖酶	蛋白酶	多酚氧化酶	过氧化氢酶	全氮	有机质	pH	水分	结皮	坡向
蔗糖酶	-0.029										
蛋白酶	0.362**	-0.338**									
多酚氧化酶	-0.433**	-0.273*	0.139								
过氧化氢酶	0.452**	0.052	0.095	-0.226*							
全氮	0.019	0.151	-0.075	-0.265*	0.077						
有机质	-0.047	-0.195	0.403**	0.041	-0.056	0.349**					
pH	-0.175	0.097	-0.398**	-0.024	-0.023	-0.200	-0.540**				
水分	0.088	-0.450**	0.497**	0.478**	0.019	-0.508**	-0.159	-0.093			
结皮	0.100	-0.261*	0.245*	0.277*	0.008	-0.139	-0.207**	-0.159	0.620**		
坡向	-0.128	-0.035	-0.278*	0.045	0.091	0.012	-0.071	0.083	0.016	-0.149	
季节	-0.302**	-0.338**	0.163	0.687**	-0.170	-0.384**	-0.181	0.032	0.780**	0.530**	0.037

* $p<0.05$;　** $p<0.01$。

　　根据前人的研究结果发现，高地生态系统的土壤多酚氧化酶活性和有机质呈显著相关性（Carreiro et al., 2000; Sinsabaugh et al., 2002）。但是在本书的研究中，土壤水分是影响多酚氧化酶活性的重要因子，并且脲酶和多酚氧化酶活性紧密相关。蔗糖酶是把高分子化合物分解成能被植物和微生物利用的营养物质的水解酶之一，土壤中蔗糖酶直接参与土壤碳素循环，对增加土壤中易溶性营养物质起着重要的作用（Zeglin et al., 2007; Stursova and Sinsabaugh, 2008）。土壤蔗糖酶活性和有机质无相关性，土壤水分和季节是影响蔗糖酶活性最重要的因素。Kang 等（2009）的研究发现，脲酶活性和气温呈正相关关系，说明温度对酶活性有重要影响。遂渝铁路的典型道路边坡四个不同坡向的坡面上，4 月和 10 月的脲酶活性显著高于 1 月和 7 月，这显示温度并不是简单的影响脲酶活性的因素。

　　Baldrian 等（2008）的研究发现，土壤蛋白酶活性和土壤水分呈正相关关系，土壤蛋白酶活性在夏季干燥情况下最低。实验结果显示，蛋白酶活性被土壤水分和 pH 两个因素影响。土壤蛋白酶参与土壤中存在的氨基酸、蛋白质以及其他含蛋白质氮的有机化合物的转化，在它们的水解过程中发挥重要作用。pH 会影响氨基酸的酸碱情况，因此会间接影响蛋白酶活性。前人的多项研究显示，pH 和多种土壤酶活性有显著相关性（Sinsabaugh et al., 2008）。关松荫（1986）的研究显示：有机质和多种酶活性呈正相关关系，但在本书的相关分析中，有机质只和岩石边坡人工土壤的蛋白酶活性相关。

　　前人的研究结果发现，蛋白酶与脲酶活性和全氮含量显著相关（Frankenberger and Dick, 1983; Saiya- Cork et al., 2002），但实验结果显示，除了多酚氧化酶活性和全氮含量呈负相关外，其他土壤酶活性均无相关性。由表 6-8 可知，岩石边坡人工土壤的 pH 和有机质有相关性。前人的多项研究显示土壤 pH 能影响有机质含量，不同的酸碱度会增加或减少有机质含量组成。有研究发现，有机质含量在中性环境中最高，在变酸或变碱的情况下含量都会降低（DeLaune et al., 1981）。也有研究发现，土壤环境从酸性到碱性的情况下，有机质含量逐步升高（Amato and Ladd, 1992; Motavalli et al., 1995）。

参 考 文 献

关松荫. 1986. 土壤酶研究法. 北京: 中国农业出版社.

关松荫, 张德生, 张志明. 1986. 土壤酶及其研究法. 北京: 农业出版社.

焦晓光, 隋跃宇, 张兴义. 2008. 土壤有机质含量与土壤脲酶活性关系的研究. 农业系统科学与综合研究, 24(4): 494-496.

李振高, 骆永明, 滕应. 2008. 土壤与环境微生物研究法. 北京: 科学出版社.

孙启祥, 张建峰. 2006. 不同土地利用方式土壤化学性质与酶学指示分析. 水土保持学报, 20(4): 98-101.

王维, 张建华, 杨建昌, 等. 2004. 水分胁迫对贪青迟熟水稻茎贮藏碳水化合物代谢及产量的影响. 作物学报, 30(3): 196-204.

张志卿, 艾应伟, 杨雅云, 等. 2009. 铁路边坡土壤微生物数量和酶活性研究. 水土保持通报, 29(4): 61-66.

Albadalejo J, Alvarez J, Querejeta J, et al. 2000. Three hydro-seeding revegetation techniques for soil erosion control on anthropic steep slopes. Land Degradation and Development, 11(4): 315-325.

Allison S D, Hanson C A, Treseder K K. 2007. Nitrogen fertilization reduces diversity and alters community structure of active fungi in boreal ecosystems. Soil Biology and Biochemistry, 39: 281-293.

Amato M, Ladd J N. 1992. Decomposition of ^{14}C-labeled glucose and legume material in soils: properties influencing the accumulation of organic residue C and microbial biomass C. Soil Biology and Biochemistry, 24: 455-464.

Andres P, Jorba M. 2000. Mitigation strategies in some motorway embankments(Catalonia, Spain). Restoration Ecology, 8(3): 268-275.

Andrés P, Zapater V, Pamplona M. 1996. Stabilization of motorway slopes with cover, Catalonia, Spain. Restoration Ecology, 4(1): 55-60.

Balaguer L. 2002. The limitations of the restoration of vegetation cover. Ecosystems, 11: 72-82.

Baldrian P, Trogl J, Frouz J, et al. 2008. Enzyme activities and microbial biomass in topsoil layer during spontaneous succession in spoil heaps after brown coal mining. Soil Biology and Biochemistry, 40: 2107-2115.

Balisky A C, Burton P J. 1995. Root zone soil temperature variation associated with microsite characteristics in high elevation forest openings in the interior of British Columbia. Agricultural and Forest Meteorology, 77: 31-54.

Bandick A K, Dick R P. 1999. Field management effects on soil enzyme activities. Soil Biology and Biochemistry, 31(1): 1471-1479.

Bergstrom D W, Monreal C M, King D J. 1998. Sensitivity of soil enzyme activities to conservation practices. Soil Science Society of America Journal, 62: 1286-1295.

Bremner J M, Mulvaney R L. 1978. Urease activity in soils. In: Burns R G(ed.). Soil enzymes. New York: Academic Press: 149-196.

Briones M J I, Ineson P, Poskitt J. 1998. Climate change and Cognettia sphagnetorum: effects on carbon dynamics in organic soils. Functional Ecology, 12(4): 528-535.

Buol S W, Hole F D, McCracken R J, et al. 1997. Soil Genesis and Classification, 4th edition. Ames: Iowa State University Press.

Burns R G, Dick R P. 2002. Enzymes in the Environment: Activity, Ecology and Applications. New York: Marcel Dekker.

Butler J, Goetz H, Richardson J L. 1986. Vegetation and soil-landscape relationships in the north Dakota badlands. American Midland Naturalist, 116: 378-386.

Cadwell B A. 2005. Enzyme activities as component of soil biodiversity: a review. Pedobiologia, 49(6): 637-644.

Campbell G S, Norman J M. 1998. An Introduction to Environmental Biophysics(Second Edition). New York: Springer-Verlag.

Carreiro M M, Sinsabaugh R L, Repert D A, et al. 2000. Microbial enzyme shifts explain litter decay responses to simulated nitrogen decomposition. Ecology, 81(9): 2359-2365.

Casida L E Jr. 1977. Microbial metabolic activity in soil as measured by dehydrogenase determinations. Applied Environmental Microbiology, 34(6): 630- 636.

Chen Z S, Hsieh C F, Jiang F Y, et al. 1997. Relations of soil properties to topography and vegetation in a subtropical rain forest in sorthern Taiwan. Plant Ecology, 132(2): 229-241.

Coppin N J, Bradshaw A D. 1982. Quarry Reclamation: The Establishment of Vegetation in Quarries and Open Pit Non-Metal Mines. London: Mining Journal Books.

Daniels W L, Zelazny L W, Everett C J. 1987. Virgin hardwood forest soil of the southern Appalachian

Mountains: II. Weathering, mineralogy, and chemical properties. Soil Science Society of America Journal, 51: 730-738.

Decker K L M, Boerner R E J, Morris S J. 1999. Scale-dependent patterns of soil enzyme activity in a forested landscape. Canadian Journal of Forest Research, 29: 232-241.

DeLaune R D, Reddy C N, Patrick Jr W H. 1981. Organic matter decomposition in soil as influenced by pH and redox conditions. Soil Biology and Biochemistry, 13: 533-534.

Dick R P. 1992. A review: long-term effects of agricultural systems on soil biochemical and microbial parameters. Agriculture, Ecosystems and Environment, 40(1-4): 25-36.

Evans T P, Winterhalder B. 2000. Modified solar insolation as an agronomic factor in terraced environments. Land Degradation and Development, 11(3): 273-287.

Finzi A C, Canham C D, van Breemen N. 1998. Canopy tree-soil interactions within temperate forests: species effects on pH and cations. Ecological Applications, 8(2): 447-454.

Florinsky I V, Eilers R G, Manning G, et al. 2002. Prediction of soil properties by digital terrain modelling. Environmental Modelling and Software, 17(3): 295-311.

Florinsky I V, Kuryakova G A. 2000. Determination of grid size for digital terrain modelling in landscape investigations-exemplified by soil moisture distribution at a micro-scale. International Journal of Geographical Information Science, 14(8): 815-832.

Frankenberger W T, Dick W A. 1983. Relationships between enzyme activities and microbial growth and activity indices in soil. Soil Science Society of America Journal, 47: 945-951.

Freeman C, Ostle N, Kang H. 2001a. An enzyme 'latch' on a global carbon store. Nature, 409: 149.

Freeman C, Evans C D, Monteith D T, et al. 2001b. Export of organic carbon from peat soils. Nature, 412: 785.

Garten C T Jr, Huston M A, Thoms C A. 1994. Topographic variation of soil nitrogen dynamics at Walker Branch watershed, Tennessee. Forest Science, 40: 497-512.

Grandy A S, Neff J C, Weintraub M N. 2007. Carbon structure and enzyme activities in alpine and forest ecosystems. Soil Biology and Biochemistry, 39(11): 2701-2711.

Gregorich E G, Monreal C M, Ellert B H, et al. 1993. Evaluating changes in soil organic matter. In: Acton D F(ed.). A Program to Assess and Monitor Soil Quality in Canada. Ottawa: Center Land and Biol. Res. Contr. Agric. Res. Branch, Agriculture Canada: 93-149.

Groffman P M, Zak D R, Christensen S, et al. 1993. Early spring nitrogen dynamics in a temperate forest landscape. Ecology, 74: 1579-1585.

Hall G F. 1983. Pedology and geomorphology. In: Wilding L P, Smeck N E, Hall G F(eds.). Pedogenesis and Soil Taxonomy: I. Concepts and Interactions. Amsterdam: Elsevier: 117-140.

Harrison A F, Pearce T. 1979. Seasonal variation of phosphatase activity in woodland soils. Soil Biology and Biochemistry, 11(4): 405-410.

Hersman L E, Temple K L. 1979. Comparison of ATP, phosphatase, pectinolyase, and respiration as indicators of microbial activity in reclaimed coal strip mine spoils. Soil Science, 127: 70-73.

Howard D M, Howard P J A. 1993. Relationships between CO_2 evolution, moisture content and temperature for a range of soil types. Soil Biology and Biochemistry, 25(11): 1537-1546.

Ineson P, Benham D G, Poskitt J, et al. 1995. Climate change and UK hill grassland soils. Annual Report, Institute of Terrestrial Ecology, 1994-5: 78-81.

Jenkinson D S. 1977. Studies on the decomposition of plant material in soil. V. The effects of plant cover and soil type on the loss of carbon from ^{14}C labeled ryegrass decomposing under field conditions. Journal of Soil Science, 28(3): 424-434.

Jonasson S, Castro J, Michelsen A. 2004. Litter, warming and plants affect respiration and allocation of soil microbial and plant C, N and P in arctic mesocosms. Soil Biology and Biochemistry, 36: 1129-1139.

Jones H G. 1996. Plants and Microclimate: A Quantitative Approach to Environmental Plant Physiology(2nd ed.). Cambridge: Cambridge University Press.

Kang H J, Freeman C. 1999. Phosphatase and arylsulphatase activities in wetland soils: annual variation and controlling factors. Soil Biology and Biochemistry, 31: 449-454.

Kang H, Kang S, Lee D. 2009. Variations of soil enzyme activities in a temperate forest soil. Ecological Research, 24(5): 1137-1143.

Kang H, Kang S, Lee D. 2009. Variations of soil enzyme activities in a temperate forest soil. Ecological Restoration, 24(5): 1137-1143.

Kirschbaum M U F. 1995. The temperature dependence of soil organic matter decomposition and the effect of global warming on soil organic C storage. Soil Biology and Biochemistry, 27(6): 753-760.

Kögel-Knabner I, Chenu C, Kandeler E, et al. 2006. Biological and physicochemical processes and control of soil organic matter stabilization and turnover. European Journal of Soil Science, 57(4): 426-445.

Kubota D, Masunaga T, Rasyidin A, et al. 1998. Soil environment and tree species diversity in tropical rain forest, West Sumatra, Indonesia. In: Schulte A, Ruhiyat D(eds.). Soil of Tropical Forest Ecosystems. New York: Springer-Verlag: 159-167.

Lal R. 2004. Soil carbon sequestration impacts on global climate change and food security. Science, 304(5677): 1623-1627.

Leinweber P, Blumenstein O, Schulten H R. 1996. Organic matter composition in sewage farm soils: investigations by ^{13}C-NMR and pyrolysis-field ionization mass spectrometry. European Journal of Soil Science, 47(1): 71-80.

Leinweber P, Jandl G, Baum C, et al. 2008. Stability and composition of soil organic matter control respiration and soil enzyme activities. Soil Biology and Biochemistry, 40(6): 1496-1505.

Leinweber P, Reuter G. 1992. The influence of different organic fertilization practices on concentrations of organic carbon and total nitrogen in particle-size fractions during 34 years of a soil formation experiment in loamy marl. Biology and Fertility of Soils, 13(2): 119-124.

Leirós M C, Trasar-Cepeda C, Seoane S, et al. 1999. Dependence of mineralization of soil organic matter on temperature and moisture. Soil Biology and Biochemistry, 31(3): 327-335.

Liu H, Chen L P, Ai Y W, et al. 2009. Heavy metal contamination in soil alongside mountain railway in Sichuan, China. Environmental Monitoring and Assessment, 152: 25-33.

Mack M C, Schuur E A G, Bret-Harte M S, et al. 2004. Ecosystem carbon storage in arctic tundra reduced by long-term nutrient fertilization. Nature, 433: 440-443.

Magdoff F, Weil R R. 2004. Strategies for managing organic matter. In: Magdoff F, Weil R R(eds.). Soil Organic Matter in Sustainable Agriculture. Boca Raton: CRC Press: 44-65.

Magill A H, Aber J D, Hendricks J J, et al. 1997. Biogeochemical response of forest ecosystems to simulated chronic nitrogen deposition. Ecological Application, 7(2): 402-415.

McDaniel P A, Bathke G R, Boul S W, et al. 1992. Secondary manganese/iron ratios as pedochemical indicators of field-scale throughflow water movement. Soil Science Society of America Journal, 56(4): 1211-1217.

Mckenzie N J, Ryan P J. 1999. Spatial prediction of soil properties using environmental correlation. Geoderma, 89(1-2): 67-94.

Moore I D, Gessler P E, Nielsen G A, et al. 1993. Soil attribute prediction using terrain analysis. Soil Science Society of America Journal, 57(2): 443- 452.

Morgan R P C. 1980. Implications. In: Kirkby M J, Morgan R P C(eds.). Soil Erosion. New York: John Wiley & Sons, Inc: 253-301.

Motavalli P P, Palm C A, Parton C A, et al. 1995. Soil pH and organic C dynamics in tropical forest soils: evidence from laboratory and simulation studies. Soil Biology and Biochemistry, 27: 1589-1599.

Mudrick D A, Hoosein M, Hicks R R Jr, et al. 1994. Decomposition of leaf litter in an Appalachian forest: effects of leaf species, aspect, slope position and time. Forest Ecology and Management, 68(2-3): 231-250.

Nadelhoffer K J, Emmett B A, Gundersen P, et al. 1999. Nitrogen deposition makes a minor contribution to carbon sequestration in temperate forests. Nature, 398: 145-148.

Nancy W M, Peter P M, Robert J K, et al. 2005. Spatial variation of soil enzyme activities and microbial functional diversity in temperate alley cropping systems. Biology and Fertility of Soils, 42(2): 129-136.

Nierop K G J, Pulleman M M, Marinissen J C Y. 2001a. Management induced organic matter differentiation in grassland and arable soil: a study using pyrolysis techniques. Soil Biology and Biochemistry, 33: 755-764.

Nierop K G J, van Lagen B, Buurman P. 2001b. Composition of plant tissues and soil organic matter in the first stages of a vegetation succession. Geoderma, 100: 1-24.

Noorbakhsh S, Schoenau J, Si B, et al. 2008. Soil properties, yield, and landscape relationships in south-central Saskatchewan, Canada. Journal of Plant Nutrition, 31: 539-556.

Ollinger S V, Smith M L, Martin M E, et al. 2002. Regional variation in foliar chemistry and N cycling among forests of diverse history and composition. Ecology, 83(2): 339-355.

Paz-Ferreiro J, Trasar-Cepeda C, Leirós M C, et al. 2009. Biochemical properties in managed grassland soils in a temperate humid zone: modifications of soil quality as a consequence of intensive grassland use. Biology and Fertility of Soils, 45(7): 711-722.

Peterjohn W T, Melillo J M, Steudler P A, et al. 1994. Responses of trace gas fluxes and N availability to experimentally elevated soil temperatures. Ecological Applications, 4: 617-625.

Powlson D S, Brookes P C, Christensen B T. 1987. Measurement of soil microbial biomass provides an early indication of changes in total soil organic matter due to straw incorporation. Soil Biology and Biochemistry, 19: 159-164.

Roberts R D, Bradshaw A D. 1985. The development of a hydraulic seeding technique for unstable sand slopes. II. Field evaluation. Journal of Applied Ecology, 22: 979-994.

Rustad L E, Fernandez I J. 1998. Soil warming: consequences for litter decay in a spruce-fir forest ecosystem in Maine. Soil Society of America Journal, 62: 1072-1081.

Saiya-Cork K R, Sinsabaugh R L, Zak D R. 2002. The effects of long term nitrogen deposition on extracellular enzyme activity in an Acer saccharum forest soil. Soil Biology and Biochemistry, 34: 1309-1315.

Sardans J, Peñuelas J, Estiarte M. 2008. Changes in soil enzymes related to C and N cycle and in soil C and N content under prolonged warming and drought in a Mediterranean shrubland. Applied Soil Ecology, 37: 455-461.

Sariyildiz T, Anderson J M, Kucuk M. 2005. Effects of tree species and topography on soil chemistry, litter quality, and decomposition in northeast Turkey. Soil Biology and Biochemistry, 37: 1695-1706.

Schlesinger W H, Andrews J A. 2000. Soil respiration and the global carbon cycle. Biogeochemistry, 48(1): 7-20.

Schmidt I K, Jonasson S, Michelsen A. 1999. Mineralization and microbial immobilization of N and P in arctic soils in relation to season, temperature and nutrient amendment. Applied Soil Ecology, 11(2): 147-160.

Schulten H R, Leinweber P. 1991. Influence of long-term fertilization with farmyard manure on soil organic matter: characteristics of particle-size fractions. Biology and Fertility of Soils, 12(2): 81-88.

Sierra J, Brisson N, Ripoche D, et al. 2003. Application of the STICS crop model to predict nitrogen availability and nitrate transport in a tropical soil cropped with maize. Plant and Soil, 256(2): 333-345.

Simpson B. 1988. Revegetation and Erosion Control of Subsoils in the UK. In Proceeding's of Conference XIX International Erosion Control Association. International Erosion Control Association. New York: Springs: 176-185.

Sinsabaugh R L, Carreiro M M, Repert D A. 2002. Allocation of extracellular enzyme activity in relation to litter composition, N deposition, and mass loss. Biogeochemistry, 60: 1-24.

Sinsabaugh R L, Gallo M E, Lauber C, et al. 2005. Extracellular enzyme activities and soil organic matter dynamics for northern hardwood forests receiving simulated nitrogen deposition. Biogeochemistry, 75: 201-215.

Sinsabaugh R L, Lauber C L, Weintraub M N, et al. 2008. Stoichiometry of soil enzyme activity at global scale. Ecology Letter, 11(11): 1252-1264.

Sinsabaugh R L, Moorhead D L, Linkins A E. 1994. The enzymatic basis of plant litter decomposition: emergence of an ecological process. Applied Soil Ecology, 1: 97-111.

Snelder D J, Byran R B. 1995. The use of rainfall simulation tests to assess the influence of vegetation density on soil loss on degraded rangelands in the Baringo, District, Kenya. Catena, 25(1-4): 105-116.

Speicker H, Mielikäinen K, Köhl M, et al. 1996. Growth Trends in European Forests. New York: Springer-Verlag.

Stursova M, Sinsabaugh R L. 2008. Stabilization of oxidative enzymes in desert soil may limit organic matter accumulation. Soil Biology and Biochemistry, 40(2): 550-553.

Suding K N, Collins S L, Gough L, et al. 2005. Functional- and abundance-based mechanisms explain diversity loss due to N fertilization. Proceedings of National Academy of Science of the U S A, 102(12): 4387-4392.

Tabatabai M A. 1994. Soil enzymes. In: Weaver R W, Angle S, Bottomley P, et al(eds.). Methods of Soil Analysis. Part 2. Microbiological and Biochemical Properties. Madison: Soil Science Society of America: 775-833.

Tscherko D, Kandeler E, Jones T H. 2001. Effect of temperature on below-ground N-dynamics in a weedy model ecosystem at ambient and elevated atmospheric CO_2 levels. Soil Biology and Biochemistry, 33: 491-501.

Tsui C C, Chen Z S, Hsieh C F. 2004. Relationships between soil properties and slope position in a lowland rain forest of southern Taiwan. Geoderma, 123: 131-142.

van Breemen N, and Finzi A C. 1998. Plant-soil interactions: ecological aspects and evolutionary implications. Biogeochemistry, 42(1): 1-19.

van Breemen N, Finzi A C, Canham C D. 1997. Canopy tree –soil interactions within temperate forests: effects of soil elemental composition and texture on species distributions. Canadian Journal of Forest Research, 27(7): 1110-1116.

van Meeteren M J M, Tietema A, Westerveld J W. 2007. Regulation of microbial carbon, nitrogen, and phosphorus transformations by temperature and moisture during decomposition of *Calluna valgaris* litter. Boilogy and Fertility of Soils, 44: 103-112.

von Lützow M, Kögel-Knabner I, Ludwig B, et al. 2008. Stabilization mechanisms of organic matter in four temperate soils: development and application of a conceptual model. Journal of Plant Nutrition and Soil Science, 171(1): 111-124.

Waldrop M P, Zak D R, Sinsabaugh R L. 2004a. Microbial community response to nitrogen deposition in northern forest ecosystems. Soil Biology and Biochemistry, 36(9): 1443-1451.

Waldrop M P, Zak D R, Sinsabaugh R L, et al. 2004b. Nitrogen deposition modifies soil carbon storage through changes in microbial enzymatic activity. Ecological Applications, 14(4): 1172-1177.

Wardle D A, Lavelle P. 1997. Linkages between soil biota, plant litter quality and decomposition. In: Cadisch G, Giller K E(eds.). Driven by nature: plant quality and decomposition. Cambridge: CAB International: 107-124.

Xue D, Yao H Y, Huang C Y. 2006. Microbial biomass, N mineralization and nitrification, enzyme activities, and microbial community diversity in tea orchard soil. Plant and soil, 288: 319-331.

Yao H Y, Bowman D, Rufty T, et al. 2009. Interactions between N fertilization, grass clipping addition and pH in turf ecosystems: Implications for soil enzyme activities and organic matter decomposition. Soil Biology and Biochemistry, 41: 1425-1432.

Zeglin L H, Stursova M, Sinsabaugh R L, et al. 2007. Microbial responses to nitrogen addition in three contrasting grassland ecosystems. Oecologia, 154(2): 349-359.

第七章　道路边坡土壤结构特性

　　道路边坡土壤是植物形成、生长、演替的基础，而植被在道路边坡防护以及生态景观恢复方面有着不可取代的作用。植被在道路边坡保护和土壤侵蚀控制方面的功能是土壤植被系统中土壤与植被相互作用的结果。土壤中的水分和养分的存储、传输、转化和供应等都与土壤结构特性密切相关。即使在水分和养分供应充足的区域环境条件下，亦需具备良好的土壤结构状况才可以稳、匀、足、适地满足植物对水分和养分的需求。道路边坡生境特殊，区域环境条件恶劣，其土壤结构特性受到环境因素变化的直接影响。土壤结构特性是其土壤肥力的最重要方面，改善和保持土壤良好的结构是提高土壤肥力、促进道路边坡生态恢复的主要手段。因此，以创造良好的道路边坡土壤结构为中心的工程管理技术，成为科学治理道路边坡、加快道路边坡生态恢复步伐的关键措施。

第一节　土壤结构特性研究概述

一、土壤颗粒

　　土壤颗粒是指在岩石、矿物的风化过程中及土壤成土过程中形成的碎屑物质，它是构成土壤固相的基本组成物质（吴景贵，2008）。自然土壤的颗粒大小、形状是千差万别的，颗粒之间没有截然的分界线，不可能实际测定每个土壤颗粒的粒径。在土壤学上为了研究方便，把土壤颗粒的形状和大小进行简化，人为地把土壤颗粒直径看成理想的球体直径，即土壤颗粒的大小往往用当量粒径来代替。土壤颗粒的大小不同，其成分和性质往往也不相同。为了认识和研究的方便，按土粒大小和其特性将土壤颗粒分为若干组，称为土壤粒级。

　　由于不同研究者的研究目的不同，所采用的土壤颗粒划分标准往往不同，因此很难确定一个通用的土壤颗粒大小分级体系。土壤颗粒的粒径不同，其理化性质有明显的差异，主要表现在其吸水性与表面比的变化。颗粒越细，比表面积越大，表面能越高。而固相颗粒的表面能增加，使吸附力增强；土粒由大变小，粒间孔隙越小，则吸水数量越多，透水性越差，持水性、湿胀性、可塑性、黏结性和黏着性均明显增强。

　　边坡土壤性质与边坡特性有着密切关系。魏孝荣和邵明安（2007）研究了黄土高原沟壑区坡地土壤养分和土壤颗粒的分布特征，结果表明：0.005~0.05mm 土壤颗粒含量随土层的加深而增加，0.05~1mm 土壤颗粒含量随土层的加深而降低；小于 0.005mm 土壤颗粒含量在 0~40cm 土层变异很大，而 0.005~0.05mm 和 0.05~1mm 的土壤颗粒在所有土层的变异都很小；小于 0.005mm 土壤颗粒从坡顶向下呈增加的趋势，其分布与坡度和坡长有关，其变异性随坡度和坡长的增加而增大；坡面较长时，小于 0.005mm 土壤颗粒易于在坡面中、下部累积，坡度较大时易于迁移出坡面。程先富等（2007）以土壤颗粒组成数据为基础，运用分形模型分析了红壤丘陵山区林地土壤颗粒的分形维数，结果表明：

在红壤丘陵山区林地土壤表层（0~20cm），坡向和分形维数呈极显著正相关，海拔和分形维数呈显著正相关。

二、土壤质地

土壤质地指土壤中各粒级占土壤重量的百分比组合，是土壤的一个较为稳定的自然属性，被广泛地用来表征土壤的物理性质。土壤质地对土壤的各种性状，如土壤的通透性、保蓄性、耕性及养分含量等都有很大的影响，是评价土壤肥力和作物适宜性的重要依据。国际上有不少相对稳定的土壤质地分类系统，最常见的有国际制、美国农部制和俄罗斯卡庆斯基制（张丽萍等，2007）。国际制土壤质地分类在 1930 年第二届国际土壤学会上通过，共有 12 个质地类别（图 7-1）。其中黏粒的上限由 Atterberg 提出，他发现小于 0.002mm 的颗粒在溶液中表现出布朗运动的特征，并且不受重力作用的影响而自由沉降，在此基础上，他确定了土壤黏粒的上限为 0.002mm。随后的矿物学研究进一步证实小于 0.002mm 的粒级中未风化的原生矿物比较少。

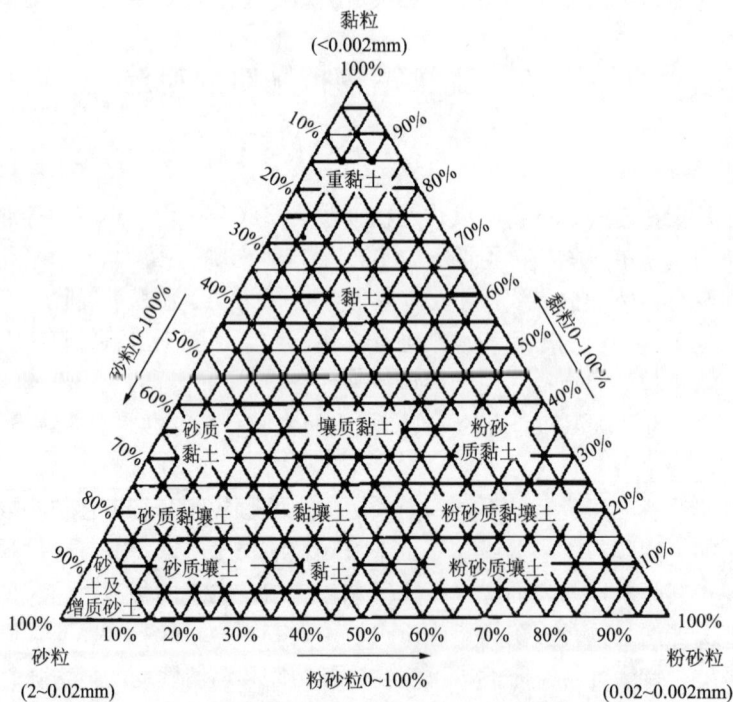

图 7-1　国际制土壤质地分类三角坐标图

美国农部制也把土壤质地分为 12 类。在 1938 年以前，美国农部的分类以 0.005mm 作为黏粒上限，这一上限是 1896 年用显微镜观察颗粒大小而主观建立的，1938 年接受了 Atterberg 分类制中的 0.002mm 黏粒界限，其他粒级的大小限度未变。我国现代的土壤质地研究开始于 20 世纪 30 年代，熊毅提出了一个较完整的质地分类标准，分为砂土、壤土、黏壤土和黏土四组共 22 个质地类别。1978 年中国科学院南京土壤研究所和西北水土保持研究所等单位拟定出了我国土壤质地分类暂行方案,共三组 11 种质地。该分类系统考虑了中国气候带分布造成的土壤质地北砂南黏的情况。邓时琴于 1986 年对此分类作了修改,提出了我国现行的土壤质地分类系统。

三、土壤结构分类

质地分析主要是对土壤单个土粒的数量和级别的分析,目的是了解土壤颗粒的组成状况,但不能反映土壤颗粒的存在状态。除砂土外,土壤颗粒在自然条件下是聚集在一起以土壤结构的形式表现出来,而土壤质地对土壤生产性状的影响往往也是通过土壤结构表现出来。土壤颗粒通过不同的堆积方式相互黏结而形成土壤结构。土壤颗粒的排列形式大致可分两类:一类是以单粒为单位的排列;另一类是以复粒为单位的排列。根据结构体的形态、大小或性质还可分成若干类型。1927 年,苏联学者 C. A. 扎哈罗夫根据结构体形态提出了土壤结构的分类方案并几经修改。1951 年美国农部提出的土壤结构分类表是目前使用较为广泛的一个分类系统。在此系统中,按土壤结构体的形态特征将土壤结构分为四个类型;根据结构体的大小每种类型又分为五级;根据结构体自身和结构体之间黏结力的大小每级又分为四个发育程度(Holden, 2001)。

在所有的土壤结构类型中,团聚体是符合农业生产要求的良好的土壤结构体,其特点是土壤胶结成粒状和小团块状,大体呈球形,此类结构常在表土中出现,具有良好的物理性能,是肥沃土壤的结构形态(梁玉衡, 1983)。土壤结构还可根据受水浸泡或外力作用后的不同反应而分为水稳性、力稳性或非水稳性和非力稳性结构(Unger, 1995)。前二者统称为稳定性结构;后二者统称为非稳定性结构。稳定性结构的形成主要依赖于对土壤颗粒具有较强的胶结力的物质的存在。土壤结构不仅与土壤性质之间关系密切,而且受自然、人为因素的影响发生着不断地变化(Piron et al., 2012; Xu et al., 2013)。土壤结构直接或间接地影响植物生长,并支配着土壤中所发生的各种物理、化学和生物过程。因此,开展土壤结构的科学评价对于指导实际生产、合理管理土壤及有效调控土壤中发生的各种过程都有重要意义。

四、团聚体形成机理

早期研究认为黏粒间的结合主要基于颗粒结合的几何关系和水膜理论。Emerson (1967) 黏团理论把彼此靠得很近的平行黏土晶体称为黏团,认为有机质主要通过形成并加强黏团之间以及石英颗粒与黏团之间的键合来稳定团聚体。20 世纪 50~60 年代,土壤团聚体形成机制的研究有了新的进展。东欧土壤学家提出了团聚体的多级形成学说,西方土壤学者提出了土壤团聚体形成的黏团学说。Greenland (1961) 和 Cheshire (1979) 对土壤多糖与土壤水稳性团粒作了较深入的研究后,提出团聚作用与土壤有机质含量之间的关系实际上是与土壤多糖之间的关系,并且团聚作用主要是由多糖引起的观点。

Tisdall 和 Oades (1982) 在剖析土壤团聚体中各种不同大小结构单元及各种胶结剂的组成基础上,提出了团聚体的组成及其主要胶结剂的理想模式。Edwards 和 Bremner (1967) 的微团聚体理论提出了一个以有机无机复合体为基础的团聚体形成模式,他们提出大团聚体由黏粒-高价金属阳离子-有机质(C—P—OM)复合体组成,其中黏粒通过多价金属与腐殖化的有机质键合。C—P—OM 和（C—P—OM）$_x$ 的颗粒一起形成直径小于 0.25mm 的微团聚体（C—P—OM）$_x$。同时可能存在着 C—P—C 和 OM—P—OM 键，甚至氧化铝或氧化铁或氢键。他们还提出几个腐殖化的有机质碎片也可以键合到几个黏粒上。

关于团聚体的形成机理主要有两种不同的观点。Elliott 和 Coleman（1988）认为大团聚体首先形成，小团聚体再形成于大团聚体内部的有机质颗粒周围，或当有机质分解时，大团聚体破碎后直接形成小团聚体（Six et al., 2000）。Tisdall（1994）以及 Oades 和 Waters（1991）则认为大团聚体是微团聚体形成后在根系和菌丝的缠绕作用下形成的。土壤颗粒的团聚是生命和非生命物质共同作用的结果，即有机无机复合体是团聚体形成的基础。

在有机质含量较高而黏粒和氧化铁铝含量较低的土壤中，有机物质的胶结作用在土壤团聚体的形成中起主要作用；相反在有机质含量较少，而黏粒和氧化铁铝含量较高的土壤中，主要依靠黏粒的内聚力及铁铝氧化物的胶结，即黏粒通过多价金属阳离子连接、吸附极性有机分子，形成配位络合物和有机无机复合体。有机物质的性质也影响它的团聚能力，新鲜的易被微生物分解的有机质对团聚体的形成最有利（Lynch and Bragg, 1985）。

大团聚体是在松结合态有机物质与多糖的参与下形成的，微团聚体主要受紧结合态有机物质和黏粒的影响。当土壤中无机胶体较多时，有机物质的作用主要是改善土壤结构，形成大于 5mm 的水稳性大团聚体；无机胶体则主要形成 1~5mm 粒径较小的团聚体，其作用强弱与母质的种类和性质有关（刘广深等, 2001）。多糖在土壤团聚体的形成过程中起着重要的作用，与土壤结构和团聚体形成数量之间有一定的相关性，但是由于测定多糖的方法以及不同来源的多糖在团聚体的形成及持久性上有很大差异，致使这种相关性有很大的局限。多糖胶结团聚体的主要机理是：多糖的线性分子结构叮将土壤颗粒连接在一起；分子上有较多接触点，因此胶结作用非常有效；有大量的羟基集团，可以形成氢键；有大量的酸性基因，可以通过 2 价或 3 价离子形成离子键。除多糖外，纤维素等对土壤团聚体的形成也有一定作用，但二者之间没有线性关系；植物残留则通过促进放线菌和真菌菌丝体的生长及产生微生物生物代谢产物从而加快了团聚体的形成（Elliott et al., 1991）。研究证明，有机质只有在微生物的作用下才具有团聚能力，微生物是形成土壤团聚体必不可少的因素（Stevenson, 1982）。

微生物在团聚体的形成和稳定中主要有两方面的作用，即真菌和放线菌的菌丝对土壤颗粒的机械缠绕和微生物分解有机物时所产生的腐殖酸类物质对土壤颗粒的黏结作用；此外，微生物细胞也可依靠自身带有的负电荷借助静电引力使土壤颗粒彼此连接（Burns, 1979）。不同种类微生物在团聚体形成中的作用大小依次是真菌、放线菌、酵母菌和细菌。真菌对土壤团聚体的形成和稳定具有重要作用，如 VAM（泡囊-丛枝菌根）真菌的菌根可提供碳源给能产生黏液的微生物，从而间接改善了土壤结构；菌丝可将团聚体中的砂粒连接在一起，随着菌丝长度的增加，砂土的团聚性也相应增强。虽然丝状微生物可借助菌丝对土壤颗粒进行缠绕，团聚体的真正形成还必须依赖于微生物分泌物等有机物质；并且由于菌丝易被其他微生物分解，因此所形成的是一种不稳定团聚体

（Kabir and Koide, 2000）。总的来讲，微生物和土壤颗粒主要通过三种方式相互作用：微生物吸附在土壤大颗粒的表面；微生物细胞和近似大小的土壤颗粒的吸附作用；非常小的土粒吸附在微生物表面。

土壤动物特别是蚯蚓的活动也十分有利于团聚体的生成，土壤动物排泄物中含有丰富的有机质，土壤颗粒在蚯蚓肠腔内形成有机-无机复合体并随粪便排到体外，从而产生新的团聚体。由土壤动物形成的团聚体绝大多数（90%）是水稳性的，如 Winsome 和 McColl（1998）的研究表明，水稳性大团聚体的比例随蚯蚓数量的增加而增加。

五、土壤结构评价指标

土壤团聚体数量指标评价是土壤结构评价中常用的一种，主要根据经过不同孔径土壤筛筛分后所得到的各级团聚体数量再将其作数学处理后的指标进行评价。这些指标主要有平均重量直径（MWD）、几何平均直径（GMD）和分形维数。土壤团聚体组成是一个分组资料，仅用一个级别团聚体的含量作为评价土壤质量的好坏显然是不够科学的。为此，van Bavel 等（1949）基于不同粒级团聚体的重量和大小考虑，提出将 MWD 当作土壤团聚体分布及稳定性的评价指标，并且得到了广泛的应用。期望能用一个结构指标表征与多种土壤性质（如抗蚀性、入渗性能、保水性能、通气性能等）的关系，就必须使每一粒级的团聚体都占有适当的权重。MWD 将团聚体的直径和含量信息度引入到指标体系当中，较为全面地反映了团聚体的组成状况，被学者认为是表示土壤团聚体稳定性和进行土壤结构评价的最好指标之一（希勒尔，1988），它的大小能很好地反映土壤团聚体分布及稳定性（Hajabbasi and Hemmat, 2000）。

MWD 被众多学者认为是较为理想的能够全面反映和准确评价土壤团聚体的组成及特性的量化指标，但是，在该指标体系中往往由于团聚体直径的信息量占据了较大的比重，会给土壤结构特性评价带来一定的偏差。为此，Mazurak（1950）又提出了 GMD。GMD 考虑到了土壤团聚体级别分布不均，大颗粒团聚体占的比例大，为了适度弱化团聚体直径的影响份额，增加其含量的影响权重。因此，对所有级别的团聚体的平均直径先取对数，也降低了团聚体大小组成不均所造成的影响。

1976 年法国数学家 Mandelbrot 提出了"英国的海岸线有多长"的问题。这好像极其简单，但由于长度依赖于测量单位，以 1km 为单位测量海岸线，得到的近似长度将短于 1km 的迂回曲折都忽略掉了；若以 1m 为单位测量，则能测出被忽略掉的迂回曲折，长度将变大。测量单位进一步变小，测得的长度将越来越大，这些越来越大的长度将趋近于一个确定值，这个极限值就是海岸线的长度。问题似乎解决了，但 Mandelbrot 发现：当测量单位变小时，所得的长度是无限增大的。他认为海岸线的长度是不确定的，或者说，在一定意义上海岸线是无限长的，这也许在于海岸线的极不规则和极不光滑性。长度已不能正确概括海岸线这类不规则图形的特征，海岸线虽然很复杂，但却有一个重要的性质——自相似性。从不同比例尺的地形图上，可以看出海岸线的形状大体相同，其曲折、复杂程度是相似的，换言之，海岸线的任一小部分都包含与整体相同的相似的细节。要定量地分析像海岸线这样的图形，引入分形维数是必要的。经典维数都是整数：点是 0 维，线是 1 维，面是 2 维，体是 3 维；分形维数可以取分数，简称分维。

　　自相似性就是局部与整体相似，局部中又有相似的局部，每一小局部中包含的细节并不比整体所包含的少，不断重复的无穷嵌套，形成了奇妙的分形图案（图 7-2），它不但包括严格的几何相似性，而且包括通过大量的统计而呈现出的自相似性（Taguas et al., 1999）。为了定量地描述客观事物的"非规则"程度，数学家从测度的角度引入了分形维数的概念，将维数从整数扩大到分数，从而突破了一般拓扑集维数为整数的界限。分形几何学是一门以非规则几何形态为研究对象的几何学（李金萍，2008）。因为不规则现象在自然界是普遍存在的，所以分形几何又称为描述大自然的几何学。分形几何建立以后，很快就引起了许多学科的关注，这是由于它不仅在理论上，而且在应用上都具有重要价值（齐长海等，2004；Ersahin et al., 2006; 张成虎等，2009）。

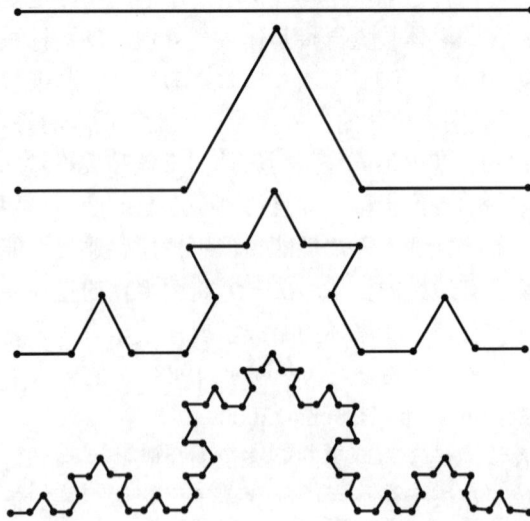

图 7-2　无穷嵌套的分形图案

　　由于土壤组成结构的复杂性和土壤内诸因素局部的微观差异，往往使土壤的一些性质呈现出不规则性和随机性，此问题一直困扰着研究者（Giménez et al., 1997）。因为土壤是具有自相似结构的多孔介质，具有一定的分形特性，所以常规统计方法不能完全刻画出土壤特性的随机性和不规则性，但可以用分形几何学理论与方法，研究土壤特性的规则性，为土壤值（包括土壤颗粒粒径、颗粒体积、孔隙大小等）的合理表达提出一种新的概念（Niemeyer and Machulla, 1999；李艳茹等，2006; 蒋先军等，2007）。杨培岭等（1993）通过土壤颗粒粒径分布与对应的质量分布相联系，提出了确定土壤颗粒大小分布分形维数的新方法。该方法只需通过土壤颗粒的机械组成分析，便可方便地确定相应的分形维数。已有研究证明，土壤颗粒的分形维数会受到植被（Wang et al., 2006）或耕作措施（Perfect and Kay, 1995；Zhao et al., 2006）的影响，且分形维数可以作为评价土壤退化的一个综合定量指标。

六、土壤结构与生态环境的关系

　　全球土壤与环境问题，是当今一项共同关注的重大问题。1998 年 8 月在法国蒙彼利埃市召开的第 16 届国际土壤学会上，有关土壤与环境问题讨论的学科占 8 个，在 6 个学术工作组中，有一个是与土壤环境问题有关的。可见，当前各国的土壤学家均对土壤与环境问题极其重视。不少土壤学家认为，跨世纪的全球战略任务是解决全球及地区性环境及其质量问题。从土壤学角度看，跨世纪的战略目标，除研究土壤自身基本性质及其发生规律外，主要是研究土壤及环境质量问题。具体包括土壤全球变化与环境、土壤圈与地球圈层的物质循环、土壤生态与环境质量、土地利用与土壤退化、农业土壤与环境质量、土壤资源开发与农业利用、土壤肥力与水土保持、土壤污染与重建、城市建设与土壤环境保护等。

张俊云和周德培（2002）采用人工降雨实验，研究了不同基材配合比例对道路边坡基材混合物的侵蚀模数的影响，其研究结果对合理选择基材混合物的组成及使用比例有重要意义。余海龙等（2006）以呼和浩特——集宁高速公路卓资段路域土壤为例，对路域土壤按其所属不同的部位以及土地利用特点对路域土壤性质进行研究得出：由于路域土壤受到人为干扰，退化严重，表层植被破坏后土壤侵蚀严重；土壤中粉、砂、黏粒含量，以及有机质和养分含量急剧下降，土壤由于压实而变得紧实，粗砂含量和 pH 趋于增大；总的结果是造成土壤粗粒化和贫瘠化，不再适于植物生长。

周萍等（2008）研究了黄土丘陵区纸坊沟流域阴阳坡面及不同坡位土壤水分、物理和养分特征，结果表明：不同坡向的坡面由于其水热条件的差异，造成土壤含水量变异明显；阴坡蒸发量小，土壤含水量较大，且不同的地上植被对土壤含水量也有影响；离坡顶距离越远，表层土壤含水量由小变大。国内外学者对植被护坡的生态效益作了许多研究。如 Adolfo 等（2002）研究了不同坡向切挖边坡植被恢复后土壤水分、植被多样性及植被覆盖度的变化情况，并就太阳辐射对切挖边坡植被恢复的影响进行了评价，认为地形气候条件是边坡创面植被恢复设计中应考虑的重要因素。刘浩等（2008）以修建成昆铁路时形成的路堑边坡为对象，对道路边坡土壤水分在不同坡度、坡长和坡位的空间变异性进行了观测研究，结果表明：道路边坡土壤水分随着坡度的增大呈现先增大再减小的变化趋势，在同一坡面不同坡位上的土壤含水量表现为坡下>坡中>坡上。

水土流失已成为土壤环境保护的首要问题，我国各类水土流失面积达 492 万 km^2，占国土总面积的 51.5%，每年流失土壤达 50 亿 t。土壤的结构性能是评价土壤质量高低和诊断土地退化程度的重要指标之一。土壤结构的另一个重要性质是土壤稳定性。大量研究表明，土壤团聚体的数量和稳定性是衡量土壤可蚀性的重要指标，团聚体稳定性的测定可间接量化土壤可蚀性（Amezketa et al., 1999; Levy and Miller, 1999）。土壤的抗蚀性能越强，则地表径流对土壤的冲刷程度越低。一般来说，土壤抗蚀性随着深度的增加而递减，当表土侵蚀后，土壤的抗蚀性变差，更易遭受水土流失。

衡量土壤抗蚀性的指标很多，归纳起来主要有四大类，即土壤的化学性质、土壤颗粒成分、水稳性团聚体的含量、土壤分散性和持水特性等（胡建忠等，1998）。自 1877 年德国土壤学家沃伦首先从事土壤侵蚀实验以来，人们就开始研究土壤类型、土壤性质对土壤侵蚀的影响。Bennet 于 1926 年第一个认识到土壤的抗蚀性质随土壤的不同而变化。已有许多研究者发现土壤抗蚀性与许多重要的土壤性质有关，如土壤质地、土壤结构、有机质、分散率和黏粒率等（史学正和邓西海，1993）。王佑民（1994）对黄土高原

255 个土样进行了研究，认为土壤有机质含量、水稳性团聚体含量和黏粒含量是反映黄土高原土壤抗蚀性的最佳指标。

七、土壤结构评价指标

土壤结构评价指标主要包括结构破坏率 P、重量平均直径 MWD、几何平均直径 GMD、分形维数 D。

（一）结构破坏率 P

结构破坏率 P 表征土壤大团聚体水稳性程度，其计算公式为

$$P = \frac{a-b}{a} \times 100\% \tag{7-1}$$

式中，a 为大于 0.25mm 的团聚体；b 为大于 0.25mm 的水稳性团聚体。

（二）重量平均直径 MWD

重量平均直径 MWD（mean weight diameter）表征土壤颗粒大小分布的定量指标，其计算公式为

$$MWD = \frac{\sum_{i=1}^{n} \bar{r}_i w_i}{\sum_{i=1}^{n} w_i} \tag{7-2}$$

式中，$\bar{r}_i$ 为第 i 个粒级土壤颗粒的平均直径，其数值为第 i 个粒级两端直径的算术平均值；w_i 为第 i 个粒级土壤颗粒的重量。

（三）几何平均直径 GMD

几何平均直径 GMD（geometric mean diameter）表征土壤颗粒大小分布的定量指标，其计算公式为

$$GMD = \exp\left[\frac{\sum_{i=1}^{n} (\ln \bar{r}_i w_i)}{\sum_{i=1}^{n} w_i}\right] \tag{7-3}$$

式中，$\bar{r}_i$ 为第 i 个粒级土壤颗粒的平均直径，其数值为第 i 个粒级两端直径的算术平均值；w_i 为第 i 个粒级土壤颗粒的重量。

（四）分形维数 D

分形维数 D 表征土壤颗粒大小分布的定量指标。继 GMD 和 MWD 之后，分形理论在土壤学中的应用已成为定量描述土壤结构特征的新方法。采用杨培岭等（1993）提出的用粒径的重量分布表征的土壤分形模型来计算土壤颗粒分形维数，计算公式为

$$\log\left[\frac{W(r < \bar{r}_i)}{W_T}\right] = (3-D)\log\left(\frac{\bar{r}_i}{r_{max}}\right) \tag{7-4}$$

式中，W 为直径小于 $\bar{r}_i$ 的土壤颗粒的累计质量；W_T 为各粒级土壤颗粒的总质量；$\bar{r}_i$ 为

第 i 个粒级土壤颗粒的平均直径,其数值为第 i 个粒级两端直径的算术平均值;r_{max} 为最大土壤颗粒粒级的平均直径。等式两边的对数部分线性拟合的斜率即为 $3-D$,进而可以计算出分形维数 D 的值。

第二节 不同来源植生土的道路边坡土壤结构特性

一、道路边坡土壤颗粒大小分布(PSD)特征

岩石边坡是铁路、公路等工程建设中十分常见的道路边坡。这种边坡一般陡峭并无植生条件,靠自然力量很难恢复到原有的生态条件。裸露的岩石边坡会带来一系列生态环境问题,如食物链的破坏、局部小气候的恶化;铁路、公路沿线的岩石边坡还会因为边坡表面颜色灰暗、单调而造成视觉污染。采取工程措施,在保证边坡稳定的前提下,尽快让岩石边坡恢复植被,是减轻生态恶化、美化环境的需要,也是避免铁路、公路安全隐患的迫切要求。厚层基材喷射植被护坡技术是目前我国常用的植被护坡技术之一。它采用喷射机把基质与植被种子的混合物按照设计厚度均匀喷射到需防护的工程坡面。基质混合物(人工土壤)由绿化基材、植生土、植被种子等组成。其中植生土的作用是减小喷射到坡面的基材混合物的空隙,使其三相分布更合理,同时与绿化基材共同促进人工土壤团聚体结构的形成(周德培和张俊云,2003)。

针对位于四川丘陵区 2003 年开始修建的遂渝铁路,选择遂渝铁路遂宁站附近的典型岩石边坡,就采用边坡开挖产生的岩石粉碎后作为道路边坡植生土的道路边坡创面人工土壤(岩石源植生土)、采用施工地附近农田土作为植生土的道路边坡创面人工土壤(农田源植生土)、自然形成的自然边坡土壤(自然边坡土)三种类型土壤的结构性进行研究,得出不同来源植生土的土壤颗粒百分含量如图 7-3 所示、土壤颗粒平均直径与累计质量的关系如图 7-4 所示。

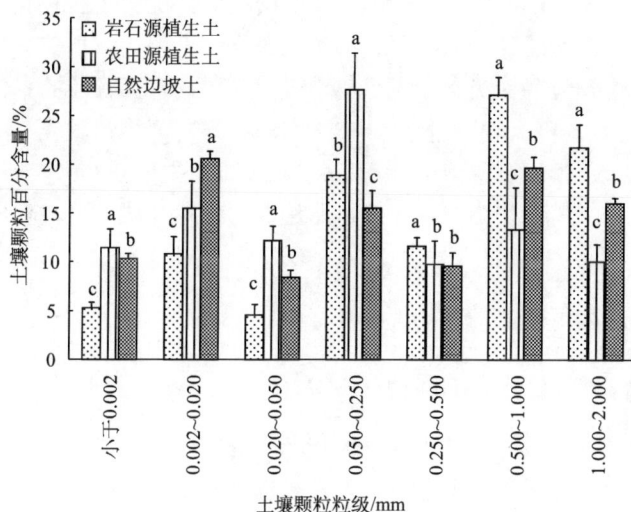

图 7-3 不同来源植生土的土壤颗粒百分含量

不同小写字母表示有显著差异($p<0.05$),相同小写字母表示无显著差异

由图 7-3 可知，道路边坡的岩石源植生土颗粒含量与其他两种边坡土壤相比，当粒级小于 0.050mm 时其含量最低，粒级在 0.050~0.250mm 范围内时其含量居中，粒级大于 0.250mm 时其含量最高。道路边坡的农田源植生土的黏粒含量在三者中最高，粉粒含量在三者中居中，当粒级在 0.020~0.250mm 范围内时其土壤颗粒含量最高；当粒级在 0.250~0.500mm 范围内时，道路边坡的农田源植生土颗粒含量显著小于道路边坡的岩石源植生土而与自然边坡土无明显差异；当粒级大于 0.500mm 时，其颗粒含量为三者中最低。

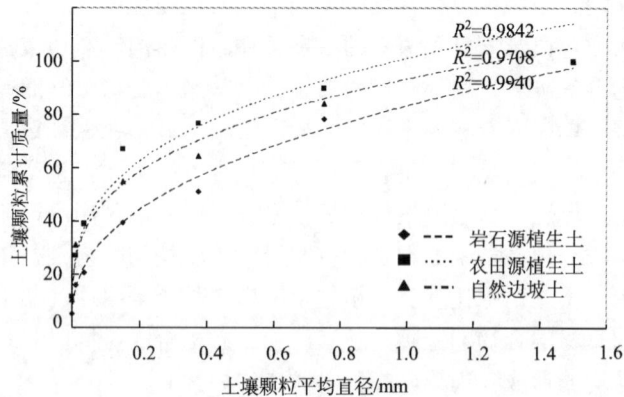

图 7-4　土壤颗粒平均直径与累计质量的关系

自然边坡土颗粒大小分布更为复杂，其黏粒含量在三者中居中，粉粒含量最高，当粒级在 0.002~0.050mm 范围内时其颗粒含量居中，而在 0.050~0.250mm 范围内其颗粒含量为三者中最低；当粒级在 0.250~0.500mm 范围内时，自然边坡土颗粒含量显著小于岩石源植生土而与道路边坡农田源植生土无显著差异；当粒级大于 0.500mm 时，自然边坡土颗粒含量居中。由此可以得出，三种边坡土壤颗粒含量在除 0.250~0.500mm 以外的各粒级中均表现出极显著的差异，但随着这 7 个粒级平均直径的增加其变化趋势并无明显规律。三种类型土壤颗粒各粒级平均直径与小于对应平均直径颗粒的累计重量之间呈现出良好的规律性（图 7-4），对其散点分布图作趋势分析可得到对应幂函数曲线。三条幂函数曲线的指数分别为岩石源植生土 0.394、农田源植生土 0.300、自然边坡土 0.291，由此可以推断，采用农田土作为植生土的道路边坡与自然形成的边坡坡面土壤颗粒大小分布状况较为接近。

二、道路边坡土壤结构评价

（一）结构破坏率（P）、MWD 和 GMD

结构破坏率是评价土壤团聚体水稳性的指标（Baldock and Kay, 1987）。水稳性团聚体是指土壤结构体经水浸后不立即散开，保持土壤结构形态不破碎。由表 7-1 可知，不同类型边坡土壤通过干筛法得到的大于 0.25mm 粒级范围内颗粒含量之间无差异，但通过湿筛法得到的该粒级范围内颗粒含量之间存在极显著差异。这表明不同类型边坡土壤在没有雨水冲刷的情况下，其大团聚体的含量是大致相同的。但是，土壤的水稳性大团聚体含量却随着边坡土壤类型的变化而变化，具体表现为岩石源植生土<自然边坡土<农田源植生土，即岩石源植生土的水稳性团聚体含量显著小于农田源植生土。边坡土壤容易受到降雨的侵蚀而发生水土流失、崩塌、滑坡等，而水稳性团聚体由于其内部胶结物质为不可逆胶体，使其在水中不易散碎，能较好地保持团聚的形态与结持能力。因此，水稳性团聚体的含量能够表征边坡土壤抗侵蚀能力（吴承祯和洪伟，1999）。

表 7-1　不同类型边坡的土壤颗粒大小分布及结构破坏率

边坡类型	筛分方法	大于 0.25mm/%	结构破坏率/%
岩石源植生土	干筛	96.47 a	51.516 a
	湿筛	46.24 c	
农田源植生土	干筛	93.57 a	16.146 c
	湿筛	78.50 a	
自然边坡土	干筛	93.71 a	36.134 b
	湿筛	59.82 b	
F 值	干筛	0.73	180.041**
	湿筛	175.748**	

* $p<0.05$,　**$p<0.01$
注：字母不同表示在 $p<0.05$ 水平上差异显著

　　平均重量直径（MWD）和几何平均直径（GMD）是反映土壤团聚体稳定性的两个重要指标，MWD 和 GMD 值越大表示土壤团聚体的团聚度越高，稳定性越好。大量研究表明，MWD 和 GMD 能很好地反映土壤团聚体的分布和稳定特征（Hevia et al., 2007; Zhou et al., 2007; Jagadamma et al., 2008）。MWD、GMD 与土壤黏粒、粉粒和砂粒的关系如图 7-5 和图 7-6 所示。从图 7-5 和图 7-6 可以看出，MWD、GMD 的值随黏粒和粉粒含量的增加而减小，随砂粒含量的增加而增大。这说明 MWD、GMD 的值越大，土壤颗粒越粗。由表 7-2 可知，不同类型边坡土壤的 MWD 和 GMD 均表现为：

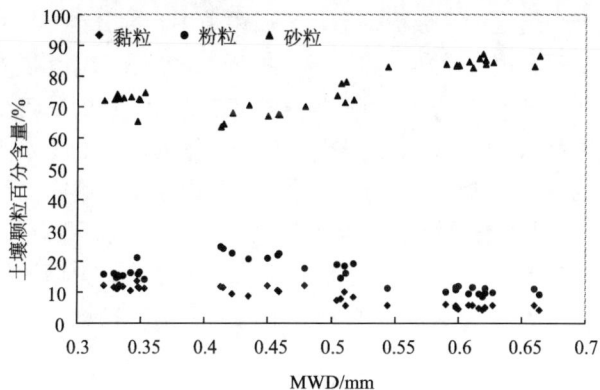

图 7-5　MWD 与土壤颗粒百分含量的关系

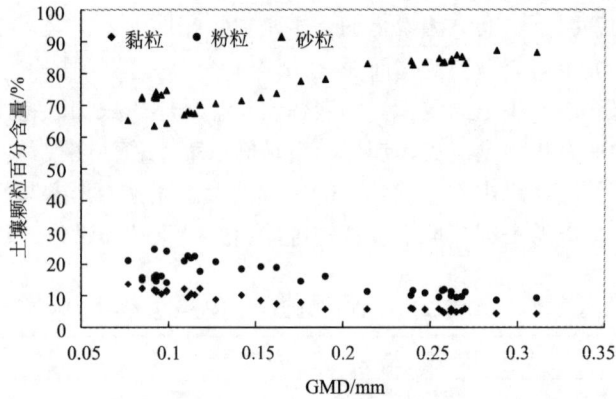

图 7-6　GMD 与土壤颗粒百分含量的关系

岩石源植生土>自然边坡土>农田源植生土。同时由表 7-2 可知，岩石源植生土的土壤类型为黏质砂土，农田源植生土、自然边坡土为砂质壤土，这说明岩石源植生土的粗化程度，也即小颗粒流失程度，比农田源植生土和自然边坡土严重。

表 7-2　不同边坡土壤类型土壤结构及质地

边坡土壤类型	黏粒/%	粉粒/%	砂粒/%	MWD	GMD	土壤质地
岩石源植生土	5.27 c	10.79 c	83.94 a	0.606 a	0.255 a	黏质砂土
农田源植生土	11.47 a	15.51 b	73.02 b	0.337 c	0.092 c	砂质壤土
自然边坡土	10.30 b	20.58 a	69.12 c	0.455 b	0.123 b	砂质壤土
F 值	99.17**	81.84**	111.5**	154.471**	163.212**	

**在 $p<0.01$ 水平上显著

注：字母不同表示在 $p<0.05$ 水平上差异显著

（二）分形维数

分形维数（分维）是反映土壤结构几何形体的参数，能够定量地描述土壤结构特征（Mandelbrot, 1977）。通过统计分析得出，岩石源植生土的分维显著小于农田源植生土和自然边坡土，而农田源植生土和自然边坡土的分维之间无显著差异（表 7-3）。已有研究表明，高陡边坡土壤很容易遭受雨水和风力的侵蚀，而粒径较小的土粒尤其容易流失（苏永中和赵哈林, 2004）。由图 7-7 可知，分维的减小表征了土壤黏粒和粉粒含量的减少以及砂粒含量的增加，土壤质地渐粗。由各边坡土壤的分维数值可知，采用岩石碎片作为植生土的切挖边坡土壤较另外两种边坡土壤表现出更为严重的水土流失，而采用农田土作为植生土的切挖边坡土壤虽然同样不是由切挖岩石风化而来，但其分形特征与自然发育形成的边坡土壤非常相似，土壤结构更加稳定，不易遭受水蚀和风蚀的破坏。

表 7-3　不同来源植生土基本理化性质

边坡土壤类型	分形维数	含水量/%	容重/（g/cm）	有机质/（g/kg）
岩石源植生土	2.605 b	7.49 b	1.46 a	16.87 b
农田源植生土	2.700 a	17.42 a	1.17 c	29.25 a
自然边坡土	2.706 a	16.08 a	1.27 b	18.52 b
F 值	110.8**	104.6**	97.44**	49.29**

**在 $p<0.01$ 水平上显著

注：字母不同表示在 $p<0.05$ 水平上差异显著

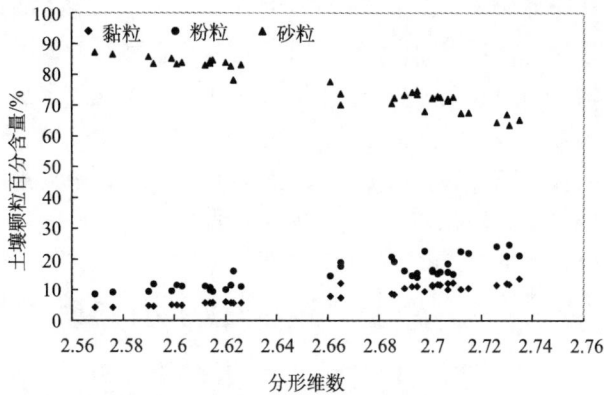

图 7-7　分形维数与土壤颗粒百分含量的关系

　　就试验研究选择的遂渝铁路典型道路边坡人工土壤而言，岩石碎片中虽然加入了腐殖质、复合肥、黏合剂和保水剂等绿化基材，但这些碎片并不是严格意义上的"土壤"。因为成土过程是复杂而漫长的，需要岩石矿物、外界环境及各种生物共同作用（李法虎，2006）。成熟稳定的土壤结构是在自然成土过程中形成和演变的，伴随地质大循环和生物小循环而发生的，通过化学风化、物理侵蚀及生物扰动等过程使土壤基本物质的组成和排列发生改变（Abe et al., 2007）。而这些岩石碎片从形成至今仅 5 年时间，物质的淋失、淀积、迁移及生物循环等成土因素十分缺乏，土壤发育尚不能完成。另外，土壤动物和微生物的数量和活性能够促进土壤结构的形成。土壤动物能够消化和排泄土壤物质，并能通过身体的活动形成土壤孔隙，影响土壤通气性、入渗性、团聚体稳定性、碳周转及养分有效性等（Amezketa, 1999）。

　　选择遂渝铁路遂宁站附近的典型岩石边坡，就采用边坡开挖产生的岩石粉碎后作为道路边坡植生土的道路边坡创面人工土壤（岩石源植生土）、采用施工地附近农田土作为植生土的道路边坡创面人工土壤（农田源植生土）、自然形成的自然边坡土壤（自然边坡土）三种类型土壤的结构研究表明，在岩石源植生土、农田源植生土、自然边坡土这三种边坡土壤中，土壤动物只在农田源植生土和自然边坡土中有所发现，这可能是因为岩石碎片植生土水分和养分状况不适宜土壤动物生存，且坚硬的碎片阻碍了土壤动物的活动。土壤动物的存在有利于土壤团聚体的形成，通过它们的消化和排泄作用加工和合成不易分解的有机碳，使团聚体之间的胶结物更加丰富和稳固，减少微团聚体（小于0.250mm）的分散和流失。

第三节　道路边坡土壤颗粒分形特征与土壤理化性质的关系

一、土壤水分

　　土壤水分不仅是植物生长所需水分的主要来源，而且是土壤内生物活动和养分转化过程的必需条件。土壤结构和质地影响着水分的迁移、保持和有效性（Pachepsky and Rawls, 2003）。土壤含水量是表征土壤水分状况的一个指标。岩石源植生土含水量不及农田源植生土和自然边坡土的一半，而农田源植生土和自然边坡土的含水量无差异。这说明：采用岩石碎片作为植生土的切挖边坡土壤的保水性能较差。因为土壤结构粗化导致土壤大孔隙数量增加而毛管孔隙数量减少。土壤中土粒的孔隙大小不一，相互交错相连，构成土壤中极其复杂的孔隙网络，保持在这些孔隙里的水受到毛管力的作用，这部分水称为毛管水，毛管水完全具有液态水的性质，可以在孔隙中自由流动，是土壤水中最活跃的部分，也是农业生产中最有价值、最宝贵的水分（冯杰等, 2002）。土壤大孔隙数量较多会导致水分容易下渗或蒸发。相比之下，采用农田土作为植生土的切挖边坡土壤含水量和自然边坡土壤的含水量相当，能够有效地利用降水和灌溉水，保持土壤湿度。

二、土壤容重

　　土壤容重是自然结构状况下单位体积土壤的重量，能够反映土壤的孔隙状况和松紧程度（Logsdon and Karlen, 2004），是表征土壤颗粒排列松紧程度的一个指标。土壤容重的大小取决于土壤颗粒的机械组成、土壤结构、排列状况以及有机质的含量等因素。一般情况下，土壤越疏松多孔，容重越小，土壤越紧实，容重越大；黏质土壤的容重小于砂质土壤；有机质含量高、结构性好的土壤容重小。由表 7-3 可知，三种边坡的土壤容重轻重顺序为岩石源植生土>自然边坡土>农田源植生土。导致岩石源植生土容重偏重的原因可能是：首先，岩石源植生土为砂质土，土粒易于紧密排列，使其容重高达1.46g/cm^3（表 7-3），而农田源植生土和自然边坡土的土壤质地为壤土，颗粒小而孔隙所占的比例较大，因此容重较小；其次，土壤有机质对容重也会产生一定影响（李法虎, 2006），由表 7-3 可知，农田源植生土和自然边坡土的有机质含量均高于岩石源植生土，因而影响了土壤的整体重量，导致容重偏轻。

三、土壤有机质

　　土壤有机质是形成团聚体结构的重要胶结物质，土壤中的腐殖质、多糖类、蛋白质、木质素以及许多微生物的分泌物和菌丝均有团聚作用（Pirmoradian et al., 2005）。例如，土壤中的腐殖质，它是形成团聚体结构最重要的物质基础。进入土壤的新鲜有机质，经过微生物的分解作用而形成腐殖质后才能形成团聚体的胶结物。腐殖质与钙结合而形成的凝聚状态的物质具有很强的胶结作用，但这种胶结物质具有不可逆性。经过机械的破碎作用以后，该物质不再具有胶结能力。土壤中的腐殖质不断地进行着分解，必须经常地补充有机物质，以便形成腐殖质，才能促进土壤团聚体结构的不断形成（Wuddivira et al., 2009）。在有机物质参与下形成的团聚体，一般品质较好，均具有水稳性和多孔性。三种边坡中，农田源植生土有机质含量最高（29.25g/kg），这说明采用农田土作为植生土的切挖边坡土壤拥有较高的肥力。Barthès 等（2008）提出，土壤有机质在土壤小颗粒中的富集量比在大颗粒中的富集量高。由此可知，质地粗化的岩石源植生土有机质含量比农田源植生土低。由于岩石源植生土在形成之时添加了腐殖质等有机物质，形成后又经过了施肥等后期养护，因此其有机质含量与自然边坡土壤并无显著差异（表7-3）。

四、分形维数与土壤其他理化性质的关系

对道路边坡土壤理化性质进行相关性分析，结果见表 7-4。其中，除土壤有机质含量与粉粒含量之间没有相关性外（$r=0.178$），其余各指标之间的相关性均达到显著水平。分维与黏粒含量、粉粒含量、土壤含水量和土壤有机质含量成正比，而与砂粒含量和土壤容重成反比。由于分形维数的变化很好地表征了不同来源植生土的粗化程度、土壤保水能力及有机质变化趋势，因此可以作为本研究路段铁路岩石边坡植被护坡植生土质量评价的一个综合定量指标。

表 7-4　分维与颗粒大小分布、含水量、容重、有机质含量的相关分析

项目	黏粒	粉粒	砂粒	分维	含水量	容重	有机质
黏粒	1.000						
粉粒	0.728**	1.000					
砂粒	−0.895**	−0.958**	1.000				
分维	0.949**	0.854**	−0.955**	1.000			
含水量	0.872**	0.724**	0.838**	0.895**	1.000		
容重	−0.881**	−0.620**	0.774**	−0.837**	−0.851**	1.000	
有机质	0.688**	0.178ns	−0.405*	0.556**	0.547**	−0.621**	1.000

*在 0.05 水平上显著；**在 0.01 水平上显著

注：ns 表示无显著性

第四节　道路边坡不同岩土比植生土对土壤结构特性的影响

遂渝铁路多为岩质边坡，由于岩石坡面无植物生长所需的土壤环境，且岩石坡面坡度较大，无法充分供给植物生长所需的水分和养分，因此常用的植被护坡方法（如撒播、植生带、框格植被、三维土工网植草等）无法应用于此类边坡。针对岩石边坡的植被防护而开发的厚层基材喷射植被护坡技术，是先通过混凝土搅拌机把绿化基材、植生土、纤维及混合植被种子搅拌均匀，形成基材混合物，然后输送到混凝土喷射机的料斗，在压缩空气的作用下，基材混合物由输送管到达喷枪口与来自水泵的水流汇合使基材混合物团粒化，并通过喷枪喷射到坡面，在坡面形成植物的生长层。其中植生土的作用是减小喷射到坡面的基材混合物的空隙，使其三相分布更合理，同时与绿化基材共同促进人工土壤团聚体结构的形成（周德培和张俊云，2003）。遂渝铁路常用的植生土取自粉碎后的边坡创面岩石，具有就地取材便捷快速的优点。但是，这种岩石碎片并没有经历严格的成土过程。因此，在护坡工程中是否能够采用这种岩石碎片取代已熟化的土壤作为植生土，以达到可持续地保护边坡和恢复生态的效果还有待研究。

坡面人工土壤的结构特性是评价边坡防护成效的一个重要指标，土壤结构破坏是岩石边坡植被防护工程中一个常见却研究得很少的问题。良好的土壤结构能够促进土壤水分有效性和养分循环，提高土壤生物多样性和植被覆盖度，降低土壤水蚀和风蚀强度（Bronick and Lal, 2005）。土壤结构体类型中，以团聚体结构对土壤肥力的影响最佳，且团聚体的稳定性已成为评价土壤结构的重要参数（Six et al., 2000）。"多级团聚说"理论提出，土壤团聚体是分阶段多级复合、团聚而成的，而不同阶段占主导地位的胶结机制亦不相同（Tisdall and Oades, 1982）。土壤结构各级颗粒的自相似性使得分形理论在土壤学中的运用成为可能，也为定量描述土壤结构提供了新的方法（Perfect and Kay, 1995）。

遂渝铁路典型岩石边坡的不同岩土比植生土基本理化性质见表 7-5。由表 7-5 可知，当植生土中农田土百分含量为 100%时，该植生土的黏粒含量最高，当植生土中农田土百分含量为零时，其黏粒含量最低。可以看出，随着农田土百分比的增加，植生土黏粒含量大致呈逐渐增加的趋势。当农田土百分含量为 50%时，该植生土的粉粒含量最高，当其为零时的粉粒含量最低；随着农田土百分比的增加，植生土粉粒含量也大致呈现逐渐增加的趋势。当农田土百分含量为零时，该植生土的砂粒含量最高，当其为50%时的砂粒含量最低；随着农田土百分比的增加，植生土砂粒含量大致呈现逐渐减小的趋势。

表 7-5　不同岩土比植生土基本理化性质

岩土配比	黏粒 /%	粉粒 /%	砂粒 /%	土壤质地	分形维数	含水量 /%	有机质 /（g/kg）	MWD	GMD
I	2.90 c	9.81 bc	87.20 a	砂土	2.464 d	9.10 bc	16.50 c	0.42 b	0.20 ab
II	3.61 bc	12.37 b	84.01 a	壤砂土	2.506 c	7.18 c	17.14 c	0.43 b	0.19 ab
III	4.75 a	19.23 a	76.02 b	壤砂土	2.566 ab	7.16 c	21.12 b	0.45 b	0.16 b
IV	4.43 ab	15.92 ab	79.64 b	砂壤土	2.559 b	11.94 ab	23.99 ab	0.53 a	0.21 a
V	5.18 a	18.32 a	76.50 b	砂壤土	2.592 a	14.08 a	27.42 a	0.54 a	0.19 ab
F 值	8.798**	11.491**	13.176**		35.629**	9.314**	13.775**	7.135**	1.683

**在 $p < 0.01$ 水平上显著

注：字母不同表示在 $p < 0.05$ 水平上差异显著；I 代表 100%岩石碎片组成的植生土；II 代表 75%岩石碎片、25%熟化农田土组成的植生土；III代表 50%岩石碎片、50%熟化农田土组成的植生土；IV代表 25%岩石碎片、75%熟化农田土组成的植生土；V 代表 100%熟化农田土组成的植生土

不同岩土比植生土的分形维数值为 2.592~2.464，最大值出现在 100%农田土处理，最小值出现在 100%岩石处理；随着农田土百分比含量的逐渐增大，分形维数的值大致呈现逐渐增大的趋势。以上各指标与农田土百分含量的关系说明：边坡人工土壤的颗粒组成会受其植生土来源的影响。当植生土中岩石碎片的比例较高时，土壤粗颗粒相对较多，砂粒含量高且分形维数较小。从土壤颗粒组成的比例考虑，为使人工土壤的结构更加稳固，应当增加农田土百分含量或完全取用农田土作为植生土。

当农田土百分含量为 100%时，该植生土的含水量最高，当其为 75%时含水量次之，当其为 25%和 50%时含水量最低（表 7-5）。这说明，用农田土作为植生土可以更有效地保持土壤湿度，充分供应草种萌发和生长所需的水源。当植生土的来源全部为岩石碎片时，该植生土有机质含量仅为 16.50g/kg，而当植生土的来源全部为农田土时，该植生土有机质含量高达 27.42g/kg。并且，随着农田土百分比的增加，五种不同岩土配比植生土的有机质含量呈现良好的递增趋势。另外，MWD 的最大值也出现在 100%农田土含量的植生土中，而 GMD 的最大值虽然出现在 75%农田土含量的植生土中，但五种不同岩土配比植生土处理间没有显著差异（F 值为 1.683）（表 7-5）。综上所述，当农田土百分比为 100%时，植生土的各项理化性质最佳。

第五节 道路边坡不同坡位对土壤结构特性的影响

已有研究结果显示，坡位对边坡土壤理化性质有一定影响。杨霞和艾应伟（2008）对川中丘陵区成昆铁路的典型道路边坡不同坡位的土壤藻类含量以及茶树区和自然边坡土壤藻类含量进行了研究，结果表明道路边坡不同坡位土壤藻类含量的变化表现为坡下>坡中>坡上>茶树区，自然边坡不同坡位土壤藻类含量的变化表现为坡下>坡中>坡上>茶树区。

遂渝铁路典型道路边坡与自然边坡不同坡位的土壤性质见表 7-6。由表 7-6 可知，岩石源植生土和自然边坡土在不同坡位的土壤颗粒、分形维数、含水量、容重、有机质几

表 7-6 道路边坡与自然边坡不同坡位的土壤性质

土壤类型		黏粒/%	粉粒/%	砂粒/%	分形维数	含水量/%	容重/（g/cm）	有机质/（g/kg）
道路边坡岩石源植生土	坡上	5.10 a	9.94 a	84.95 a	2.597 a	5.62 c	1.50 a	17.51 a
	坡中	5.39 a	12.19 a	82.42 a	2.612 a	7.82 b	1.50 a	17.41 a
	坡下	5.31 a	10.25 a	84.44 a	2.606 a	9.02 a	1.41 b	17.30 a
	F 值	0.279	2.899	2.555	0.989	23.157**	3.635	0.026
自然边坡土	坡上	9.36 a	19.62 ab	71.03 a	2.679 b	15.83 a	1.25 a	20.26 b
	坡中	10.56 a	22.78 a	66.66 a	2.714 a	15.66 a	1.27 a	22.85 a
	坡下	10.91 a	18.79 b	70.30 a	2.708 ab	16.88 a	1.26 a	21.82 ab
	F 值	0.716	3.945	1.772	2.775	0.319	0.194	5.104**

**在 p<0.01 水平上显著

注：字母不同表示在 p<0.05 水平上差异显著

种土壤性质特征均没有出现较大的差异。对岩石源植生土而言，除含水量和容重以外，其他指标在坡上、坡中和坡下之间的差异并不显著。岩石源植生土三个坡位含水量表现为坡下>坡中>坡上；容重表现为坡上和坡中没有差异，坡下与坡上、坡中有差异，但就三个坡位整体而言，容重的差异也并不显著（F 值为 3.635）。

对自然边坡土而言，除粉粒含量、分形维数和有机质以外，其余各指标在三个坡位之间均没有差异性。自然边坡土的有机质含量在三个坡位之间的差异极显著，表现为坡中显著高于坡上，而坡下与坡中和坡上无差异。导致道路边坡与自然边坡两种边坡三个坡位差异性整体而言并不显著的主要原因，可能是这两个边坡的坡长较短，使划分的三个坡位土壤性质并没有太明显的区别。

参 考 文 献

陈希哲. 1997. 土力学地基基础(第三版). 北京: 清华大学出版社.

陈勇阁, 石永年. 2002. 土壤的物理力学性质分析. 农机化研究, (2): 60-62.

程先富, 赵明松, 史学正, 等. 2007. 兴国县红壤颗粒分形及其与环境因子的关系. 农业工程学报, 23(12): 76-79.

丁国建, 蔡茂来. 2004. 高等级公路植被护坡工程技术发展初探. 浙江林业科技, 24(4): 63-66, 73.

冯杰, 郝振纯, 刘方贵. 2002. 大孔隙对土壤水分特征曲线的影响. 灌溉排水, 21(3): 4-7.

胡建忠, 范小玲, 王愿昌, 等. 1998. 黄土高原沙棘人工林地土壤抗蚀性指标探讨. 水土保持通报, 18(2): 25-30.

蒋先军, 李航, 谢德体, 等. 2007. 分形理论在土壤肥力研究中的应用与前景. 土壤, 39(5): 677-683.

李法虎. 2006. 土壤物理化学. 北京: 化学工业出版社.

李金萍. 2008. 分形理论的发展及其研究前景. 英才高职论坛, 4(4): 55-59.

李艳茹, 梁运江, 许广波, 等. 2006. 分形理论及其在土壤物理学上的应用. 安徽农业科学, 34(20): 5141-5143, 5145.

梁玉衡. 1983. 论土壤团粒结构与土壤肥力的关系. 土壤通报, 1: 30-32.

刘广深, 许中坚, 徐冬梅. 2001. 酸沉降对土壤团聚体及土壤可蚀性的影响. 水土保持通报, 21(4): 70-74.

刘浩, 艾应伟, 陈黎萍, 等. 2008. 道路边坡土壤水分空间变异性研究. 水土保持研究, 15(1): 241-243.

齐长海, 郑智勇, 武一曼. 2004. 分形理论及其在病理学研究中的应用. 中国体视学与图像分析, 9(3): 189-192.

史学正, 邓西海. 1993. 土壤可蚀性研究现状及展望. 中国水土保持, 5: 25-29.

苏永中, 赵哈林. 2004. 科尔沁沙地农田沙漠化演变中土壤颗粒分形特征. 生态学报, 24(1): 71-74.

王德, 傅伯杰, 陈利顶, 等. 2007. 不同土地利用类型下土壤粒径分形分析——以黄土丘陵沟壑区为例. 生态学报, 7(27): 3081-3089.

王佑民. 1994. 黄土高原土壤抗蚀性的研究. 水土保持学报, 8(4): 11-16.

魏孝荣, 邵明安. 2007. 黄土高原沟壑区小流域坡地土壤养分分布特征. 生态学报, 27(2): 603-612.

吴承祯, 洪伟. 1999. 不同经营模式土壤团粒结构的分形特征研究. 土壤学报, 36(2): 162-167.

吴景贵. 2008. 土壤颗粒的功能研究进展. 吉林农业大学学报, 30(4): 529-537.

希勒尔 D. 1988. 土壤物理学概论. 西安: 陕西人民教育出版社.

杨培岭, 罗远培, 石元春. 1993. 用粒径的重量分布表征的土壤分形特征. 科学通报, 38(20): 1896-1899.

杨霞, 艾应伟. 2008. 道路边坡不同坡位土壤藻类的动态变化. 四川大学学报(自然科学版), 45(5): 1249-1252.

余海龙, 顾卫, 姜伟, 等. 2006. 高速公路路域土壤质量退化演变的研究. 水土保持学报, 20(4): 195-198.

张成虎, 吴发灿, 赵龙. 2009. 分形理论在经济学中的应用. 统计与决策, 1: 158-159.

张俊云, 周德培. 2002. 厚层基材喷射植被护坡的抗侵蚀实验研究. 西南交通大学学报, 37(6): 628-631.

张丽萍, 张镱锂, 王英安. 2007. 国内外土壤质地自动分类程序介绍. 土壤通报, 38(5): 889-992.

周德培, 张俊云. 2003. 植被护坡工程技术. 北京: 人民交通出版社.

周萍, 刘国彬, 侯喜禄. 2008. 黄土丘陵区侵蚀环境不同坡面及坡位土壤理化特征研究. 水土保持学报, 22(1): 7-12.

Abe S S, Oyediran G O, Yamamoto S, et al. 2007. Soil development and fertility characteristics of inland valleys in the rain forest zone of Nigeria: physicochemical properties and morphological features. Soil Science and Plant Nutrition, 53(2): 141-149.

Adolfo C, Raul N, Ibone A, et al. 2002. Local topoclimate effect on short-term cutslope reclamation success. Ecological Engineering, 18(4): 489-498.

Amezketa E, Singer M J, Le Bissonnais Y. 1999. Soil aggregate stability: a review. Sustainable Agriculture, 14: 83-151.

Baldock J A, Kay B D. 1987. Influencing of cropping history and chemical treatments on the water-stable aggregation of a silt loam soil. Journal of Soil Science, 67(3): 501-511.

Barthès B, Brunet D, Hien E, et al. 2008. Determining the distributions of soil carbon and nitrogen in particle size fractions using near-infrared reflectance spec-trum of bulk soil samples. Soil Biology and Biochemistry, 40: 1533-1537.

Bronick C J, Lal R. 2005. Soil structure and management: a review. Geoderma, 124(1-2): 3-22.

Burns R G. 1979. Interaction of Microorganisms, Their Substrate and Their Productions with Soil Surface. London: Academic Press

Cheshire M V. 1979. Nature and Origin of Carbohy Drates in Soil. London: Academic Press.

Edwards A P, Bremer J M. 1967. Microaggregate in soils. Journal of Soil Science, 33: 141-163.

Elliott E T, Coleman D C. 1988. Let the soil work for us. Ecological Bulletins, 39: 22-32.

Elliott E T, Reuss D E, Monz C A, et al. 1991. Organic matter contained in soil aggregation from a tropical chronosequence: correction for sand and light fraction. Agriculture, Ecosystems and Environment, 34: 443-451.

Emerson W W. 1967. A classification of soil aggregates based on their coherence in water. Australian Journal of Soil Research, 5(1): 47-57.

Ersahin S, Gunal H, Kutlu T, et al. 2006. Estimating specific surface area and cation exchange capacity in soils using fractal dimension of particle-size distribution. Geoderma, 136(3): 588-597.

Giménez D, Perfect E, Rawls W J, et al. 1997. Fractal models for predicting soil hydraulic properties: a review. Engineering Geology, 48(3): 161-183.

Greenland D J. 1961. Mechanism of interaction between clays and defined organic compounds. Soil fertilizer, 28: 415-425.

Hajabbasi M A, Hemmat A. 2000. Tillage impacts on aggregate stability and crop productivity in a clay-loam soil in central Iran. Soil and Tillage Research, 56(3-4): 205-212.

Hevia G G, Mendez M, Buschiazzo D E. 2007. Tillage affects soil aggregation parameters linked with wind erosion. Geoderma, 140(1-2): 90-96.

Holden N. M. 2001. Description and classification of soil structure using distance transform data. European journal of soil science, 52(4): 529-545.

Jagadamma S, Lal R, Hoeft R, et al. 2008. Nitrogen fertilization and cropping system impacts on soil properties and their relationship to crop yield in the central Corn Belt, USA. Soil and Tillage Research, 98: 120-129.

Kabir Z, Koide R T. 2000. The effect of dandelion or a cover crop on mycorrhiza inoculums potential, soil aggregation and yield maize. Agricultural Ecosystem Environment, 78: 167-174.

Levy G J, Miller W P. 1999. Aggregate stabilities of some southeastern U S. Soil Science Society of America Journal, 61: 1176-1182.

Logsdon S D, Karlen D L. 2004. Bulk density as a soil quality indicator during conversion to no-tillage. Soil and Tillage Research, 78: 143-149.

Lynch J M, Bragg E. 1985. Microorganisms and soil aggregate stability. Soil Science Society of America Journal, 2: 133-171.

Mandelbrot B B. 1977. Fractal: From, Chance and Dimension. New York: San Francisco.

Martinez-Ruiz C, Fernandez-Santos B, Putwain P D, et al. 2007. Natural and man-induced revegetation on mining wastes: Changes in the floristic composition during early succession. Ecological Engineering, 30(3): 286-294.

Mazurak A P. 1950. Effect of gaseous phase on water-stable synthetic aggregates. Soil Science, 69: 135-148.

Niemeyer J, Machulla G. 1999. Description of soil pore systems accessible for water by fractal dimensions. Physica A: Statistical and Theoretical Physics, 266(1): 203-208.

Oades J M, Waters A G. 1991. Aggregate hierarchy in soils. Australia Journal of Soil Science, 29(6): 815-828.

Pachepsky Y A, Rawls W J. 2003. Soil structure and pedotransfer functions. European Journal of Soil Science, 54(3): 443-451.

Perfect E, Kay B D. 1995. Applications of fractals in soil and tillage research: a review. Soil and Tillage Research, 36(1-2): 1-20.

Perrier E, Bird N, Rieu M. 2000. Generalizing the fractal model of soil structure: the pore-solid fractal approach. Geoderma, 88(3): 137-164.

Perugini N D. 2008. Particle size distributions of some soils from the Umbria Region(Italy): Fractal analysis and numerical modeling. Geoderma, 145: 185-195.

Pirmoradian N, Sepaskhah A R, Hajabbasi M A. 2005. Application of fractal theory to quantify soil aggregate stability as influenced by tillage treatments. Biosystems Engineering, 90(2): 227-234.

Piron D, Pérès G, Hallaire V, et al. 2012. Morphological description of soil structure patterns produced by earthworm bioturbation at the profile scale. European Journal of Soil Biology, 50: 83-90.

Six J, Elliott E T, Paustian K. 2000. Soil structure and soil organic matter II. A normalized stability index and the effect of mineralogy. Soil Science Society of America Journal, 64: 1042-1049.

Stevenson F J. 1982. Humus Chemistry. Hoboken: Wiley-inter Science Publication.

Taguas F J, Martin M A, Perfect E. 1999. Simulation and testing of self-similar structures for soil particle-size distributions using iterated function systems. Geoderma, 88: 191-203.

Tisdall J M, Oades J M. 1982. Organic matter and water-stable aggregates in soils. European Journal of Soil Science, 33(2): 141-163.

Tisdall J M. 1994. Possible role of soil microorganisms in aggregation in soils. Plant and Soil, 159(1): 115-121.

Unger P W. 1995. Organic matter and water-stable aggregate distribution in ridge-tilled surface soil. Soil Science Society of America Journal, 59(4): 1141-1145.

van Bavel C H M. 1949. Mean weight-diameter of soil aggregates as a statistical index of aggregation. Soil

Science Society of America Proceeding, 14: 20-23.

Wang X D, Li M H, Liu S Z, et al. 2006. Fractal characteristics of soils under different land-use patterns in the arid and semiarid regions of the Tibetan Plateau, China. Geoderma, 134(1): 56-61.

Winsome T, McColl J G. 1998. Changes in chemistry and aggregation of a California forest soil worked by the earthworm Argilophilus papillifer eisen(Megascolecidae). Soil Biology and Biochemistry, 30(13): 1677-1687.

Wuddivira M N, Stone R J, Ekwue E I. 2009. Clay, organic matter, and wetting effects on splash detachment and aggregate breakdown under intense rainfall. Soil Science Society of America, 7(3): 226-232.

Xu G C, Li Z B, Li P. 2013. Fractal features of soil particle-size distribution and total soil nitrogen distribution in a typical watershed in the source area of the middle Dan River, China. Catena, 101: 17-23.

Zhao S W, Su J, Yang Y H, et al. 2006. A Fractal method of estimating soil structure changes under different vegetations on Ziwuling Mountains of the Loess Plateau, China. Agricultural Sciences in China, 5: 530-538.

Zhou H, Lu Y Z. , Yang Z C, et al. 2007. Influence of conservation tillage on soil aggregates features in north China plain. Agricultural Sciences in China, 6(9): 1099-1106.

第八章　道路边坡土壤腐殖质特性

第一节　道路边坡坡位对土壤腐殖质组分的影响

一、道路边坡坡位对土壤腐殖质组分的影响

（一）土壤胡敏酸、富里酸含量

土壤腐殖质是土壤有机质的主要成分，在土壤腐殖质中，一般主要研究胡敏酸（HA）和富里酸（FA）两种腐殖酸。腐殖质是微生物在一定条件下分解有机质形成的，它是形成土壤团聚体的重要胶结剂，是构成土壤团聚体的一部分和改善土壤结构的重要物质，也是植物生长的基础营养物质。土壤中影响腐殖质形成的因素有很多，如黏粒的含量，植被和微生物情况，土壤含水量、温度和 CO_2 浓度，土壤溶液的化学组成、浓度、酸度和氧化还原状况等（关松等，2006；窦森等，2010；杨翔宇等，2013）。

针对位于四川丘陵区 2003 年开始修建的遂渝铁路，选择遂渝铁路遂宁站附近经过客土喷播技术进行人工土壤植被恢复的典型岩石边坡。在 2012 年 4 月，对人工土壤植被恢复近 9 年的典型岩石边坡采取土样，开展土壤腐殖质特性方面的研究。对该典型岩石边坡的土样进行实验分析后，得出道路边坡与自然边坡不同坡位的土壤腐殖质组分和有机质含量见表 8-1。

表 8-1　道路边坡与自然边坡不同坡位的土壤腐殖质组分和有机质含量

边坡类型	坡位	胡敏酸 / (g/kg)	富里酸 / (g/kg)	HA/FA (PQ)	有机质 / (g/kg)
道路边坡	坡上	3.84 c	2.87 b	1.34 b	12.56 b
	坡中	9.55 a	4.32 a	2.21 a	17.57 a
	坡下	4.82 b	2.15 c	2.24 a	9.82 c
	F 值	30.61	214.07	—	648.40
自然边坡	坡上	8.73 a	2.65 c	3.29 a	20.84 a
	坡中	7.54 b	5.17 a	1.45 b	25.52 a
	坡下	2.42 c	2.78 b	0.87 c	19.09 c
	F 值	139.42	197.18	—	185.89

注：不同字母表示差异显著（$p < 0.05$）

由表 8-1 可知，道路边坡各坡位间人工土壤中胡敏酸呈现显著差异，胡敏酸含量表现为坡中>坡下>坡上。道路边坡的坡上人工土壤胡敏酸含量很低，其原因可能是因为坡上的水土容易流失而不利于植物生长，植物合成的有机物质较少，植物根部分泌的有机

物质也少，使坡上土壤中有机质来源较少。加之，坡上生物群落环境较差，不利于土壤动物与微生物生存，其数量较少，土壤呼吸较弱，有机质分解较慢，不利于胡敏酸产生、积累和转化。坡中高于坡下，可能是因为坡下靠近铁轨，人为干扰较大，土壤结构破坏严重，不利于土壤中胡敏酸的产生。此外，土壤中胡敏酸有着解毒的功能，能与坡下土壤中重金属和生活垃圾等有毒物质相结合，形成难溶的复合物，进而能降低土壤毒性，造成对胡敏酸含量测定值较低（De la Rosa et al., 2011）。胡敏酸含量与微生物有关，微生物对胡敏酸的形成和转化起到较大的作用，不同微生物种类和数量对形成胡敏酸含量的影响不同。有研究表明，随着土壤微生物量的逐渐降低，腐殖质组分（HA、FA）也随之降低（吴建峰和林先贵，2003）。由于不同坡位的小环境不同导致了微生物的类群和数量不同，胡敏酸的分布也就存在着差异。

由表 8-1 还可知，道路边坡各坡位间人工土壤中富里酸亦呈现显著差异，富里酸含量表现为坡中>坡上>坡下。道路边坡人工土壤富里酸含量是坡中高于坡上，可能在于坡中植物数量较多，植被覆盖率较高，所产生的植被凋落物丰富，土壤中有机质来源较充足。加之，坡中生物群落环境相对较好，有利于土壤动物与微生物生存，其数量较多，促进土壤呼吸，有机质分解较快，有利于富里酸积累。富里酸含量坡中高于坡下，可能是因为坡下临近铁道，土壤结构受到人为的严重破坏，腐殖质不能与土壤颗粒很好地结合，导致富里酸在坡下土壤中流失。

道路边坡人工土壤胡敏酸含量表现为坡下大于坡上，而富里酸则恰好相反（表 8-1）。这两者表现的差异，可能是由于坡上不利于水分的储蓄，水分较少，使坡上的土壤中 O_2 含量增加，而坡下因水分聚集土壤中 O_2 减少，CO_2 含量升高所致。窦森等（2007）的研究表明，土壤中低的 CO_2 浓度有利于胡敏酸形成和积累，却不利于富里酸的形成。文启孝（1984）认为土壤含水量高有利于胡敏酸的积累。

土壤中胡敏酸含量是道路边坡坡上低于自然边坡，道路边坡坡中和坡下高于自然边坡，道路边坡坡上土壤中富里酸含量高于自然边坡，道路边坡坡中和坡下低于自然边坡（表 8-1）。土壤中富里酸的差异主要是因为自然边坡植被覆盖较好，微生物较丰富，土壤有机质经过长时间的分解转化，胡敏酸和富里酸之间的转化已经达到了平衡，富里酸含量趋于稳定。而铁路道路边坡修建时间较短，道路边坡污染严重，微生物群落较少，有机质分解较慢，其人工土壤中的富里酸含量较少，使道路边坡坡中和坡下的土壤中富里酸含量低于自然边坡。道路边坡坡上的土壤中富里酸高于自然边坡，这可能由于道路边坡坡上的太阳辐射强，温度较高，土壤呼吸较强，使得土壤中 CO_2 浓度较高，有利于富里酸形成。这与关松等（2006）的研究相似，即较高 CO_2 浓度使得腐殖化度下降，有利于富里酸的积累。

（二）土壤腐殖酸比

腐殖酸比（PQ）指胡敏酸（HA）和富里酸（FA）之比，是体现腐殖化程度和土壤成熟度的指标，也是土壤肥力的指标（张晋京等,2005）。腐殖酸比越高，腐殖化程度越高，有利于胡敏酸的积累，腐殖酸比越低，腐殖化程度越低，有利于富里酸的积累（张晋京和窦森,2002）。道路边坡坡中和坡下土壤腐殖酸比较高，而坡上却很低（PQ=1.34），其腐殖酸比表现为坡中=坡下>坡上（表 8-1）。这可能是由于道路边坡坡上抗侵蚀能力较差，坡上的土壤有机质易于流失，造成腐殖化的底物减少，腐殖化速度受到抑制。有关干旱缺水对土壤腐殖质组分的影响研究方面，王英惠等（2013）的研究发现，高温干旱条件下不利于胡敏酸的积累，而有利于富里酸的积累。道路边坡坡上受到太阳辐射较强，土壤温度较高，而水分较少，便会造成坡上人工土壤中腐殖酸比的降低。道路边坡坡中和坡下因有利于有机质滞留和水分的保持，且受到太阳辐射较少，土壤温度较低，这些因素都促进了土壤腐殖酸比的增大，导致了坡上与坡中、坡下的腐殖酸比产生了显著差异。

从表 8-1 还可知，自然边坡的各个坡位间土壤腐殖酸比出现了显著的差异，坡上表现出了最大值（PQ=3.29），坡下表现出了最小值（PQ=0.85）。自然边坡成土的时间较长，受到的人为干扰很少，边坡各坡位的不同微环境对有机质的降解和腐殖化产生了显著的影响。自然边坡坡上腐殖化程度高，是由于坡上土壤接受的太阳辐射较高，有着良好的环境条件，微生物数量多，保证腐殖质化能顺利进行，土壤成熟度较高，腐殖酸比也较高。自然边坡坡下腐殖酸比最低，可能是因为坡下毗邻农田，坡下土壤受到的人为破坏较多，且坡下经常有较多积水，土壤空气含量较少，这都促使土壤呼吸减弱和参与腐殖化的土壤微生物数量的减少，腐殖化过程受到抑制，土壤成熟度较低，最终导致了腐殖酸比的降低。

（三）土壤有机质含量

土壤有机质含量与土壤肥力密切相关，是土壤肥力的重要指标，其经矿质化过程会释放大量的矿质营养元素为植物生长提供养分，极大地促进植物生长发育。在改善土壤物理性质方面也有着显著的作用，它是土壤团聚体不可或缺的组成成分，能够改善土壤结构，增加土壤的疏松性、透水性和通气性（土晶，2010）。由表 8-1 可知，道路边坡与自然边坡不同坡位土壤有机质含量都有显著差异，均表现为坡中>坡上>坡下。无论是道路边坡还是自然边坡，其坡中土壤有机质含量均表现为最大，这可能是因为坡中受雨水和风力侵蚀较弱，有利于有机营养物质的保持与积累，丰富的凋落物通过土壤动物和微生物的分解增加了有机质的含量。

道路边坡的有机质含量与自然边坡相比，各坡位有机质含量均明显低于自然边坡。遂渝铁路道路边坡建成于 2003 年，边坡人工土壤熟化程度低，人工土壤中存在的有机质和人工添加物在土壤中不稳定，不能形成稳定的土壤团聚体，易于分解和流失。自然边坡成土时间较长，有良好稳定的土壤结构，能形成稳定的团聚体结构，有利于有机质在土壤中的保持。另外，自然边坡植被的均匀度指数和多样性指数均高于道路边坡，有较多的地上和地下生物量，使边坡土壤有较多的有机营养物质来源（王倩等，2010）。

二、道路边坡土壤腐殖质组分与土壤理化性质的相关性

（一）土壤容重

土壤容重综合反映了土壤固体颗粒和土壤孔隙的状况，土壤容重不仅是评价土壤紧

实度和土壤结构的指标，也是表征土壤熟化程度的指标。道路边坡人工土壤胡敏酸、富里酸与土壤容重呈极显著负相关（表 8-2），可能在于腐殖质是形成团聚体结构的最重要物质，土壤腐殖质含量越高，团聚体越多，土壤越疏松多孔，容重越小。这与郭培俊等（2012）的研究结果相似。

（二）土壤含水量

土壤水分是土壤中水溶性成分的运输载体，也是土壤中各种反应得以正常进行的介质。有相关研究表明，土壤中较多的水分可以促进胡敏酸的形成，提高土壤中的腐殖酸比（HA/FA），促进腐殖化程度，从而有利于腐殖质的利用。道路边坡人工土壤胡敏酸、富里酸与土壤含水量呈极显著相关性（表 8-2），可能是由于新鲜的有机质进入土壤后，经过微生物的分解作用形成腐殖质，在有机质的腐殖化过程中，土壤水分作为必需物质参与了腐殖化过程，较高的土壤含水量保证了土壤有机质腐殖化的充分进行，促进了土壤中胡敏酸和富里酸的形成。

（三）土壤理化性质

由表 8-2 可知，道路边坡人工土壤中胡敏酸、富里酸均与全氮、碱解氮、速效磷、速效钾呈现出显著或极显著的正相关，说明道路边坡人工土壤腐殖质组分与土壤养分有着紧密的联系。胡敏酸、富里酸与含水量呈极显著正相关（$r=0.96$，$r=0.85$），而胡敏酸与土壤容重呈极显著负相关（$r=-0.93$），富里酸与土壤容重呈显著负相关（$r=-0.75$），说明道路边坡人工土壤腐殖质组分与土壤结构也有着紧密的联系。

表 8-2　道路边坡人工土壤腐殖质组分与土壤理化性质的相关性

腐殖质组分	胡敏酸	富里酸	全氮	碱解氮	速效磷	速效钾	含水量	容重
胡敏酸		0.82**	0.92**	0.97**	0.71*	0.98**	0.96**	−0.93**
富里酸			0.75*	0.81**	0.68*	0.88**	0.85**	−0.75*

*在 $p<0.05$ 水平下显著相关；**在 $p<0.01$ 水平下显著相关

胡敏酸和富里酸作为有机质的一部分，是氮、磷、钾等土壤营养元素的重要来源，在供应土壤养分、维持土壤结构等方面起着重要作用。在一定条件下，有机质通过土壤微生物作用发生缓慢的分解转化进行腐殖化过程，形成胡敏酸和富里酸，而胡敏酸和富里酸可以与土壤颗粒形成稳定团聚体，这样就很好地保存了各种矿质元素。道路边坡人工土壤胡敏酸、富里酸与土壤氮、磷、钾有着密切的联系，这表明道路边坡人工土壤在土壤微生物的作用下，胡敏酸、富里酸进行了矿质化过程，释放出氮、磷、钾，提高了土壤的肥力。Manlay 等（2007）发现土壤腐殖质与土壤肥力有着密切的关系。

在道路边坡坡位上，道路边坡人工土壤胡敏酸、富里酸和有机质含量表现出了显著的空间差异，道路边坡人工土壤富里酸含量均表现为坡中>坡上>坡下，胡敏酸含量表现为坡中>坡下>坡上，有机质含量表现为坡中>坡上>坡下，腐殖酸比（HA/FA）表现为坡中=坡下>坡上。与自然边坡相同坡位相比，道路边坡人工土壤的有机质含量偏低。道路边坡与自然边坡土壤中富里酸含量均以坡中最高。道路边坡人工土壤腐殖质组分与土壤理化性质之间有明显的相关性。道路边坡人工土壤中的胡敏酸、富里酸均与全氮、碱解氮、速效磷、速效钾、含水量呈现出显著或极显著的正相关，而道路边坡人工土壤中胡敏酸、富里酸与容重呈现出显著或极显著的负相关。国内外大量的道路工程形成的道路边坡大都采用岩土喷播技术进行植被恢复，岩土喷播的客土都是经过改良的，添加了化学试剂和营养物质。在这种情况下，如果能将腐殖质作为营养物质添加到人工土壤里，就可以在很大程度上改良道路边坡土壤的物理及化学性质，使其为植物提供一个良好的生长环境，提高植被的覆盖度，增加边坡的稳定性和生态效益。

第二节　道路边坡坡向对土壤腐殖质组分影响

坡向不同，则太阳辐射强度、日照时间、蒸发量和地表温度就不同，造成不同的小气候。坡向改变了水热条件，进一步影响坡面植被盖度和多样性指数，而且也直接地影响微生物数量和群落特征，致使土壤营养物质的积累与分解状况不同（Bartelt-Ryser et al., 2005; Sidari et al., 2008）。一般认为，阳坡的辐射强度、温度、侵蚀率和蒸发量高于阴坡，土壤水分则相反，这些因素都可能影响着土壤腐殖质的产生和分解（Bennie et al., 2008）。

由表 8-3 可知，道路边坡不同坡向之间，西向坡的人工土壤胡敏酸含量显著低于东向坡、南向坡和北向坡，但东向坡、南向坡和北向坡之间的人工土壤胡敏酸含量没有显著差异。这可能是由于西向坡受到太阳的辐射时间较少，水热条件差，不利于微生物的生存，而土壤微生物是土壤腐殖质形成的主要动力因素，可以促进土壤胡敏酸及富里酸的形成（窦森等, 2008）。道路边坡不同坡向之间，东向坡、南向坡、西向坡和北向坡四个不同坡向之间的人工土壤富里酸含量均没有显著差异。道路边坡各坡向的有机质含量差异显著，具体表现为南向坡>东向坡>北向坡>西向坡。南向坡和东向坡属于阳坡，接受的太阳辐射强度较大和照射时间较长，植物的光合作用充分，促进了植物生长，有较多有机营养物质积累，通过动物和微生物的分解可以形成大量的土壤有机物质。

道路边坡不同坡向之间人工土壤的腐殖酸比有明显差异，表现为南向坡=北向坡>东向坡>西向坡。这表明道路边坡南向坡和北向坡的人工土壤腐殖化程度很高，有利于胡敏酸的积累，而道路边坡西向坡腐殖化程度很低，不利于胡敏酸的积累。

表 8-3　道路边坡不同坡向的土壤腐殖质组分和有机质含量

坡向	胡敏酸/（g/kg）	富里酸/（g/kg）	HA/FA（PQ）	有机质/（g/kg）
东向坡	4.89 a	2.64 a	1.85 b	24.61 b
南向坡	4.94 a	2.48 a	1.99 a	26.01 a
北向坡	4.89 a	2.46 a	1.98 a	21.94 c
西向坡	3.88 b	2.48 a	1.56 c	19.17 d
F 值	0.59	9.07	—	123.47

注：不同字母表示差异显著（$p<0.05$）

腐殖质可以增强土壤的吸水能力和保肥能力。腐殖质是一种有机胶体，吸水保肥能力很强，一般黏粒的吸水率为 50%~60%，而腐殖质的吸水率高达 400%~600%，保肥能力是黏粒的 6~10 倍（闵安成和张一平，1996）。土壤水分也可以促进有机质的腐殖质化过程，为有机质的腐殖化提供了必要的水分，也为微生物生存的水分，可以促进腐殖质的形成。由表 8-4 可知，不同边坡坡向胡敏酸和富里酸与土壤含水量呈极显著相关。这是由于边坡腐殖质的吸水作用，使得边坡水分不易流失，可以大大地增加土壤的含水量，反之，为腐殖质化过程提供了必要的水分，促进腐殖化过程。

表 8-4　道路边坡坡向人工土壤腐殖质组分与土壤理化性质的相关性

腐殖质组分	胡敏酸	富里酸	全氮	碱解氮	速效磷	速效钾	含水量	容重
胡敏酸		0.86**	0.72*	0.87*	0.71*	0.78*	0.92**	−0.83**
富里酸			0.69*	0.54	0.42	0.34	0.85**	−0.75*

*在 $p<0.05$ 水平下显著相关；**在 $p<0.01$ 水平下显著相关

腐殖质可以改良土壤物理性质。腐殖质是形成团粒结构的良好胶结剂，可以提高黏重土壤的疏松度和通气性，改变砂土的松散状态，使得土壤的容重变小。由表 8-4 可知，不同边坡坡向胡敏酸与容重呈极显著负相关，富里酸与容重呈显著负相关。可见各坡向土壤腐殖质与土壤容重有着紧密的联系，丰富的腐殖质可以增加土壤的孔隙，使土壤更疏松，改善土壤结构。

土壤有机质可以为植物提供大量的营养元素，供植物生长发育。而腐殖质是有机质的主要成分，也是其中最有活性的部分，可以通过微生物进行矿化作用，从而降解出 N、P、K、S、Ca 等元素，为植物提供营养元素。从表 8-4 可以看出，不同坡向的胡敏酸和富里酸呈极显著相关性，与全氮、碱解氮、速效磷、速效钾呈显著相关性。之所以胡敏酸和富里酸呈极显著相关性，是因为胡敏酸和富里酸同属腐殖质物质，它们之间存在着直接的联系，可以在一定的条件下实现互相转化。

与富里酸相比，胡敏酸是腐殖质中活性较强的物质，易被分解和矿化形成 N、P、K 等矿物元素。此外，由于胡敏酸可以溶解于碱性溶液，而研究样地的土壤为碱性砂土，胡敏酸在其中易于分解，可以为植物提供矿物质元素，所以胡敏酸与全氮、碱解氮、速效钾、速效磷呈显著的相关性。与胡敏酸相比，富里酸在土壤中的活性较低，一般分解较慢，而且易于溶于酸而不溶于碱，在碱性的研究样地也不易分解，所以只与全氮呈显著相关性，与碱解氮、速效磷和速效钾没有显著的相关性。

参 考 文 献

窦森, 李凯, 崔俊涛, 等. 2008. 土壤腐殖质形成转化与结构特征研究进展. 土壤学报, 45(6): 1148-1158.

窦森, 于水强, 张晋京. 2007. 不同 CO_2 浓度对玉米秸秆分解期间土壤腐殖质形成的影响. 土壤学报, 44(3): 458-466.

窦森, 张晋京, 李凯, 等. 2010. 土壤胡敏酸与富里酸热力学稳定性及其驱动因素初步研究. 土壤学报, 47(1): 71-76.

关松, 窦森, 张大军, 等. 2006. 土壤腐殖质组成对大气二氧化碳浓度升高的响应. 水土保持学报, 20(5):

186-188.

郭培俊, 艾应伟, 陈朝琼, 等. 2012. 植生土类型对岩石边坡人工土壤理化性质和微生物活性的影响. 水土保持学报, 26(1): 203-208.

闵安成, 张一平. 1996. 土壤水气吸附与解吸研究. 土壤学报, 33(3): 280-286.

王晶, 何忠俊, 王立东, 等. 2010. 高黎贡山土壤腐殖质特性与团聚体数量特征研究. 土壤学报, 47(4): 723-733.

王倩, 艾应伟, 裴娟, 等. 2010. 遂渝铁路边坡草本植物多样性季节动态和空间分布特征. 生态学报, 30(24): 6892-6900.

王英惠, 杨旻, 胡林潮, 等. 2013. 不同温度制备的生物质炭对土壤有机碳矿化及腐殖质组成的影响. 农业环境科学学报, 32(8): 1585-1591.

文启孝. 1984. 土壤有机质的组成、形成和分解. 土壤, 6(3): 121-129.

吴建峰, 林先贵. 2003. 土壤微生物在促进植物生长方面的作用. 土壤, 35(1): 18-21.

杨翔宇, 林学巍, 窦森. 2013. 不同氧气条件对玉米秸秆在土壤中腐殖化的影响. 东北林业大学学报, 41(1): 106-108.

张晋京, 窦森, 李翠兰, 等. 2005. 土壤腐殖质分组研究. 土壤通报, 35(6): 706-709.

张晋京, 窦森. 2002. 灼烧土中玉米秸秆分解期间胡敏酸、富里酸动态变化的研究. 吉林农业大学学报, 24(3): 60-64.

Bartelt-Ryser J, Joshi J, Schmid B, et al. 2005. Soil feedbacks of plant diversity on soil microbial communities and subsequent plant growth. Perspectives in Plant Ecology, Evolution and Systematics, 7(1): 27-49.

Bennie J, Huntley B, Wiltshire A, et al. 2008. Slope aspect and climate: Spatially explicit and implicit models of topographic microclimate in chalk grassland. Ecological Modelling, 216(1): 47-59.

De la Rosa J M, Santos M, Araújo M F. 2011. Metal binding by humic acids in recent sediments from the SW Iberian coastal area. Estuarine, Coastal and Shelf Science, 93(4): 478-485.

Logsdon S D, Karlen D L. 2004. Bulk density as a soil quality indicator during conversion to no-tillage. Soil and Tillage Research, 78: 143-149.

Manlay R J, Feller C, Swift M J. 2007. Historical evolution of soil organic matter concepts and their relationships with the fertility and sustainability of cropping systems. Agriculture, ecosystems & environment, 119(3): 217-233.

Pachepsky Y A, Rawls W J. 2003. Soil structure and pedotransfer functions. European Journal of Soil Science, 54(3): 443-451.

Sidari M, Ronzello G, Vecchio G, et al. 2008. Influence of slope aspects on soil chemical and biochemical properties in a Pinuslaricioforest ecosystem of Aspromonte(Southern Italy). European Journal of Soil Biology, 44(4): 364-372.

第九章 道路边坡土壤重金属污染特性

大规模的铁路工程建设造成了很多裸露的岩石边坡。据统计，到 2020 年全国铁路建设将达 10 万 km，填挖方路段占总里程数的 1/3，这将产生大量裸露的岩石边坡（王金惠和杨知建，2011）。由于边坡创面原有土壤和植被的破坏，由此引起的山体滑坡、水土流失、食物链破坏和局部小气候恶化等生态环境破坏现象十分严重。在保证边坡稳定的前提下，尽快恢复和重建道路边坡创面的植被，是减轻生态恶化、美化环境的需要，也是避免铁路、公路安全隐患的迫切要求，是铁路建设的重要组成部分（董世魁等，2008）。

土壤中的重金属迁移转化能力弱，可以在土壤中存留数年。土壤中高负荷的重金属不仅影响植物生长，还可通过食物链的传递影响人类健康，对人类健康造成潜在的威胁（Turkdogan et al., 2000; Lee et al., 2009; Li et al., 2012; Özcan and Juhaimi, 2012; Zhang et al., 2012）。某些重金属，如镉（Cd）、铅（Pb）、铬（Cr）在人体内具有蓄积效应，不仅影响小孩的生长发育，还可能引起肾脏疾病、癌症及其他一些疾病（Khan et al., 2011; Olawoyin et al., 2012）。

土壤中的重金属有多种来源，如基层岩石的自然风化、矿山的开采、生活垃圾、电子垃圾、工业三废及交通运输等。随着人口和车辆的增加，以交通运输为主的非点源污染成为土壤重金属的重要来源。运输过程中燃料的燃烧，车辆与铁轨或公路之间的摩擦、车辆部件的磨损以及货物的泄露释放出含重金属的颗粒，通过沉降作用进入土壤，造成土壤的重金属污染（Shi et al., 2008; Achilleas and Nikolaos, 2009; Liu et al., 2009; Zhang et al., 2012;）。近年来，有许多关于公路边际土壤重金属污染的报道（Chen et al., 2010; Sun et al., 2010; Wei and Yang, 2010）。Chen 等（2010）的研究表明，高负荷的交通流量引起北京城区公路边际土壤 Cd、Pb 含量显著增加。Khan 等（2011）的研究表明，巴基斯坦白沙瓦市道路边际土壤和植物 Cd、Pb 含量显著高于对照土壤。

长期以来，铁路运输被认为是一种清洁的运输方式。然而，20 世纪 90 年代后期，有研究报道铁路沿线的空气和土壤中的重金属含量显著高于对照（Davila et al., 2006; Lorenzo et al., 2006; Baltrėnas et al., 2009）。车辆和铁路之间的摩擦使铁路释放出铁（Fe）、铜（Cu）、锌（Zn）、锰（Mn）、铬（Cr）、镍（Ni）和铅（Pb）到边际土壤环境中（Burkhardt et al., 2008）。关于铁路边际土壤重金属污染的研究主要集中在铁路不同功能区土壤重金属的污染程度及风险评价（Malawaka and Wilkomirski, 2001）、重金属污染沿铁路的水平分布特征（Baltrėnas et al., 2009）、环境因子对铁路沿线重金属污染分布特征的影响（Liu et al., 2009; Zhang et al., 2012）等方面。在开展本书研究之前，没有关于铁路边际岩石边坡创面人工土壤重金属污染特征以及铁路运行时间对人工土壤重金属污染程度的影响的相关报道。

铁路建设造成的道路边坡破坏了表面植被和表层土壤，使边坡土壤条件恶化，水土流失加重，植被恢复困难（Paschke et al., 2000; Bochet and García-Fayos, 2004）。如果能在岩石边坡创面覆盖一层人工土壤，将促进植被的有效恢复（Bradshaw, 1997）。厚层基材喷射植被护坡技术是将含有植物种子的人工土壤喷射到坡面，以人工土壤为植物的生长提供营养源和载体，使坡面迅速恢复自然植被，这已成为应用最广泛的边坡防护技术之一。然而，Ai 等（2012）的研究表明，由于人工土壤未经历足够的成土过程，人工土壤的粒径分布（particle size distribution，PSD）、水稳定性团聚体数量、分形维数、肥力等指标特征与自然土壤相比有显著差异。由于土壤特性与土壤重金属的富集、植物对重金属的吸收以及重金属的迁移转化密切相关（Fonseca et al., 2011），所以详细了解铁路边际岩石边坡创面人工土壤的重金属污染特征，对道路边坡植被恢复以及保证道路安全具有重要意义。

第一节　铁路运输对道路边坡土壤重金属富集的影响

为研究铁路运输对道路边坡土壤重金属富集的影响，研究区域选定在四川省遂宁市遂宁火车站附近（30º32'N，105º32'E）。该区域为丘陵地区，以湿润的亚热带气候为主，年均温度和降水量分别为 17.41℃ 和 927.6mm。土壤为紫壤土，在国际分类系统中属于饱和始成土。在该区域有四条不同建成年代的铁路，在建设过程中形成了许多裸露的岩石边坡。许多道路边坡采用厚层基材喷射植被护坡技术护坡（图 9-1），所用的人工土壤主要由腐殖质、稻草、黏结剂、保湿剂、可溶性肥料和回填土（农田土壤或者粉碎的岩石碎片）等组成。人工土壤 Pb、Cr、Cd、Cu、Zn 的原始浓度分别约为 28mg/kg、55mg/kg、0.8mg/kg、16mg/kg、140mg/kg。

图 9-1　厚层基材喷射植被护坡技术的护坡过程

在 2012 年于遂宁火车站附近 2km 范围内，选择四个不同护坡年限的铁路岩石边坡，采集非根际土壤样品。边坡 1 位于新建的铁路旁，受铁路运输影响较小；边坡 2 位于 2007 年建成的铁路旁，护坡时间为 5 年；边坡 3 位于 2003 年建成的铁路旁，护坡时间为 9 年；边坡 4 位于 1996 年建成的铁路旁，护坡时间为 15 年。在距离铁路 2km 外选择一个典型的自然边坡和一个农田边坡为对照。所有边坡高度约为 50m，坡度约为 40°，铁路边坡的主要理化性质见表 9-1。

表 9-1　铁路边坡土壤的主要理化性质　　　　　（单位：g/kg）

研究点	有机质（OM）	pH	全氮（TN）	全磷（TP）
1 （几乎未受铁路运输影响的边坡）	21.97	5.03	0.64	0.41
2 （受铁路运输影响 5 年的边坡）	18.01	8.21	0.72	0.3
3 （受铁路运输影响 9 年的边坡）	19.22	6.56	0.58	0.36
4 （受铁路运输影响 15 年的边坡）	17.72	4.32	0.83	0.52

样品采集于 2012 年 5 月。分别在离铁轨路基 1m、5m、15m、20m、50m 处平行铁轨方向设置采样带，在采样带上按照随机取样的原则采样，各边坡每个距离处采集 3 个样品。在对照边坡，随机选取 10 个点，采集 0~20cm 的表层土，混合后作为一个样品，设置 3 个重复。土样自然风干 2 周，过 2mm 筛，用于分析土壤重金属总量（Cd、Pb、Cu、Cr 和 Zn）和土壤基本理化性质。

一、不同护坡年限边坡的重金属污染及风险评价

（一）土壤样品的重金属含量

岩石边坡创面人工土壤的重金属含量见表 9-2 和图 9-2。Cd、Pb、Cr 的含量在四个研究点之间有显著差异（$F>7$，$p<0.01$）。Cd、Pb 的含量随铁路运行时间的增加而升高，而 Cr 随铁路运行时间的增加而降低。与此同时，在研究点 Cr 富集植物生长旺盛，Cr 富集植物对土壤中 Cr 的富集作用可能是引起 Cr 含量随铁路运行时间的增加而降低的因素之一。尽管富集植物对 Cr 有富集作用，但研究点的植物很少收割，所以富集植物对土壤中 Cr 的去除作用有限，可能还存在其他的影响因素，还需进一步探讨。Zn、Cu、Fe 的含量在研究点间变异小。由此推出，研究点的 Zn、Cu、Fe 含量受人类活动的影响较少，主要来自自然环境，其含量与当地自然土壤的本底值有关。

将研究点的重金属含量与国家的环境质量标准（SEPAC 1995）进行比较，结果见表 9-2。在对照点，除 Zn 略高于土壤的环境质量标准外（133.6mg/kg），其他所有重金属的含量均低于土壤的中国环境质量标准。土壤 Cd 和 Pb 含量有不同程度的升高，其含量

不仅全高于对照点，而且均超过了中国的环境背景值。另外，Cd 的最大浓度（4.13mg/kg）几乎是环境背景值（0.2mg/kg）的 20 倍，超过了中国农业上的最大耐受浓度（0.3mg/kg；SEPAC 1995）。所有样品的 Cr 和 Cu 的含量均在自然背景值内（Cr 90mg/kg；Cu 35mg/kg）。以上研究表明，研究点的土壤受到了 Cd 和 Pb 的污染，Cd 的污染较重。

表 9-2　　不同年限边坡土壤的重金属含量　　　　（单位：mg/kg）

研究点	Cd	Pb	Cr	Cu	Zn
1 （几乎未受铁路运输影响的边坡）	0.93 ± 0.20 (0.74~1.23)	26.3 ± 1.9 (24.2~29.1)	63.3 ± 5.2 (55.4~67.6)	22.7 ± 1.9 (20.4~25.5)	180.4 ± 4.6 (173.4~183.1)
2 （受铁路运输影响 5 年的边坡）	2.08 ± 0.94 (0.67~4.27)	49.2 ± 16.5 (25.8~87.1)	35.6 ± 13.8 (20.3~64.3)	17.6 ± 0.9 (15.6~19.1)	158.0 ± 9.4 (137.2~168.9)
3 （受铁路运输影响 9 年的边坡）	3.42 ± 0.15 (3.20~3.57)	70.5 ± 3.5 (65.3~74.6)	15.5 ± 2.8 (11.9~15.0)	18.6 ± 1.2 (16.9~20.2)	161.5 ± 6.3 (152.1~169.2)
4 （受铁路运输影响 15 年的边坡）	4.13 ± 0.24 (3.88~4.48)	84.6 ± 5.9 (75.7~88.9)	13.2 ± 0.9 (12.0~14.5)	16.3 ± 0.9 (15.1~17.7)	150.8 ± 4.3 (146.9~157.2)
对照 （当地背景值）	0.81 ± 0.08 (0.70~0.92)	32.9 ± 1.6 (30.5~35.2)	40.9 ± 4.8 (50.3~62.1)	17.2 ± 0.5 (16.4~17.7)	133.6 ± 5.4 (125.4~138.7)
中国自然土壤重金属限值[a]	0.2	35	90	35	100
中国农业土壤重金属最大耐受值（pH < 6.5）	0.3	250	250	50	200
中国土壤重金属的背景值	0.1	19.4	49.3	26.7	68.8

a 中国环保局，GB15618（SEPAC 1995）

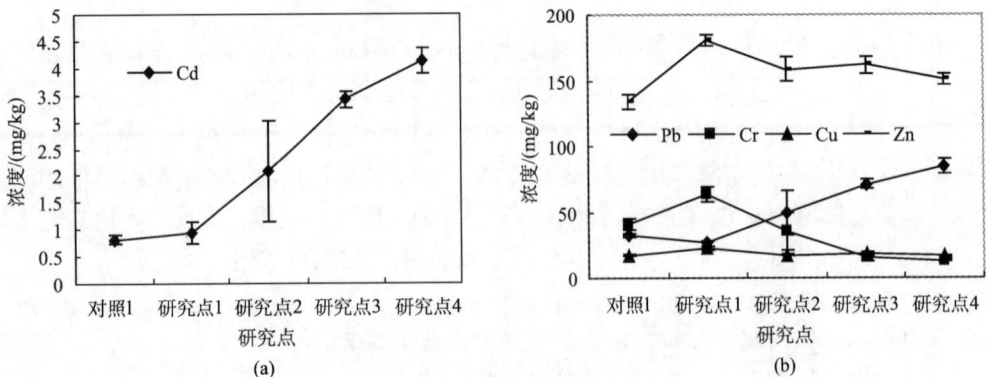

图 9-2　重金属含量随护坡年限的变化

研究点 1 为几乎未受铁路影响的边坡；研究点 2 为受铁路运输影响 5 年的边坡；研究点 3 为受铁路运输影响 9 年的边坡；研究点 4 为受铁路运输影响 15 年的边坡

由表 9-2 可知，Cd 和 Pb 显著高于背景值，表明研究点的 Cd 和 Pb 主要来自人类活动。在几个研究点中，它们的最大值均出现在受铁路运输影响时间最长的边坡。由此可见，Cd 和 Pb 的来源与铁路运输有关，其确切的来源还需进一步研究。

（二）土壤重金属含量与其他研究中土壤重金属含量的比较

本书研究结果与其他关于道路边坡土壤重金属污染的研究结果进行相互比较，以世界背景值作为参考，结果见表 9-3。本书中的 Cd 浓度几乎是世界背景值的 7 倍。在 Liu 等（2009）、Nabulo 和 Oryem-Origa（2006）的研究中，Zn 含量远远超过世界背景值。只有在 Liu 等（2009）的研究中，Cu 含量超过背景值。这些研究结果表明，上述研究中的研究点受到了当地交通运输的影响。

表 9-3　重金属含量与其他研究中土壤重金属含量的比较　（单位：mg/kg）

Cd	Pb	Cr	Cu	Zn	Fe	参考文献
1.36	30.7	51.6	31.4	86.1	—	Olajirc and Ayodele, 1997
1.12	45.3			140.9		Nabulo and Oryem-Origa, 2006
8.1	36.3	—	—	—		Khan et al., 2011
1.19	35.5		59.2	235.3		Liu et al., 2009
<0.5	550		24	84	—	Ma et al., 2009
2.33	50.6	23.9	18.1	160.1	16876.2	本书研究区域
0.35	35	70	30	90	—	世界背景值

此外，本书中的 Cr 的平均值比其他研究低，可能与 Cr 富集植物在研究点的盖度和密度都比较高、生物量比较大有关（Conesa et al., 2011）。本书中的 Cu、Zn、Pb 浓度位于其他研究点的浓度之间，但 Cd 的浓度显著高于其他研究点。土壤中的 Cd 有多种来源，如冶炼厂排出的废气、废水和废渣等。另外，许多研究表明交通产生的废气的毒性几乎与工厂相当。据 Chen 等（2010）的报道，公路交通对边际土壤 Cd 含量有显著贡献，公路交通中 Cd 主要来自车辆轮胎的摩擦和燃料的燃烧。铁路运输同样影响沿线土壤的 Cd 含量（Malawaka and Wilkomirski, 2001; Ma et al., 2009）。润滑油、车厢的装饰、旅客垃圾、货物的飘洒、车辆部件的磨损以及车辆与铁轨之间的摩擦可能是 Cd 的主要来源（Plakhotnik et al., 2005; Liu et al., 2009）。综合考虑研究点周围的环境情况，研究点较高的 Cd 含量可能与以下因素有关。

（1）当地 Cd 的背景值比较高。对照点 Cd 含量为（0.801±0.08）mg/kg，几乎是世界背景值的 2 倍（表 9-3），显著高于其他几个研究的背景值。

（2）研究点位于遂宁火车站附近，Cd 含量不仅受到铁路运输的影响，还受到城市公路运输的影响。公路运输产生的含 Cd 颗粒，通过空气的扩展以及沉降作用来到土壤中。

（3）铁路不仅有客运列车，还有货运列车。燃料的燃烧以及货物的泄露，特别是金属货物的泄露也是边际土壤 Cd 的重要来源。

（三）土壤样品重金属富集的评估

土壤中重金属的富集程度常用富集系数（EF）来评估。为了使不同地形环境的重金属含量具有可比性，EF 值通常通过与参考元素的比较来标准化。Mn、Fe、Li 和 Al 是最常用的参考元素。由于上述几个元素可能是本研究区域的污染元素，所以不适合做参考元素。近年来，当地背景值通常被用作参考，因为它能有效地抵消自然地球化学因素引起的变异（Abrahim and Parker, 2008; Liu et al., 2009）。根据 Kim 和 Kim（1999）的富集系数计算公式：

$$EF = \frac{样品平均金属浓度}{参考材料金属浓度}$$

式中，对照点的土壤重金属含量被用作参考值。

四个研究点土壤重金属的 EF 值见表 9-4。所有土壤重金属的 EF 值为 0.32~5.1，表明在研究点重金属元素含量从缺乏到富集，呈现不同的污染程度。所有富集系数大于 2 的重金属均为 Pb 和 Cd。Pb 和 Cd 的中位数值比其他元素高，变化范围比其他元素大（图 9-3）。Pb 和 Cd 的 EF 值随着铁路运行时间的增加而增加。就 Cd 而言，除了研究点 1 以外，其他研究点的 EF 值均超过 2，最大值达到 5.1。根据表 9-5 的富集标准，Cd 在这些土样中有中等程度的富集。Pb 在研究点 3 和研究点 4 也有中等程度的富集。就 Cr、Cu、Zn 和 Fe 而言，几乎所有的 EF 值均比较接近，表明这几个元素受人类的影响比较小。

表 9-4　不同年限边坡土壤重金属的 EFₛ

研究点	Cd	Pb	Cr	Cu	Zn	Fe
1	1.15	0.8	1.55	1.32	1.35	0.87
（几乎未受铁路运输影响的边坡）	±0.25	±0.06	±0.12	±0.15	±0.05	±0.08
2	2.57	1.5	0.87	1.02	1.18	1.29
（受铁路运输影响 5 年的边坡）	±1.35	±0.41	±0.28	±0.06	±0.08	±0.28
3	4.22	2.14	0.38	1.08	1.21	0.82
（受铁路运输影响 9 年的边坡）	±0.24	±0.11	±0.07	±0.10	±0.06	±0.06
4	5.1	2.58	0.32	0.95	1.13	1.04
（受铁路运输影响 15 年的边坡）	±0.39	±0.18	±0.02	±0.08	±0.04	±0.07
均值	3.26	1.755	0.78	1.0925	1.2175	1.005

表 9-5　根据 EF 值的富集分类（Mohsen et al.，2012）

EF 值	富集程度
EF < 2	无富集
EF = 2~5	中等富集
EF = 5~20	显著富集
EF = 20~40	高富集
EF > 40	非常高的富集

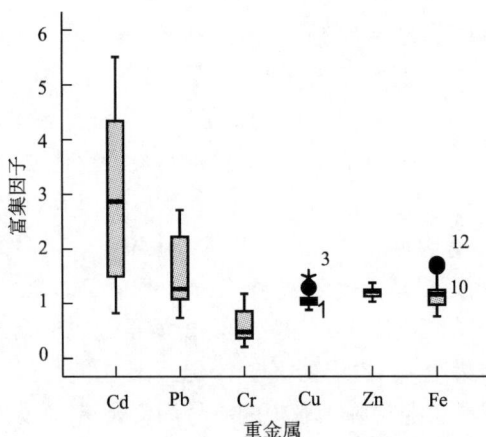

图 9-3　土壤重金属富集因子的相形图

图中数字代表异常值，表示第几个数据是异常值。如 Cu 第 1 和第 3 个数据为异常值

（四）基于重金属总量的土壤重金属污染评价

目前土壤环境质量评价方法有很多，各有优点和缺点。本书采用我国《土壤监测技术规范》（HJ/T 166—2004）中推荐的内梅罗综合污染评价方法来开展。该方法是在计算某个采样点某种重金属单项污染指数（分指数）的基础上再计算该采样点多种重金属的综合污染指数。土壤环境质量单项污染指数来评价某一污染物的污染程度，指数小污染轻，指数大污染重。土壤往往受多种污染物的污染，综合污染指数可以综合判断某土壤多种污染物的联合效应。单项污染指数、综合污染指数计算公式如下：

$$P_{ij} = \frac{C_i}{S_i} \tag{9-2}$$

$$P_N = \sqrt{\frac{1}{2}P_{i,\text{average}}{}^2 + \frac{1}{2}P_{i,\text{max}}{}^2} \tag{9-3}$$

式中，P_{ij} 为 j 剖面第 i 个重金属的污染分指数；C_i 为第 i 个重金属的实测浓度；S_i 为元素的评价标准；P_N 为综合污染指数；$P_{i,\text{average}}$ 和 $P_{i,\text{max}}$ 分别为平均单项污染指数和最大单项污染指数（陈黎萍, 2008）。

$P_{ij} \leqslant 1$ 表示土壤未受该因子污染；$P_{ij} > 1$ 表示土壤受该因子污染。

综合污染指数反映了各污染物对土壤的作用，同时突出了高浓度污染物对环境质量的影响程度。根据 HJ/T 166—2004，内梅罗综合污染指数的分级标准见表 9-6。

表 9-6　内梅罗污染指数分级标准与内梅罗污染指数污染等级

污染等级	P_N 范围	污染情况
1	$P_N \leqslant 0.7$	清洁（安全）
2	$0.7 < P_N \leqslant 1.0$	尚清洁（警戒限）
3	$1.0 < P_N \leqslant 2.0$	轻度污染
4	$2.0 < P_N \leqslant 3.0$	中度污染
5	$P_N > 3.0$	重度污染

以中国土壤环境质量标准为参考值，计算不同年限边坡人工土壤重金属单项污染指数和内梅罗综合污染指数，结果列于表 9-7。从表 9-7 可知，各年限边坡土壤重金属污染程度不同，随着铁路运行时间的增加，污染指数增加。研究点 4 运行时间最长、污染程度最高，达重度污染，主要污染元素为 Cd，单项污染指数达 20.65，另外 Pb、Zn 对指数也有一定贡献。研究点 1 土壤重金属污染程度相对较低，但内梅罗指数仍然达到了 3.5，Cd 和 Zn 污染相对较高。综合四个研究点，铁路旁土壤重金属污染综合指数为均大于 3，呈重度污染，主要污染物为 Cd，污染程度表现为 Cd>Pb>Zn>Cu>Cr。这个结果展现了铁路和公路土壤重金属污染的不同特征。公路边际土壤重金属污染的主要污染物为 Pb。尽管含 Pb 汽油逐渐被各国禁用，但由于土壤中 Pb 迁移转化能力弱，在土壤的保留时间长，在各研究报告中 Pb 仍然是公路边际土壤中的头号污染元素。而火车内燃机使用的燃料为含 Pb 量低的柴油，其含 Pb 只有汽油的 1/16（王再岚等，2006），因而铁路运输由燃油燃烧释放的 Pb 比例较少，减少了对边际土壤的 Pb 污染。

表 9-7　不同年限边坡人工土壤重金属污染指数

研究点	土壤重金属单项污染指数					综合污染指数	污染分级
	Cd	Pb	Cr	Cu	Zn		
1（几乎未受铁路运输影响的边坡）	4.65	0.75	0.70	0.65	1.80	3.50	5
2（受铁路运输影响 5 年的边坡）	10.4	1.41	0.40	0.50	1.58	7.63	5
3（受铁路运输影响 9 年的边坡）	17.1	2.01	0.17	0.53	1.62	12.47	5
4（受铁路运输影响 15 年的边坡）	20.65	2.42	0.15	0.47	1.51	15.03	5
均值	13.2	1.65	0.35	0.54	1.63	9.67	5

（五）土壤重金属污染生态风险评估

用 Hakanson 法计算生态风险系数（Hakanson, 1980; Mohsen et al., 2012），评价研究点的生态风险。其计算公式如下：

$$RI = \sum_{i=1}^{m} E_r \tag{9-4}$$

$$E_r = T_r \times C_f \tag{9-5}$$

$$C_f = \frac{Cs}{Cn} \tag{9-6}$$

式中，E_r 为各元素的生态风险；RI 为各元素的综合风险指数（Li et al., 2012）；T_r 为环境毒性系数，Cd、Cu、Pb、Cr、Zn 的 E_r 分别为 30、5、5、2、1。根据 RI 值的生态风险等级见表 9-8。研究点基于 Hakanson（1980）法计算了生态风险系数见表 9-9。根据各研究点的生态风险系数和表 9-8 的评价标准，结果表明除了研究点 1 外，其他的研究点均有一定的生态风险。生态风险系数（RI）随着铁路运行时间的增加而增加。研究点 4 具有最长的铁路运行时间，其生态风险系数（RI）最大，为 635.2。此现象可解释为：研究点 4 受铁路运行过程中产生的含重金属的颗粒和气体的时间最长，在土壤中的富集越多，导致了较大的 RI 值和生态风险。因此，在研究点表现出道路边坡土壤 Cd 的污染显著，这是值得关注的现象。

表 9-8　基于 RI 值的生态风险分级（Hakanson, 1980）

RI 值	生态风险分级
RI<150	低
150 ≤ RI<300	中等
300 ≤ RI<600	显著
RI ≥ 600	高

表 9-9　研究点的生态风险系数

研究点	Er 的平均值						生态风险分级
	Cd	Pb	Cr	Cu	Zn	RI	
1 （几乎未受铁路运输影响的边坡）	139	3.8	1.4	3.2	1.80	149.2	低
2 （受铁路运输影响 5 年的边坡）	312.3	6.5	0.79	2.5	1.58	323.67	显著
3 （受铁路运输影响 9 年的边坡）	513	10.1	0.35	2.7	1.62	527.77	显著
4 （受铁路运输影响 15 年的边坡）	619	12.1	0.29	2.3	1.51	635.2	高
总和	1583.3	32.5	2.83	10.7	6.51		

（六）土壤重金属元素之间以及与土壤有机质的相关性

土壤重金属元素间的皮尔逊相关系数见表 9-10。一些土壤重金属元素之间存在显著的正相关关系，如 Cd-Pb、Cu-Cr、Cu-Zn、Fe-Cr、Fe-Zn、Pb-SOC。由此说明，Cu、Cr、

Zn、Fe 之间有显著的正相关关系，可能具有共同的来源。Cu、Cr、Zn、Fe 的含量和 EF_s 均未超过正常值，所以土壤中的这四种元素主要为自然来源。Cd 与 Pb 呈显著的正相关，因其含量和 EF 值均超出了背景值，说明它们主要是人为来源。SOC 与 Pb 呈显著的正相关，表明土壤中的 Pb 易被有机质固定。这与很多其他研究的研究结果一致。SOC 和其他元素（Cd、Cu、Cr、Zn 和 Fe）相关性弱，当这几个元素在土壤中的含量比较高时，可能具有更高的移动性。

表 9-10　土壤样品的皮尔逊相关系数（$n=45$）

项目	Cd	Pb	Cr	Cu	Zn	Fe	SOC
Cd	1.000						
Pb	0.769**	1.000					
Cr	−0.408*	−0.285	1.000				
Cu	−0.209	−0.318	0.450*	1.000			
Zn	0.206	0.031	0.245	0.620**	1.000		
Fe	0.092	0.207	0.565**	0.162	0.430*	1.000	
SOC	0.260	0.392*	−0.186	−0.331	−0.423*	−0.323	1.000

*$p<0.05$；**$p<0.01$

（七）土壤重金属的聚类分析

进一步运用聚类分析方法分析了这几种元素间的关系，其结果间分层树图如图 9-4 所示。聚类轴上距离值越小，说明关系越显著（Mohsen et al., 2012）。由图 9-4 可以看出，土壤重金属被分成明显的两类，Cu、Zn、Fe 和 Cr 属于第一类，Pb、Cd 属于第二类。除了 Cr，每类中的元素间关系密切，在轴上的距离小于 5。

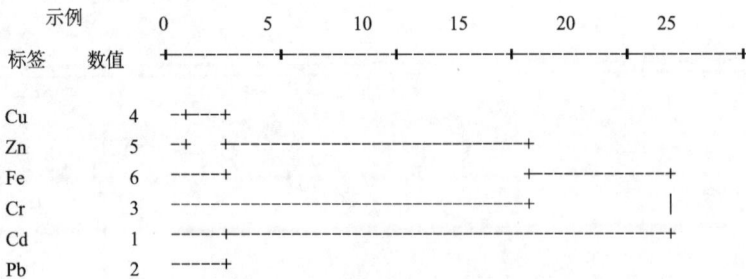

图 9-4　土壤重金属的分层树图

（八）土壤重金属的主成分分析

采用主成分分析并结合旋转轴分析，进一步研究了六种土壤重金属元素间的关系。变量的特征值大于 1 被认为是主要影响因子（Li et al., 2012）。旋转因子矩阵值见表 9-11。获得两组，第一组包括 Cr、Cu、Zn、Fe，其因子的值大于 0.6，表明它们具有共同的来源；第二组包括 Cd 和 Pb，两者具有相似的来源。第一组主要来自自然来源，第二组来自人为来源。

表 9-11　土壤样品的旋转因子矩阵值（$n=45$）

元素	组分		共同度
	1	2	
Cd	0.021	0.932	0.868
Pb	−0.005	0.917	0.840
Cr	0.691	−0.436	0.667
Cu	0.708	−0.345	0.620
Zn	0.812	0.168	0.687
Fe	0.752	0.207	0.608
特征值方差	39.859	31.662	
累积百分比	39.859	71.521	

注：提取方法：主成分分析；旋转方法：开塞正态方差最大变异法；旋转收敛于三次迭代。

描述性统计学、聚类分析、主成分分析和皮尔逊相关分析的结果一致。重金属被分成两组，Cr、Cu、Zn、Fe 属于第一组，Cd 和 Pb 属于第二组。第一组几乎很少受人为活动的影响，第二组受交通运输的影响显著。Cd 和 Pb 的污染程度随铁路运行时间的增加而增加，随距铁路路基距离的增加而降低。近年来，铁路区域重金属污染有加剧的趋势（Liu et al., 2009）。铁路建筑材料的磨损、柴油机车燃料的燃烧、电车顶部电线的摩擦以及货物的泄露释放出含重金属的颗粒到空气中，Pb 和 Cd 的小颗粒被大颗粒吸附后沉降到土壤中，较大的颗粒则直接沉降入土壤（Liu et al., 2009; Zhang et al., 2012）。通过分析研究点铁路的运行情况以及周围环境，铁路边际土壤升高的 Pb 和 Cd 主要与货物的泄露、车辆与铁轨间的摩擦有关。另外，由于目前部分车次仍然为柴油机车，柴油机车燃料的燃烧可能是其另外的来源。周围的城市交通运输也可能是其来源之一。

二、距铁轨不同距离处的重金属污染情况及生态风险

（一）距铁轨不同距离处的土壤重金属含量

土壤重金属含量随距铁轨距离的变化规律如图 9-5 所示。土壤 Cd 和 Pb 最高含量在 5m 处，而后急剧下降。在 50m 处，土壤 Cd 和 Pb 含量接近背景值，这表明 Pb 和 Cd 的污染达到了 50m 处。其他几个研究者也发现紧邻道路区域土壤重金属含量显著升高，而后迅速降低的现象（Ma et al., 2009; Malawaka et al., 2001; Zhang et al., 2013）。这可能是由于来自火车轨道摩擦等产生的重金属颗粒容易受到边坡阻挡而在轨道附近富集，雨水的冲刷使重金属向坡底转移所致。另外，地形也影响重金属分布。Liu 等（2009）的研究发现，重金属在平坦地点的污染范围大于边坡，而本书中的边坡坡度小于 Liu 等（2009）的研究中的边坡坡度，从而使 Pb 和 Cd 具有更大的影响距离。Cd 的影响距离大于 Pb，可能是由于 Cd 的化学性质比 Pb 活泼，具有更好的迁移性所致。

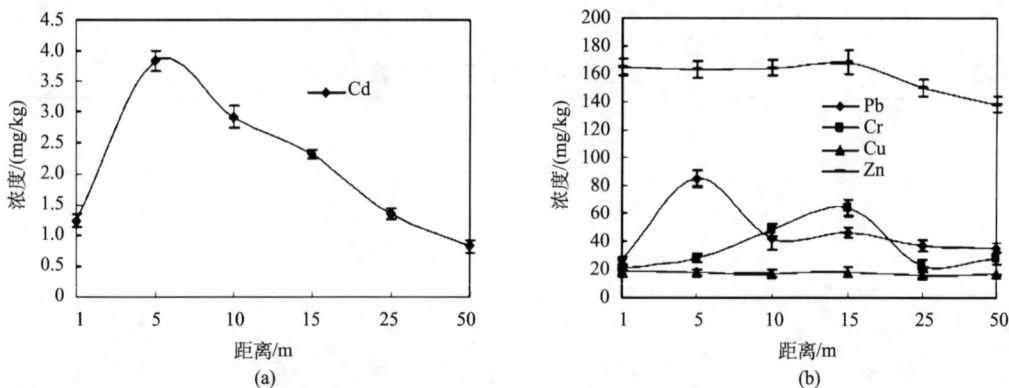

图 9-5　土壤重金属随离铁轨距离的变化

土壤 Zn 和 Cu 含量随距铁轨距离的变化不显著。土壤 Cr 含量的峰值出现在 15m 处，随着距离的增加而急剧下降，在 25m 处含量最低。另外，土壤 Cr 含量随护坡时间的增加而降低，这可能是由于紫花苜蓿对 Cr 的强吸收所致。在 25m 处紫花苜蓿密度大，其密度随护坡年限的增加而增加，密集的紫花苜蓿能吸收更多的 Cr，从而降低了土壤 Cr 含量。

（二）距铁轨不同距离处重金属的富集

以对照点土壤重金属浓度值为标准，所得的土壤重金属富集系数见表 9-12。Cd 和 Pb 的富集系数最大值在 5m 处，随后随距铁路距离增加呈下降趋势，在 50m 处，Cd 和 Pb 的富集系数接近 1，说明铁路对路旁土壤中 Cd 和 Pb 的影响距离为 50m。以往的大部分研究揭示道路旁土壤重金属的浓度与距道路的距离呈负相关，而在本书中 Cd 和 Pb 的富集系数在距离铁轨 1m 处显著低于 5m 处。鲁春霞等（2004）也得出与本书研究类似的结果，青藏铁路两侧土壤重金属 Pb 和 Hg 呈正态分布，峰值出现在距铁路约 50m 处，其研究区的地形也为高大的路堤边坡。

表 9-12　距铁轨不同距离处重金属的富集系数

距离/m	Cd	Pb	Cr	Cu	Zn	Fe
1	1.53	0.81	0.52	1.09	1.24	1.20
5	4.74	2.59	0.69	1.05	1.22	1.17
10	3.60	1.28	1.18	1.02	1.24	1.68
15	2.86	1.42	1.57	1.07	1.26	1.56
25	1.67	1.14	0.57	0.93	1.12	0.91
50	1.01	1.09	0.68	0.97	1.03	1.03
均值	2.57	1.39	0.87	1.02	1.18	1.26

大气中污染物颗粒的扩散距离取决于颗粒物大小和污染源的高度。本书中 Cd 和 Pb 的来源主要为铁轨和轮轴的摩擦产生的小颗粒，以及货物洒落产生的较大颗粒。小颗粒由于质量比较小，受列车产生的空气流的影响在距铁轨较远处沉积；货物洒落产生的较大颗粒虽然质量比较大，易于沉积，但由于车厢的高度比较高，列车的运行速度比较快，受车厢高度和空气流的影响，其沉积处也应该距铁轨有一定距离。因此，在本书中 Cd 和 Pb 的富集系数最大值出现在 5m 处，而不在 1m 处。Cr、Cu、Zn、Fe 的富集系数接近 1，且在距铁轨不同距离处无显著变化，说明这几个元素主要为自然来源，无显著富集。

（三）距铁路不同距离处土壤污染评价

以中国土壤重金属环境限量标准为依据，计算距铁路不同距离土壤重金属污染指数，结果见表 9-13。不同距离处重金属元素的单项污染指数范围为 0.26~19.2。污染程度表现为 Cd>Zn>Pb>Cu>Cr。土壤 Cd 在 0~50m 内污染较重，影响范围超过 50m，在切挖边坡断面的近铁轨 5m 处污染非常显著，污染指数达 19.2。土壤 Pb 污染程度较轻，只在 1~5m 范围内显现中度污染，其他范围呈现轻度污染或无污染。综合污染指数基本与距铁路距离呈负相关，在距铁路距离 0~50m 范围内均呈现重度污染，主要由 Cd 引起。

表 9-13　边坡距铁路不同距离处人工土壤的重金属污染指数

距离/m	土壤重金属单项污染指数					综合污染指数	污染分级
	Cd	Pb	Cr	Cu	Zn		
1	6.20	0.76	0.24	0.54	1.65	4.58	5
5	19.20	2.44	0.31	0.51	1.63	13.99	5
10	14.60	1.20	0.54	0.50	1.64	10.64	5
15	11.60	1.33	0.71	0.53	1.68	8.50	5
25	6.75	1.07	0.26	0.46	1.50	4.98	5
50	4.10	1.02	0.31	0.47	1.38	3.08	5
均值	10.41	1.30	0.40	0.50	1.58	9.63	5

（四）边坡距铁路不同距离处重金属生态风险评估

为了进一步了解重金属的污染程度以及相关度风险，用 Hakanson（1980）法计算了生态风险系数，结果见表 9-14。根据表 9-14 的评价标准，距铁路 0~25m 范围内均有一定的生态风险。生态风险系数（RI）最高值集中在 5~15m，生态风险显著，随后随距铁路距离的增加而降低。这主要由金属颗粒的来源、大小、沉降特性所致。因此在距铁路 5~15m 范围的土壤重金属污染值得关注。

表 9-14　距铁路不同距离处人工土壤生态风险系数

距离/m	E_r 的均值						生态风险
	Cd	Pb	Cr	Cu	Zn	RI	
1	186	3.81	0.49	2.69	1.65	194.63	中等
5	576	12.2	0.63	2.57	1.63	593.03	相当大
10	438	6	1.07	2.51	1.64	449.23	相当大
15	348	6.66	1.43	2.63	1.68	360.39	相当大
25	202.5	5.34	0.52	2.29	1.5	212.16	中等
50	123	5.1	0.62	2.37	1.38	132.47	低

三、不同类型边坡土壤重金属污染情况及生态风险评估

（一）不同类型边坡土壤重金属含量

不同类型边坡土壤 Cd 含量有显著差异，表现为铁路边坡>农田边坡>自然边坡（表 9-15）。铁路边坡土壤 Cd 含量是自然边坡土壤 Cd 含量的 3.18 倍，而农田边坡土壤 Cd 含量是自然边坡土壤 Cd 含量的 1.29 倍。煤炭、石油、冶炼物质等工业物资在运输过程中的泄漏或释放、火车轮轴以及车辆部件的磨损、牵引机车废气的排放，可能是导致 Cd 在铁路边坡土壤中沉积的主要原因。由于铁路边坡地形的阻挡，大气中的 Cd 沉降到边坡土壤后不断积累且难以迁移，造成铁路边坡土壤 Cd 含量较高。农业生产中常用的过磷酸钙这种磷肥中，Cd 含量较高，其长期过量施用是造成农田土壤 Cd 积累的主要原因。Cd 在工业上有广泛用途，含 Cd 废水灌溉也可能是农田土壤 Cd 污染的原因之一。一些杀虫剂和杀菌剂中含有一定量的 Cd，这些农药的广泛使用也可能成为农田土壤 Cd 污染的来源（朱立禄等，2010）。

表 9-15　不同类型边坡土壤重金属含量　　　（单位：mg/kg）

边坡类型	Cd	Pb	Cr	Cu	Zn
铁路边坡	3.42 a	74.00 b	43.97 b	18.90 a	163.20 b
农田边坡	1.39 b	118.20 a	53.27 a	19.43 a	192.13 a
自然边坡	1.077 c	57.43 c	42.77 b	16.07 b	147.43 c
F 值	247.57	829.74	9.65	8.48	113.36
对照（当地背景值）	0.81	32.9	40.9	17.2	133.6
中国自然土壤限值	0.2	35	90	35	100

注：不同字母表示差异显著（$P<0.05$）

不同类型边坡土壤 Pb 含量有显著差异，铁路、农田边坡土壤的 Pb 含量均显著高于自然边坡，其中铁路边坡土壤的 Pb 含量为自然边坡的 1.29 倍，农田边坡土壤 Pb 含量为自然边坡的 2.06 倍（表 9-15）。Pb 是自然界毒性较大的污染物元素，排入环境后难降

解，在土壤中停留时间长。近年来，含 Pb 汽油已经逐渐被各国禁用，但由于历史污染造成的 Pb 在土壤中的长期停留和积累，目前 Pb 仍然是公路边际土壤的头号污染元素（李瑞萍等，2009）。

就铁路运输而言，铁轨、车轮等的磨损微粒的主要成分是铁锰氧化物，这些铁锰氧化物容易与 Pb 结合，沉降在铁轨边际土壤中，造成 Pb 污染（Bukowiecki et al., 2007）。就农田土壤而言，污泥肥料的使用是土壤 Pb 污染的重要原因之一。污泥中含有丰富的有机质、氮、磷等营养成分，同时也含有 Pb，将污泥作为有机肥施于农田时，Pb 也被带入了农田土壤中。地膜因在农业生产中的良好效果而被广泛使用，由于地膜在生产过程中往往加入了含有 Cd、Pb 的塑化剂和热稳定剂，所以地膜的使用中也可能造成农田土壤的 Pb 污染。大气中来源于工业生产、城市灰尘、煤炭燃烧等的含 Pb 颗粒，其扩散和沉降也可能造成农田土壤 Pb 污染。农田土壤的有机质和矿质颗粒丰富，往往集中于耕层，而有机质和黏土矿物对 Pb 有较强的吸附作用，使 Pb 易富集于土壤表层，导致农田边坡土壤 Pb 的积累。

不同类型边坡土壤 Cr 含量无显著差异。铁路边坡与农田边坡间土壤 Cu 含量无显著差异，而二者均显著高于自然边坡的 Cu 含量，分别是自然边坡土壤 Cu 含量的 1.18 倍、1.21 倍。铁路及铁路电气化需要大量含 Cu 材料，如电车上空导线往往为铜线，列车的电机、整流器、控制系统、制动系统及信号系统等都要利用含 Cu 材料及合金。铁路运输过程中，含 Cu 材料的磨损及导线的腐蚀可能会释放一定量 Cu 到路域边坡土壤中。Cu 是一种植物必需微量元素，复合肥料中含有一定量的 Cu，此类肥料的过量施用可能会造成农田土壤 Cu 的积累。另外，由于 Cu 的化合物具有较强的杀虫和杀菌作用，常作为农药的有效成分之一，用于杀灭一些农田害虫、霉菌及真菌等，这也是 Cu 进入土壤的因素之一。

不同类型边坡土壤 Zn 含量差异显著，铁路边坡和农田边坡的 Zn 含量略高于自然边坡土壤（表 9-15）。客运旅客所携带的含 Zn 食品及生活用品的随地丢弃，导致其中的 Zn 向周围土壤扩散，从而增加铁路边坡土壤 Zn 的积累。硫酸锌是常用的微量元素肥料，其过量施用易造成农田土壤中 Zn 的积累。

（二）不同类型边坡土壤重金属的富集情况

不同类型边坡土壤 Cd 均有一定程度的富集，表现为铁路边坡>农田边坡>自然边坡（表 9-16）。铁路运输过程中货物的泄漏，车辆和铁轨材料的磨损产生的含重金属颗粒在边坡上的长期积累是铁路边坡 Cd 富集系数高于农田边坡、自然边坡的主要原因。农田边坡的富集系数为 1.72，农田中化肥及农药的使用，是农田土壤也有一定 Cd 富集的原因。自然边坡上的土壤完全未受人为干预，附近含 Cd 农药的使用，以及空气中含 Cd 颗粒的沉降可能是自然边坡 Cd 富集的因素，但这种因素的影响力比较小。

与 Cd 不同，Pb 的富集系数表现为农田边坡>铁路边坡>自然边坡（表 9-16）。农田边坡虽然远离铁路和公路，受交通运输的影响小，但在农业生产中，地膜、污泥肥料的使用，常常把 Pb 带入土壤。Pb 易与农田中的有机矿物质结合，使其在表层土壤中富集。土壤中的 Pb 可被某些作物（如大豆、豌豆、卷心菜等）吸收，这对 Pb 有一定的富集作用，造成农产品污染，进而影响人的健康。因此，加强农田管理，控制农田中 Pb 的富集十分有必要。Cr、Cu 和 Zn 在三种类型的边坡上的富集作用不显著，对环境影响小。

表 9-16　不同边坡土壤重金属的富集系数

边坡类型	Cd	Pb	Cr	Cu	Zn
铁路边坡	4.22	2.25	1.08	1.1	1.22
农田边坡	1.72	3.59	1.30	1.13	1.44
自然边坡	1.33	1.76	0.46	0.93	1.10

（三）不同类型边坡土壤重金属污染评价

以中国土壤重金属环境限量标准为依据，计算不同类型边坡土壤重金属污染指数，结果见表 9-17。不同类型边坡重金属元素的单项污染指数范围为 0.26~19.2，污染程度差异大。就 Cd 的污染指数而言，铁路边坡为 17.1，自然边坡为 5.34。综合污染指数表现为铁路边坡>农田边坡>自然边坡。尽管自然边坡综合指数最小（4.02），但仍然超过了 3，属于重度污染，自然边坡土壤重金属重度污染的原因还有待进一步研究。

表 9-17　不同类型边坡人工土壤土壤重金属污染指数

边坡类型	土壤重金属单项污染指数					综合污染指数	污染分级
	Cd	Pb	Cr	Cu	Zn		
铁路边坡	17.1	2.11	0.49	0.54	1.63	12.48	5
农田边坡	6.95	3.38	0.59	0.56	1.92	5.27	5
自然边坡	5.34	1.64	0.21	0.40	1.47	4.02	5

（四）不同类型边坡土壤金属污染的生态风险评价

为了进一步了解重金属的污染程度以及相关的生态风险，用 Hakanson（1980）法计算了生态风险系数，结果见表 9-18。结合评价标准，三种类型的边坡均有一定的生态风险。铁路边坡的生态风险系数（RI）最高为 528.88，属于重度污染，生态风险大，因此，有必要加强铁路边坡土壤重金属污染控制，减小环境风险。农田边坡和自然边坡的生态风险为中等，但农田边坡的污染会直接影响人类健康，应进一步弄清原因，加强管理和控制。

表 9-18　不同类型边坡重金属的生态风险系数

边坡类型	E_r 的均值						生态风险
	Cd	Pb	Cr	Cu	Zn	RI	
铁路边坡	513	10.58	0.98	2.7	1.63	528.88	相当大
农田边坡	208.5	16.88	1.18	2.78	1.92	231.27	中等
自然边坡	161.55	8.20	0.42	2.29	1.47	173.94	中等

第二节 道路边坡土壤重金属的形态分布特征及风险评价

土壤重金属的潜在毒性主要取决于重金属在土壤中的化学形态。土壤重金属的化学形态分布能更准确地表征在水-土壤-植物系统的迁移转化能力，更准确地评估其生物有效性及其对植物和生态系统的潜在危害（Gardea-Torresdey et al., 2005; 陈黎萍, 2008; Franco-Hernández et al., 2010）。目前有很多关于重金属形态分布和植物有效性的报道，关于此问题的研究主要集中在以下几个方面：①重金属在不同类型土壤中的形态分布，如工业土壤、农业土壤、矿区土壤、钙化土壤、地中海盐碱性土壤等（Guo et al., 2009; Boussen et al., 2013; Khan et al., 2013; Willscher et al., 2013）；②影响重金属形态分布的因子，如 pH、土壤组成、氧化还原状态、污染物的化学特性等（Conesa et al., 2011）；③改变土壤重金属化学形态分布，减小植物有效性的方法（Fan et al., 2012; Houben et al., 2012; Zhou et al., 2014）。

重金属的形态分布、植物有效性、毒性随土壤类型的变化而变化。Ai 等（2012）的研究表明，铁路岩石边坡创面人工土壤由于未经历足够的成土过程，其结构性质，如团聚体数量、PSD、分形维数、有机质含量等与自然土壤相比有显著差异，而目前关于道路边坡创面人工土壤的重金属形态分布却未见相关报道。研究重金属形态分析的方法很多，随着同步加速 X 射线显微分析技术的发展，目前已开始用于重金属的化学形态的直接分析，但该技术对仪器设备的要求非常高，限制了该方法的应用和推广。溶剂提取法因其成本低、方便快速，能有效反映重金属的生物有效性和迁移性能，是目前土壤重金属形态分析的主要方法（陈黎萍等, 2008）。溶剂提取法中的 BCR 三步提取法因其重现性好而被广泛使用。该法将土壤重金属分为残渣态、可交换态、可氧化态、可还原态四种形态。可交换态、可氧化态、可还原态之和称为有效态。

本书研究的土壤样品于 2012 年 5 月进行采集。采样点在遂宁火车站附近 2km 范围内，选择四个不同护坡年限的铁路岩石边坡，采集非根际土壤样品。边坡 1 位于新建的铁路旁，属于新近护坡，受铁路运输影响较小；边坡 2 位于 2007 年建成的铁路旁，护坡时间为 5 年；边坡 3 位于 2003 年建成的铁路旁，护坡时间为 9 年；边坡 4 位于 1996 年建成的铁路旁，护坡时间为 15 年。在距离铁路 2km 外选择 1 个典型的自然边坡和 1 个农田边坡为对照。土壤样品重金属化学形态的分析采用 BCR 三步提取法（Rauret et al., 1999）。试剂与操作步骤见表 9-19，全量减去三种可提取态之和为残余态含量。

表 9-19 BCR 连续提取法

形态	操作步骤
可交换态	称取 1.000g 土壤样品于 80mL 离心管中（拧盖），采用 40mL 0.11mol/L 的醋酸(HOAc)在（22±5）℃恒温震荡器震荡 16h，3000 转离心 20min，分离上清液，冷藏待测。在残渣中加入 20mL 超纯水，震荡 15min，3000 转离心 20min，倒掉上层清液留下剩余固体。（步骤一）
可还原态	步骤一的提取残留物继续加入 40mL 0.5mol/L 盐酸羟胺（NH₂OH·HCl），用 HNO₃ 调节 pH 至 2.0，在（22±5）℃恒温震荡器震荡 16h，3000 转离心 20min，清洗步骤一，待测。（步骤二）
可氧化态	将步骤二提取残留物继续留用，向离心管中缓慢加入 10mL 8.8mol/L 双氧水（H₂O₂）在（22±5）℃消解 1h，加热至（85±2）℃消化 1h，再加 10mL H₂O₂，继续在 85℃下加热消解 1h，蒸至近干，冷却，加入 50mL pH 为 2.0 的 1mol/L 醋酸铵（NH₄OAc），震荡，封口。分离和清洗过程同步骤一

一、不同年限边坡土壤重金属形态分布与风险评价

（一）不同年限边坡重金属形态分布

大量研究表明，重金属的生物有效性和迁移性与其化学形态密切相关（Zhong et al.，2011）。用可交换态表征重金属的迁移性，可交换态、可氧化态和可还原态的总和表征生物有效性。从图 9-6 可知，Cd 的化学形态主要为可交换态，占总量的 47%~88%，可还原态为 3%~32%，可氧化态为 4%~17%，其残渣态的比例为 0.68%~4.52%。陈黎萍等（2008）也发现了类似的形态分布特征，其研究结果显示铁路边际土壤 Cd 的可交换态比例为 28.4%~41%，可氧化态比例范围为 9.3%~14.1%，残余态含量很低。Cd 性质活泼，比其他重金属易于释放出 Cd 离子，所以其可交换态的比例高。由以上分析可知，Cd 具有很好的迁移性和生物有效性，其潜在环境风险大。

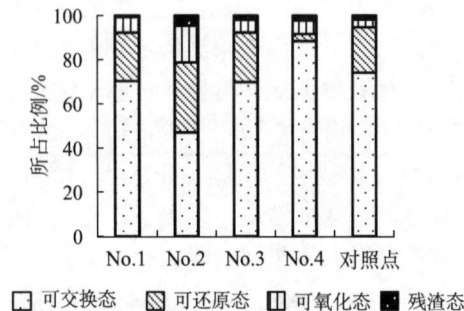

图 9-6　Cd 的形态分布

No.1 为几乎未受铁路运输影响的边坡；No.2 为受铁路运输影响 5 年的边坡；
No.3 为受铁路运输影响 9 年的边坡；No.4 为受铁路运输影响 15 年的边坡

Pb 主要以残渣态和可还原态形式存在，其残渣态比例为 47.67%~52.18%，可还原态比例为 25%~36%，而可交换态比例为 0.9%~3.8%（图 9-7）。Sutherland 等（2012）和Lu 等（2003）也有类似的研究结果，残渣态和可还原态含量比较高。Markus 等（2001）

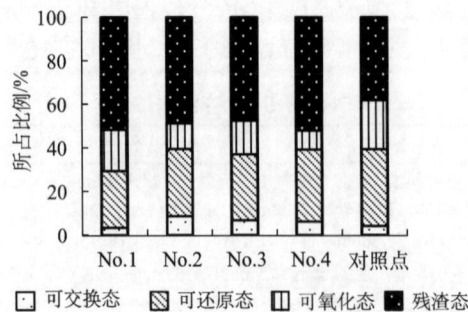

图 9-7　Pb 的形态分布

No.1 为几乎未受铁路运输影响的边坡；No.2 为受铁路运输影响 5 年的边坡；
No.3 为受铁路运输影响 9 年的边坡；No.4 为受铁路运输影响 15 年的边坡

认为 Pb 的溶解性小，Pb 离子不易释放，从而使可交换态的 Pb 含量低。另外，铁路边坡土壤的 Pb 主要来自车轮与轨道的摩擦产生的颗粒，Fe-Mn 氧化物是颗粒的主要成分，Pb 与 Fe-Mn 氧化物又具有很好的结合能力，二者的结合沉降使本书中的 Pb 主要以残渣和可还原态形式存在（陈黎萍等，2008）。基于以上分析，尽管 Pb 的含量高于环境质量标准，但由于其移动性和生物有效性低，其环境风险小。

Cr 的可交换态、可还原态、可氧化态及残渣态分别为 1%~5%、9%~20%、4%~10%、70%~84%。Cr 的赋存形态顺序为残渣态>可还原态>可氧化态>可交换态（图 9-8）。陈秀端（2013）也得出类似的结果，西安市表层土壤中残渣态所占比例最高，为 55.45%。由于 Cr 主要以稳定的残渣态存在，在非稳定态中可交换态的含量低，所以 Cr 的移动性以及生物可给性比较弱。另外研究点的 Cr 总量比较低，基本均在土壤环境质量标准左右，所以 Cr 的环境风险小。Cr 在不同年限的铁路岩石边坡土壤和对照土壤中分布比较一致，变化不大，主要与 Cr 的性质比较稳定有关。

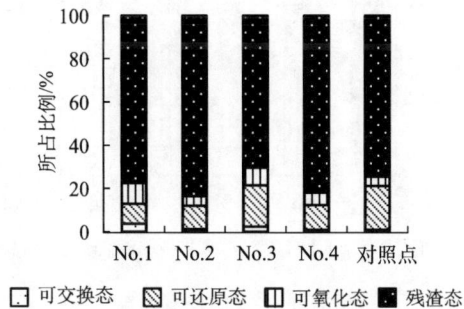

图 9-8　Cr 的形态分布

No.1 为几乎未受铁路运输影响的边坡；No.2 为受铁路运输影响 5 年的边坡；
No.3 为受铁路运输影响 9 年的边坡；No.4 为受铁路运输影响 15 年的边坡

铁路边坡和对照边坡中 Cu 的可氧化态比例低，为 1%~5%，而可交换态为 25%~36%、可还原态为 30%~50%，残渣态的比例为 23%~48%。与对照点相比，铁路旁土壤重金属 Cu 的残渣态增加，而可还原态下降（图 9-9）。而陈黎萍等（2008）的研究结果却表明，不论在铁路旁还是对照点，土壤重金属 Cu 的残余态比例最高，平均值为 65.8%~93.5%，酸溶态所占比例最小，为 0.3%~3.8%。与对照点相比，铁路旁土壤重金属 Cu 各有效态比例也都有不同程度的增加，而残余态比例却有所降低。铁路交通运输不仅增加了铁路旁土壤中 Cu 的含量而且增强了 Cu 的生物活性和可迁移性（陈黎萍等，2008）。Cu 在环境中的形态分布受来源以及总量的影响。而在本书中，边坡土壤的 Cu 含量不受交通运输的影响，含量不随铁路运行时间的增加而增加，所以边坡与对照的生物活性和可迁移性没有增加。另外，由于边坡人工土壤有机质含量低，残渣态的含量较高，移动性减小。

重金属 Zn 的化学形态在铁路边坡和对照点都主要以残渣态和可氧化态形式存在。残渣态>可氧化态>可交换态>可还原态（图 9-10）。与对照点相比，四个边坡的 Zn 残渣态和可交换态比例显著升高，可氧化态显著降低。

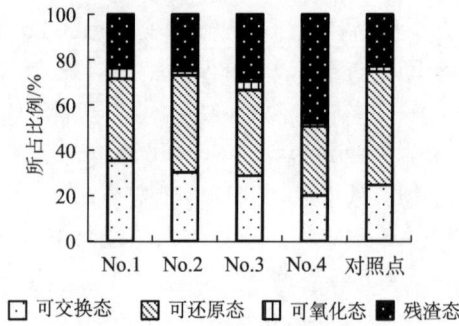

图 9-9 Cu 的形态分布

No.1 为几乎未受铁路运输影响的边坡；No.2 为受铁路运输影响 5 年的边坡；

No.3 为受铁路运输影响 9 年的边坡；No.4 为受铁路运输影响 15 年的边坡

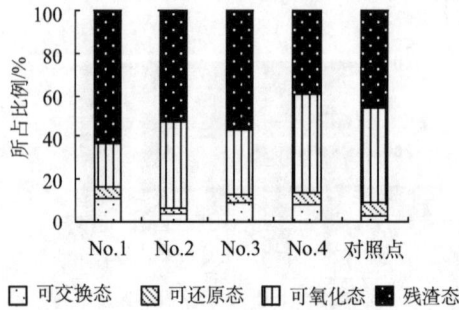

图 9-10 Zn 的形态分布

No.1 为几乎未受铁路运输影响的边坡；No.2 为受铁路运输影响 5 年的边坡；

No.3 为受铁路运输影响 9 年的边坡；No.4 为受铁路运输影响 15 年的边坡

与其他元素相比，研究区土壤重金属 Fe 的形态分布比较复杂，无明显规律性（图 9-11）。在边坡 1，可交换态、可氧化态、残渣态的比例相近。边坡 2 的残渣态显著高于其他形态。边坡 3 以可氧化态为主，其比例为 42.34%。对照点和边坡 1 土壤中 Fe 的

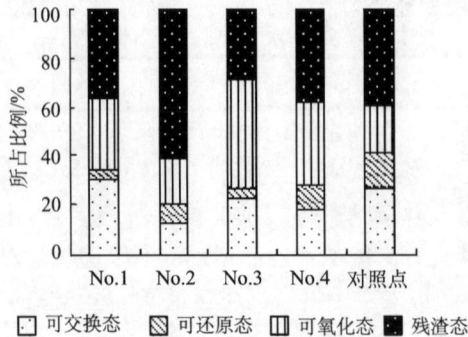

图 9-11 Fe 的形态分布

No.1 为几乎未受铁路运输影响的边坡；No.2 为受铁路运输影响 5 年的边坡；

No.3 为受铁路运输影响 9 年的边坡；No.4 为受铁路运输影响 15 年的边坡

可交换态显著高于其他铁路边坡。对照点植被覆盖度比较高，土壤有机质比较丰富，植物根际通过分泌有机酸，改变土壤环境，土壤有机质使 Fe 更易以可交换态的形式存在。边坡 1 的护坡时间不长，植被的覆盖度不高，但是由于护坡初期养护过程中添加的有机质比较多，土壤环境使 Fe 的可交换态增加。总体来说，铁路旁土壤重金属 Fe 的非稳定态比例不低，因此易迁移和被植物吸收。

Cd、Pb、Cr、Cu、Zn、Fe 这六种重金属在四个边坡土壤中的分布特征不完全相同。在这四个边坡上，人工土壤的组成不完全相同。例如，边坡 4 的人工土壤主要由农田土组成，边坡 1 由岩石碎片组成，边坡 2、3 由岩石碎片与农田土混合而成。另外，四个边坡具有不同的护坡时间，植被的生长情况也不同，这些导致了土壤性质的差异，从而使重金属呈现不同的形态分布特征。

（二）基于重金属形态的土壤重金属污染评价

在化学形态分析的基础上，可以用次生相富集系数法评价重金属的潜在生态风险。根据重金属污染的来源以及自身的起源将土壤重金属分为原生相和次生相。残渣态属于原生相，可交换态、可还原态和可氧化态属于次生相。次生相富集系数=（样品次生相中重金属的含量/样品原生相中重金属含量）/（对照点样品次生相中重金属的含量/对照点样品原生相中重金属的含量）（陈黎萍等，2008）。

不同年限铁路边坡的土壤重金属次生相富集系数见表 9-20。运用次生相富集系数法对各典型铁路边坡土壤重金属污染程度进行生态风险评价可以看出，土壤重金属污染程度排序为边坡 4>边坡 2>边坡 1>边坡 3。按单个元素的污染程度来看，Cd 的风险最大。土壤重金属 Cd 的次生相富集系数除边坡 3 外，随着运行年限的增加而增加，返与基于总量的评价结果一致。边坡 4 的富集系数为 2.72，属中度污染，其他几个边坡无污染。这显著小于用重金属总量和形态分布的评价结果。次生相富集系数法的一个前提是对照点代

表 9-20　不同年限铁路路段的土壤重金属次生相富集系数

研究点	Cd	Pb	Cr	Cu	Zn	总和
1（几乎未受铁路运输影响的边坡）	0.81	0.73	0.65	0.32	1.09	3.6
2（受铁路运输影响 5 年的边坡）	0.97	0.62	1.24	0.71	1.53	5.07
3（受铁路运输影响 9 年的边坡）	0.39	0.67	0.58	0.89	0.42	2.95
4（受铁路运输影响 15 年的边坡）	2.72	0.61	0.85	0.95	1.11	6.24

表土壤中原有天然重金属的形态。一般而言，自然土壤中元素多以残渣态存在，污染物中重金属则多以活化态存在，这也是原生相和次生相划分的依据。由于 Cd 的化学性质活泼，对照点重金属 Cd 可能被土壤活化，残渣态含量均很低，与一般意义上的自然土壤不同。在此情况下，用次生相富集系数法衡量 Cd 污染的结果显著偏低。

Pb 次生相富集系数均小于 1，显著小于总量的评价结果，并且在不同年限的边坡土壤中无显著的变化。Pb 在对照和铁路边坡中残渣态的含量均比较高，对照边坡植被覆盖比较高，受植物根际效应的影响，Pb 在对照边坡的残渣态显著小于岩石边坡，所以 Pb 次生相富集系数均小于 1。由于 Pb 的化学性质比较稳定，化学形态分布在研究点间的变化不显著，所以次生相系数的变化不大。

Cr 和 Zn 的次生相特征与 Pb 类似。Cu 的次生相富集系数随铁路运行年限的增加而增加，但 Cu 的总量却随年限的变化不显著。尽管次生相富集系数法消除了环境中原有天然重金属的化学形态的差异，具有不受区域条件影响的优势，但对照点也可能受到污染，重金属也可能被活化，从而影响结果的可靠性。因此，研究点的生态风险评价还应该综合考虑重金属总量和重金属元素的累积效应。

（三）重金属元素的生物有效态含量

植物中的重金属主要来自土壤，而重金属以多种形态存在于土壤，不是所有的形态都能被植物吸收利用（Fuentes et al., 2004; He et al., 2009; 王成, 2013）。在土壤中，重金属化学形态与土壤成分密切相关，不仅可以以可交换态、铁锰氧化物等化学形态存在，还可以被有机质或黏土矿物吸附，以有机化合态的形式存在（Ahumada et al., 2009; 王成, 2013）。不同的土壤组分具有不同的固定和释放重金属的能力，因此显著影响重金属的迁移转化能力（Kabala and Singh, 2001），其中只有酸可交换态能被植物直接吸收利用，因此可用可交换态含量作为生物有效态（Chlopecka, 1996）。潘根兴等（2000）提出采用元素活性（活化率）来表征土壤中某一元素的生物有效性，即

$$A_c = A_{ci}/B_{ci} \times 100\%　　　　　　　　　　(9\text{-}7)$$

式中，A_c 为元素的活化率；A_{ci} 为元素 i 的有效态浓度；B_{ci} 为元素 i 的全量值（王成, 2013）。故本书将重金属元素的可交换态作为相应的生物有效态，用元素活性（活化率）来表征土壤中元素的生物有效性。不同年限铁路岩石边坡土壤重金属的生物有效态含量和活化率见表 9-21。

表 9-21　不同年限边坡土壤重金属元素生物有效态含量和活化率

研究点	生物有效态含量/（mg/kg）					活化率/%				
	Cd	Pb	Cr	Cu	Zn	Cd	Pb	Cr	Cu	Zn
1 （几乎未受铁路运输影响的边坡）	0.82	1.6	0.57	4.6	33.4	88.3	6.1	0.9	20.1	18.5

研究点	生物有效态含量/（mg/kg）					活化率/%				
	Cd	Pb	Cr	Cu	Zn	Cd	Pb	Cr	Cu	Zn
2 （受铁路运输影响 5 年 的边坡）	1.5	3.3	0.89	5.1	36.2	69.7	6.7	2.5	28.8	22.9
3 （受铁路运输影响 9 年 的边坡）	1.6	6.1	0.19	5.6	21.2	47.1	8.6	1.2	30.3	13.1
4 （受铁路运输影响 15 年 的边坡）	2.9	2.9	0.50	5.8	45.4	70.2	3.4	3.8	35.4	30.1

Cd 活化率为 47%~88%，随铁路运输时间的增加无显著变化规律。Cd 的生物有效态含量随铁路运行时间的增加而增加，最小值为 0.82mg/kg，是国家土壤环境质量标准（0.2mg/kg）的 4 倍，最大值为 2.9mg/kg，约为国家土壤环境质量标准的 14 倍。研究表明，植物吸收 Cd 的含量会随土壤中 Cd 浓度的增加而增加，植物吸收过量的 Cd 会抑制其生长，当土壤中 Cd 含量超过 20mg/kg 时，会严重影响棉花、水稻等植物的生长和发育，植株出现严重受害症状。土壤的理化性质影响 Cd 的溶出率，如在 pH=4 时，土壤中镉生物有效态超过 50%；当 pH=7.5 时，镉很难溶出；当 pH>7.5 时，94%以上的镉以黏土矿物和氧化物的结合态及残渣态存在。本书中土壤中容易被植物利用的 Cd 含量高，因此注意其对护坡植物生长的影响，以及环境风险。另外，Cd 的各形态受土壤环境的影响发生改变，还应该注意其潜在的风险。

道路边坡土壤重金属的活化率表现为 Cd>Cu>Zn>Pb>Cr。其他一些研究也得出类似结论：北京市交通环境 PM10 中重金属元素的生物有效性系数大小为 Cd>Zn>Pb>Cu>Ni>Cr（钱枫等，2011；召莉，2012）；英国中西部城市街道降尘中重金属生物有效性顺序为 Cd>Zn>Cu>Pb>Ni（Charlesworth et al.，2003；召莉，2012）。王再岚等（2006）的研究认为，土壤重金属元素有效态含量与植物器官中的含量一致，揭示了植物对土壤中重金属元素的吸收和利用与重金属元素有效态含量有关。Cd 和 Zn 比其他重金属元素的生物有效性更强，更易迁移转化，而 Cd 的毒性要大于 Zn，更值得关注。张慧峰等（2010）的研究结果也显示，Cd、Zn 的生物可利用性远高于其他金属，Pb 和 Cr 主要以残渣态的形式存在。

从生物有效态含量来看，Pb 为 1~6mg/kg、Cr 为 0.5~0.8mg/kg、Cu 为 4~6mg/kg、Zn 为 33~45mg/kg，均远远小于其环境质量标准。Cr、Cu 和 Zn 是植物需要的元素，并且未超过环境标准，说明对环境的影响小。Pb 的毒性比较大，尽管生物有效态含量没超过土壤质量标准，但 Pb 将在土壤环境中长期存在，其形态可以随土壤环境的变化发生变化，Pb 在土壤中的积累和其潜在的风险需长期关注。

二、距铁轨不同距离处重金属的化学形态及风险评价

（一）距铁轨不同距离处的重金属化学形态

可交换态、可还原态、可氧化态合称为非稳定态，其所占比例越大，环境风险越大；残渣态为稳定态，其所占比例越大，该种元素对环境的影响越小。五种重金属元素在离铁轨不同距离处的四种形态平均值见表 9-22、图 9-12。

表 9-22　距铁轨不同距离处土壤重金属的化学形态

元素	距离/m	形态比例/%			
		可交换态	可还原态	可氧化态	残渣态
Cd	5	72.1	19.45	6.71	1.74
	10	68.9	17.31	11.3	2.49
	15	66.8	19.73	9.32	4.18
	25	48.8	25.96	16.81	8.43
	50	52.1	28.75	9.5	9.65
Pb	5	11.4	29.9	18.9	39.8
	10	10.6	35.8	11.8	41.8
	15	6.7	33.23	12.4	47.67
	25	8.4	29.82	9.6	52.18
	50	6.1	17.3	21.3	55.3
Cr	5	3.8	10.72	9.95	75.53
	10	4.2	17.39	4.83	73.58
	15	8.51	16.82	18.21	56.46
	25	3.9	10.02	5.17	80.91
	50	4.03	13.63	4.76	77.58
Cu	5	31.52	35.16	4.52	28.8
	10	30.29	36.91	5.89	26.91
	15	32.76	32.89	4.77	29.58
	25	28.13	38.57	5.46	27.84
	50	29.66	37.12	6.33	26.89
Zn	5	20.05	8.99	37.99	32.97
	10	23.11	7.28	38.79	30.82
	15	22.89	6.81	40.54	29.76
	25	19.54	9.2	43.77	27.49
	50	24.21	7.06	39.07	29.66

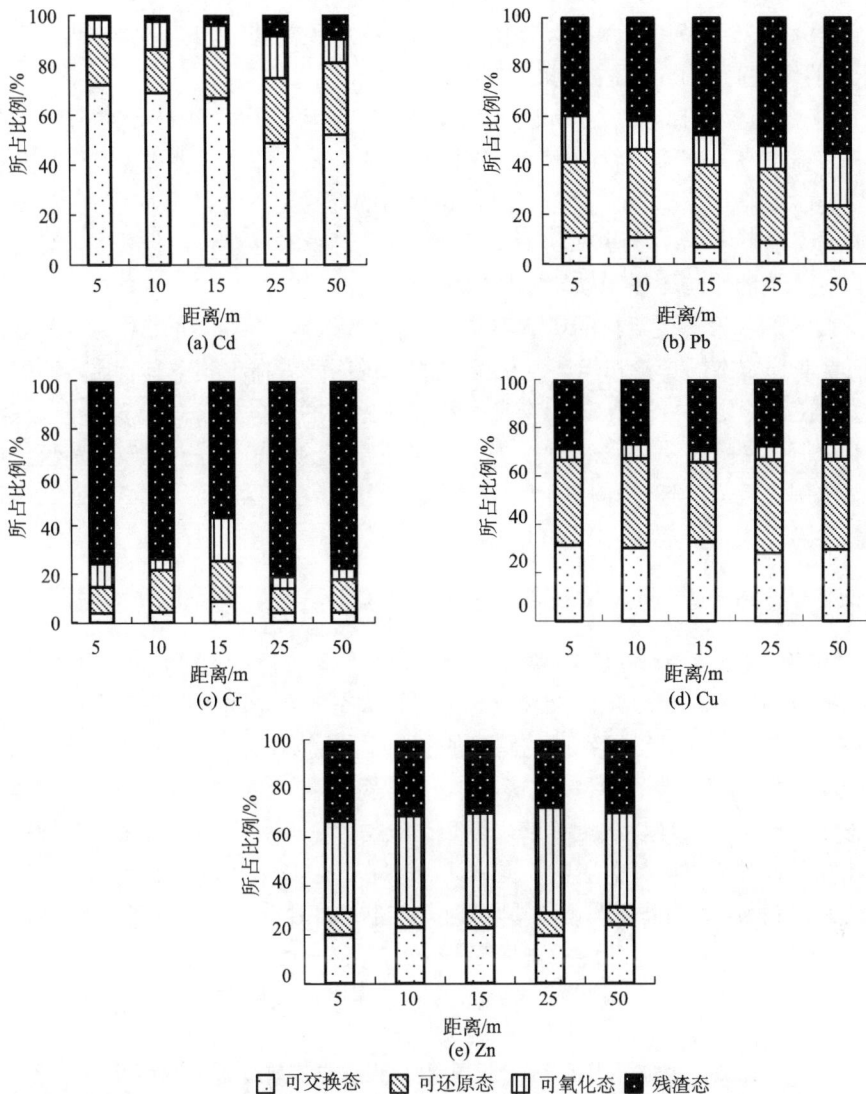

图 9-12　距铁轨不同距离处土壤重金属的化学形态分布

　　Cd 的稳定态随距铁轨距离的增加而增加，非稳定态随距铁路距离的增加而降低，非稳定态的变化主要由于可交换态的变化引起，其比例大小为 5m（72.1%）>10m（68.9%）>15m（66.8%）>25m（48.8%）。可还原态和可氧化态在不同距离之间无显著的变化规律。各形态的比例在各距离处均表现为可交换态>可还原态>可氧化态>残渣态。

　　Pb 稳定态随距离的变化趋势与 Cd 相似，表现为 5m（39.8%）<10m（41.8%）<15m（47.7%）<25m（52.2%）<50m（55.3%）。可交换态、可还原态和可氧化态在不同距离之间无显著的变化规律。形态的比值在各距离处均表现为残渣态>可还原态>可氧化态>可交换态。

　　由以上分析可知，Cd 和 Pb 的迁移和转化性能随着距铁路距离的增加而降低，在相同含量下，离铁轨越近，产生的环境影响越大。由于 Cd 和 Pb 的含量在距铁轨 25m 范围内最高，所以 25m 范围内生态风险值得重视。在各距离处，Cd 非稳定态显著高于 Pb，Cd 对环境的影响高于 Pb，是控制的重点。

Cr 的非稳定态在 15m 处显著高于其他距离处，这可能是由于 15m 处 Cr 富集植物的生长旺盛，盖度高，富集植物根际分泌物使根际环境发生改变，促进了 Cr 形态的转化，使非稳定态含量增加。除 15m 处外，其他距离处的非稳定态含量无显著差异。从总体来看，Cr 的稳定态含量高，为 57%~81%，说明 Cr 的迁移和转化性比较弱，对环境的影响比较小，对环境的影响不受距铁轨距离的影响。

Cu 和 Zn 的各形态受距离的影响不显著。总体来看，Cu 和 Zn 非稳定态显著高于稳定态，两者非稳定态的含量相当，为 67%~73%，说明两者在土壤中具有比较高的迁移和转化能力。在非稳定态中，Cu 的可交换态和可还原态的含量显著高于 Zn，但是否 Cu 活性高于 Zn，还取决于土壤环境对可交换态和可还原态的影响。综合比较各距离处各元素的稳定态比例，元素的迁移转化能力表现为 Cd 最大、Cr 最小。从距离来看，离铁轨越近，生态风险越大，主要由 Cd 和 Pb 引起。

（二）重金属元素的生物有效态含量和活化率

五种重金属的活化率随距铁轨的距离无显著的变化规律，但总体变现为 Cd>Cu>Zn>Pb>Cr（表 9-23）。Cd 和 Pb 生物有效态的含量随距铁路的距离增加呈现下降的趋势，其他三个元素随距铁路的距离的变化不显著。Cr、Cu、Zn 在 50m 范围内均显著小于其环境质量标准，对环境的影响小。Pb 是对环境有害的元素，在距铁路 50m 内，其有效态含量均小于其环境质量标准，但其比较稳定、不易迁移和转化，应特别注意其对周围环境和人体危害的持久影响。据估计，Pb 在土壤的残留时间超过 100 年，土壤中已积累的 Pb 将长期影响公路两侧土壤环境以及植物。Cd 的有效态含量在 15m 范围内比较高，为 1.6~2.8mg/kg，是环境质量标准（GB15618—1995）的 8~14 倍，随着距离的增加，有效态含量迅速下降，但在 50m 处仍然超出环境质量标准 1 倍。

表 9-23　边坡不同距离处土壤重金属元素生物有效态含量和活化率

距离/m	生物有效态含量/（mg/kg）					活化率/%				
	Cd	Pb	Cr	Cu	Zn	Cd	Pb	Cr	Cu	Zn
5	2.8	9.7	1.1	5.7	32.8	72.1	11.4	3.8	31.5	20.1
10	2.0	4.5	2.0	5.3	37.9	68.9	10.6	4.2	30.3	23.1
15	1.6	3.1	5.5	6.0	38.5	66.8	6.7	8.5	32.8	22.9
25	0.67	3.2	0.91	4.5	29.3	48.8	8.4	3.9	28.1	19.5
50	0.43	2.2	1.1	4.9	33.4	52.1	6.1	4.0	29.7	24.2

土壤重金属向农作物的迁移会造成农作物的污染，通过食物链的传递，对人类健康造成极大的威胁。大量研究表明，受公路交通运输的影响，公路旁农作物，如小麦、水稻、茶叶、蔬菜等受到不同程度的 Cd、Pb、Cr、As 污染，其中 Cd、Pb 污染最严重，最普遍。因此，本书中高含量有效态的 Cd 会通过迁移污染作物，进而影响人的健康。因

此在离铁路 50m 范围，特别是 15m 范围内，应避免栽种农作物。

三、不同类型边坡土壤重金属的化学形态及风险评估

（一）土壤重金属化学形态分布

不同类型边坡土壤 Cd 残渣态表现为自然边坡（11.89%）> 铁路边坡（3.68%）> 农田边坡（2.52%）（图 9-13）。迁移转化能力最强的可交换态表现为农田边坡（82.18%）> 铁路边坡（75.22%）> 自然边坡（69.71%）。Cd 的化学性质比较活泼，所以三个边坡的可交换态含量均比较高，为 88%~97%。残渣态一般与自然的地质风化作用相关，其他形态与人为活动的污染有关。铁路边坡的 Cd 除了受背景值的影响外，主要来自铁路运

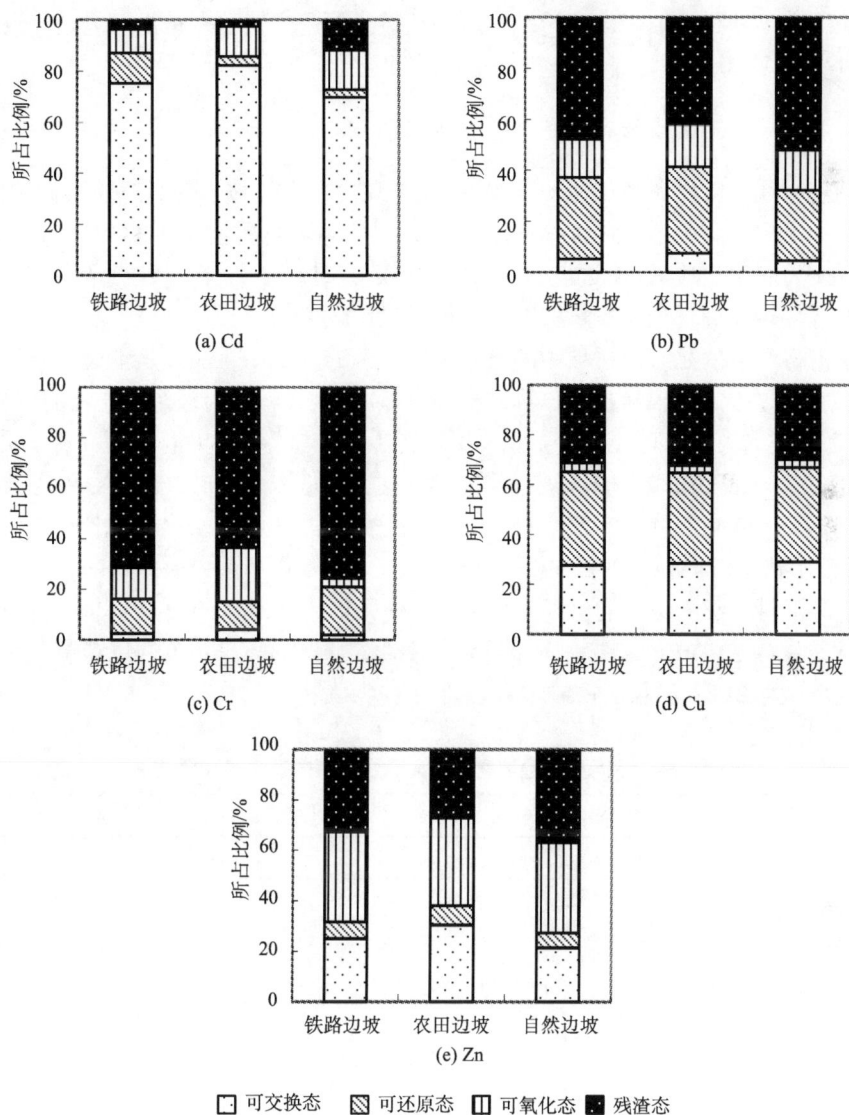

图 9-13　不同类型边坡土壤重金属的化学形态分布

输过程中车辆与铁轨材料摩擦产生的颗粒以及货物的泄漏等。而农田中的 Cd 主要来自肥料、杀虫剂等，再加上农田土壤的有机质丰富，所以，与铁路边坡土壤相比，农田中 Cd 更易以非残渣态的形式存在。由以上分析可知，农田土壤和铁路边坡土壤中 Cd 的迁移转化能力显著高于自然边坡，对环境的影响比较大，应加强土壤中 Cd 含量的控制。

Pb 在不同类型边坡土壤中均表现为残渣态>可还原态>可氧化态>可交换态。不同类型边坡土壤间 Pb 残渣态表现为自然边坡（52.16%）>铁路边坡（47.9%）>农田边坡（41.8%）（图 9-13）。说明农田边坡和铁路边坡的 Pb 生态风险大于自然边坡。农田中的 Pb 通常随富含有机质以及氮、磷养分的肥料进入土壤，或者随有机地膜进入土壤中，农田土壤表层丰富的有机质和矿质颗粒对 Pb 有很强的吸附作用，这使 Pb 的非残渣态含量较高，所以在农田土壤的管理过程中应注意对 Pb 输入的控制。在农田边坡，Cr、Cu 和 Zn 的非稳定性均高于铁路边坡和自然边坡。农田边坡土壤中丰富的有机质可能是导致其非残渣态含量高的主要原因。

（二）重金属元素生物有效态含量和活化率

五种重金属的活化率有相似的变化规律，表现为农田边坡>铁路边坡>自然边坡。Pb、Cr、Cu、Zn 四种元素的生物有效态含量均未超过土壤环境质量标准（GB1568—1995），其大小顺序为农田边坡>铁路边坡>自然边坡（表 9-24）。Cd 在三种类型的边坡土壤中的有效态含量均超过了土壤质量标准，环境风险比较大。

特别值得注意的是农田边坡中的有效态 Cd 含量为 1.1mg/kg，是土壤环境质量标准的 5.5 倍。有效态的 Cd 很易被农作物的根吸收，通过根转移作用于污染作物的可食部分。Cd 通过食物进入人体，可在肾中蓄积、引发肾小管功能障碍、肾性贫血（Kasuya, 1992; 召莉, 2012）。Cd 还影响体内维生素 D 的活性，很低浓度的时候就会导致骨质疏松症（AlfVen et al., 2000; 召莉, 2012），严重者会骨骼软化、变形，著名的"骨痛病"就是由于 Cd 污染所致（Kasuya, 1992; 召莉, 2012）。Cd 在体内与蛋白质的巯基相结合，影响酶的功能和活性，影响正常的生理生化反应，使人体体重下降。Cd 在人体内排出慢，可在体内蓄积长达 20~30 年，进而引起自身免疫性疾病，如自身免疫性风湿病。因此，加强农田边坡土壤中 Cd 污染的控制十分必要。

表 9-24　不同类型边坡重金属元素生物有效态含量和活化率

边坡类型	生物有效态含量/（mg/kg）					活化率/%				
	Cd	Pb	Cr	Cu	Zn	Cd	Pb	Cr	Cu	Zn
铁路边坡	2.6	4.0	1.1	5.2	40.9	75.2	5.4	2.5	27.6	25.0
农田边坡	1.1	9.0	2.2	5.5	59.8	82.2	7.6	4.3	28.3	31.1
自然边坡	0.75	2.7	0.4	4.6	31.7	69.7	4.7	2.0	28.9	21.5

四、影响土壤重金属形态分布的因素

本书考察了 pH、OM、TP 对道路边坡土壤重金属形态的影响。相关分析表明，pH、

OM、TP 对土壤重金属形态有显著影响（表 9-25）。OM 与可氧化态的 Pb 呈正相关，与其他土壤重金属形态无相关性。由于可氧化态主要由有机结合态构成，因此 Pb 易于与 OM 结合形成稳定的有机物复合物（Udom et al., 2004; 陈黎萍等，2008）。pH 与可交换态的 Cd 呈负相关，说明 pH 升高会降低 Cd 的迁移能力。可还原态的 Cd 与 pH 呈正相关，这是由于可还原态的 Cd 主要由碳酸盐结合态和 Fe-Mn 氧化物结合态组成，随着 pH 的增加，Cd 离子易与 Fe-Mn 氧化物形成复合物（Clemente et al., 2007）。TP 与可交换态的 Cu 和残渣态的 Zn 呈负相关，与可还原态的 Pb 呈正相关。这表明随着 TP 的增加，可交换态 Cu 和残渣态的 Zn 将减小，而可还原态的 Pb 将增加。Kabata-Pendias（2001）也发现还原态的 Pb 随 TP 的升高而增加。与此相反，Wang 等（2006）的研究表明，TP 与可交换态的 Cu 呈显著正相关。Lu 和 Cheng（2011）的研究表明，TP 与 Cu 和 Zn 的化学形态的相关性不显著。这些结果的差异可能是由土壤环境的不同引起的。

表 9-25　重金属形态和土壤性质的相关性

元素	形态	OM	pH	TP
Cd	可交换态	0.131	−0.906*	0.518
	可还原态	0.201	0.941*	−0.638
	可氧化态	−0.601	0.596	−0.271
	残渣态	−0.638	0.462	0.207
Pb	可交换态	−0.803	0.220	0.052
	可还原态	0.024	−0.129	0.0903*
	可氧化态	0.985**	0.406	−0.243
	残渣态	−0.679	−0.397	−0.343
Cu	可交换态	0.269	0.582	−0.948*
	可还原态	0.610	0.752	0.083
	可氧化态	0.499	0.101	−0.852
	残渣态	−0.644	−0.869	0.574
Zn	可交换态	0.050	−0.313	−0.722
	可还原态	0.865	−0.093	−0.174
	可氧化态	0.049	0.349	0.685
	残渣态	0.445	0.568	−0.934*

*$p < 0.05$；**$p < 0.01$。

第三节　道路边坡土壤重金属富集/耐受护坡植物的筛选

近年来，物化法固化、微生物固定、污染土壤的挖掘置换及植物修复等技术被广泛应用于污染土壤的原位修复中。在这些修复技术中，植物修复技术具有成本低、修复彻底等优点，是一种适合于轻度-中度污染土壤的新兴技术（Willscher et al., 2013）。植物修复的关键是筛选重金属富集植物。到目前为止，筛选出的重金属富集植物有 500 多种，

包括 *Celosia argentea* Linn., *Sedum alfredii* Hance, *Berkheya coddii* Roessler, *Noccaea*（*Thlaspi*）*caerulescens* 和 *Arabidopsis halleri* 等多个种属的植物（Rascioa and Navari-Izzo, 2011; Liang et al., 2014; Pollard et al., 2014），但是这些富集植物不一定适合用作道路岩石边坡的护坡植物。如果现有的护坡植物具有一定重金属耐受和富集能力，不仅其生长不会受到重金属污染的影响，而且能富集和去除一定量的土壤重金属，减小重金属对环境的影响。这样不仅能提高边坡植被的修复效率，还能修复污染的土壤。然而，目前却没有关于岩石边坡护坡植物，如早熟禾、高羊茅、银合欢、紫花苜蓿等的重金属耐受和富集能力的相关报道。

　　本书研究的植物与土壤样品采集于 2012 年 5 月。采样点在遂宁火车站附近 2km 范围内，选择四个不同护坡年限的铁路岩石边坡，采集所需的植物与土壤样品。边坡 1 位于新建的铁路旁，属于新近护坡，受铁路运输影响较小；边坡 2 位于 2007 年建成的铁路旁，护坡时间为 5 年；边坡 3 位于 2003 年建成的铁路旁，护坡时间为 9 年；边坡 4 位于 1996 年建成的铁路旁，护坡时间为 15 年。在距离铁路 2km 外选择 1 个典型的自然边坡和 1 个农田边坡为对照。

　　由于边坡 1 的护坡时间不长，植物还没长到可以采集的程度，所以植物和根际土壤样品采自边坡 2、3、4。每个边坡分别在距铁轨 1m、5m、15m、20m、50m 处设置采样带，每个采样带采集早熟禾、高羊茅、银合欢、多花木兰、紫花苜蓿和刺槐六种优势植物，每个采样带每种植物采集三个样品。在采样带上按照随机取样的原则，在五个以上的采样点采集植物样品，混合后组成一个植物样品，每个样品约 500g。在采集植物样品的同时采集根际土壤样品，每个土壤样品约 1kg。

　　用自来水将植物样品洗净，再利用蒸馏水和去离子水润洗。将根和地上部分（枝、叶）分开，分别在 60℃烘干，而后粉碎过筛备用。植物样品用微波消解仪消解，消解体系为 HNO_3-H_2O_2（6：2）。称取 0.5g 样品于 15mL 的四氟乙烯消解罐中，而后加入 5 滴超纯水湿润。每个样品加入 6mL HNO_3（68%）和 2mLH_2O_2（30%）浸泡 3h，而后将样品转入微波消解仪中（ETHOS）。10min 内升温到 200℃，保持 10min，冷却后转移到容量瓶中，稀释到 50mL，用微波消解/AAS 方法进行重金属元素的分析测定。

一、重金属元素在护坡植物和根际土中的富集

（一）根际土壤重金属含量

　　护坡植物根际土壤 Cd 的变化范围为 0.36~4.3mg/kg，除银合欢根际土壤 Cd 的平均值小于 3mg/kg 以外（2.8mg/kg），其余五种护坡植物根际土壤 Cd 的平均值均大于 3mg/kg，为 3.1~3.4mg/kg（表 9-26）。样品的 Cd 含量都超过了土壤环境质量标准（GB15618—1995）。这个含量水平高于全球平均值（0.10~2.00mg/kg）（MeLaughlin et al.,1999）。可交换态的 Cd 平均水平在 2.5mg/kg 左右（表 9-26），超过了土壤的平均值，这就意味着 Cd 在土壤中的活性较大。

表 9-26　护坡植物和根际土壤重金属 Cd、Pb、Cr 含量　　（单位：mg/kg）

护坡植物		Cd			Pb			Cr		
		最小值	最大值	平均值	最小值	最大值	平均值	最小值	最大值	平均值
高羊茅	根	<0.001	0.004	0.003	11.9	19.9	16.0	6.6	14.4	10.7
	枝叶	<0.001	<0.001	<0.001	<0.001	<0.001	<0.001	27.7	79.2	52.9
	土壤	0.46	4.1	3.4	23.8	77.4	55.2	11.5	44.7	22.5
	可提取态	0.32	2.8	2.3	0.87	5.2	3.4	0.63	1.1	0.72
多花木兰	根	<0.001	0.004	0.003	6.1	10.7	8.5	30.1	125.5	93.2
	枝叶	<0.001	<0.001	<0.001	12.1	26.2	17	0.75	11.1	6.8
	土壤	0.41	4.3	3.2	23.8	65.5	46.4	11.8	42.9	21.3
	可提取态	0.29	3.0	2.7	0.8	4.4	2.8	0.68	1.1	0.83
银合欢	根	0.09	1.13	0.71	0.13	0.71	0.58	6.4	13.9	8.5
	枝叶	0.45	3.79	2.41	<0.001	<0.001	<0.001	71.2	200.2	110.3
	土壤	0.36	3.9	2.8	24.3	67.8	47.7	11.2	41.2	20.4
	可提取态	0.25	2.7	2.5	0.83	3.9	2.9	0.65	1.0	0.79
刺槐	根	<0.001	0.004	0.003	16.5	27.3	25.6	19.7	25.4	21.8
	枝叶	<0.001	<0.001	<0.001	5.6	19.9	12.8	0.02	0.02	0.02
	土壤	0.42	3.9	3.0	25.7	69.9	50.2	10.9	43.6	21.9
	可提取态	0.29	2.7	2.6	0.87	4.7	3.1	0.64	1.1	0.85
早熟禾	根	0.04	0.16	0.07	22.4	37.3	32.2	27.5	61.2	37.4
	枝叶	0.08	0.61	0.19	5.4	16.8	10.6	12.4	73.4	25.4
	土壤	0.51	4.1	3.1	23.1	65.5	47.6	11.1	39.3	19.7
	可提取态	0.35	2.9	2.8	0.78	4.4	2.9	0.61	0.98	0.76
紫花苜蓿	根	<0.001	0.004	0.003	15.2	23.2	20.2	274.7	589.1	364.5
	枝叶	<0.001	<0.001	<0.001	0.015	0.02	0.02	0.27	0.59	0.36
	土壤	0.55	4.2	3.1	25.4	67.1	49.3	11.4	35.7	17.4
	可提取态	0.39	2.9	2.7	0.86	4.5	3.0	0.78	2.7	1.4

　　护坡植物根际土壤 Pb 的变化范围为 23.1~77.4mg/kg，平均浓度为 47.6~55.2mg/kg（表 9-26）。大部分值落在了全球平均值 20~50mg/kg 的范围内，这一范围被认为是未污染（MeLaughlin et al., 1999）。然而，80%以上的样品 Pb 浓度超过土壤质量标准规定的 35mg/kg。多花木兰和早熟禾根际土壤的 Pb 含量为 65.5mg/kg，显著低于其他几种植物根际 Pb 含量。土壤 Pb 可交换态的含量为 2.8~3.4mg/kg，占土壤总 Pb 含量的比例比较低（表 9-26），说明 Pb 对环境的总体影响比 Cd 小。

　　本书测定的根际土中 Cr 含量为 10.91~44.7mg/kg，平均值为 17.4~22.5mg/kg。所有样品中 Cr 含量均未超过国家标准 90mg/kg。紫花苜蓿根际土壤的 Cr 含量为 17.4mg/kg，显著低于其他五种植物根际的 Cr 含量。可交换态的 Cr 含量为 0.61~2.7mg/kg，占土壤总

Cr 含量的比例比较低，说明 Cr 比较稳定（表 9-26）。紫花苜蓿根际土壤可交换态的 Cr 含量平均值为 1.4mg/kg，显著高于其他五种植物根际的 Cr 的可交换态含量，紫花苜蓿的根际分泌物可能是促进 Cr 的可交换态含量升高的因素。

　　护坡植物根际土 Cu 和 Zn 平均含量分别为 13~18mg/kg 和 150~160mg/kg 之间（表 9-27），几乎所有样品 Cu 含量均在国家标准（35mg/kg）以内，而几乎所有样品 Zn 含量超过了国家标准 100mg/kg，但超出标准的值不高（表 9-27）。Cu 和 Zn 的可交换态含量不高，Cu 和 Zn 的可交换态含量和总量在不同的护坡植物间的变化不显著。

表 9-27　护坡植物和根际土壤重金属 Cu、Zn 含量　　（单位：mg/kg）

护坡植物		Cu			Zn		
		最小值	最大值	平均值	最小值	最大值	平均值
高羊茅	根	12.8	14.1	13.6	69.9	90.7	79.5
	枝叶	6.9	13.6	11.4	56.6	121.5	84.3
	土壤	13.8	23.3	17.4	131.4	174.7	152.8
	可提取态	4.9	6.7	3.5	32.9	50.5	39.5
多花木兰	根	6.8	12.4	8.1	35.4	63.8	51.9
	枝叶	5.5	21.0	9.2	25.1	102.1	57.6
	土壤	14.2	24.3	17.7	132.9	177.2	152.8
	可提取态	3.6	6.7	5.0	3.3	4.8	4.0
银合欢	根	13.5	15.4	14.3	72.8	88.9	86.5
	枝叶	10.9	16.3	13.1	44.4	94.3	62.2
	土壤	14.5	23.7	16.8	134.8	169.3	160.1
	可提取态	3.7	6.6	4.7	34.3	43.3	40.3
刺槐	根	8.8	16.7	13.1	33.5	64.1	49.7
	枝叶	4.5	22.1	8.9	18.1	91.1	47.2
	土壤	15.2	20.4	17.0	139.4	167.3	150.7
	可提取态	4.8	6.2	5.6	27.9	38.7	34.5
早熟禾	根	11.9	30.9	19.0	49.4	81.1	62.9
	枝叶	4.1	41.3	12.9	41.4	124.9	68.5
	土壤	14.7	21.3	16.4	144.9	170.3	153.5
	可提取态	3.8	5.6	4.7	32.4	44.9	41.8
紫花苜蓿	根	0.02	0.02	0.01	0.15	0.17	0.16
	枝叶	<0.001	<0.001	<0.001	<0.001	<0.001	<0.001
	土壤	15.4	21.6	17.2	145.1	173.9	155.2
	可提取态	3.9	6.0	4.8	43.3	46.7	43.6

（二）植物根中的重金属含量

护坡植物根的重金属含量见表 9-26、表 9-27。尽管根际土壤中的 Cd 含量高，但除银合欢外，高羊茅、多花木兰等五种护坡植物所有样品根中 Cd 含量均低于 0.1mg/kg。早熟禾根中 Cd 的含量为 0.04~0.16mg/kg，平均值为 0.07mg/kg，90%以上样品的 Cd 含量均小于0.1mg/kg，说明以上五种植物对 Cd 有很好的抗性。银合欢根中 Cd 含量为 0.09~1.13mg/kg，平均值为 0.71mg/kg，但根中含量均小于根际土壤中 Cd 的含量，说明银合欢对 Cd 有一定的吸收能力。

银合欢根中的 Pb 含量，为 0.13~0.71mg/kg，平均值 0.58mg/kg，Pb 含量很低。高羊茅、多花木兰等五种护坡植物根中 Pb 含量为 6.1~37.3mg/kg，平均值为 8.5~32.2mg/kg，说明这五种植物的根对 Pb 有一定的吸收能力，但根的 Pb 含量均小于根际土壤的含量。五种植物的根对 Cr 都有吸收，其中多花木兰和紫花苜蓿对 Cr 的吸收能力较强。多花木兰根中 Cr 含量为 30.1~125.5mg/kg，平均值为 93.2mg/kg，为根际土壤 Cr 含量的 3 倍左右。紫花苜蓿根中 Cr 含量为 274.7~589.1mg/kg，平均值为 364.5mg/kg，为根际土壤 Cr 含量的 20 倍左右。除紫花苜蓿根的 Cu 和 Zn 小于 0.2mg/kg 外，五种植物根中 Cu 和 Zn 的含量分别为 6.8~30.9mg/kg 和 33.5~90.7mg/kg，但均小于其根际土壤的含量。

（三）植物枝叶中的重金属含量

护坡植物枝叶中的重金属含量见表 9-26、表 9-27。除银合欢和早熟禾外，其他四种植物枝叶 Cd 含量均小于 0.001mg/kg。早熟禾枝叶的 Cd 含量为 0.08~0.61mg/kg 年，平均值为 0.19mg/kg。银合欢枝叶的 Cd 含量为 0.45~3.79mg/kg，平均值为 2.41mg/kg，说明银合欢对 Cd 具有较好的富集能力。

高羊茅、银合欢和紫花苜蓿枝叶中的 Pb 含量接近 0。多花木兰、刺槐和早熟禾的Pb 含量为 5.6~26.2mg/kg，平均值为 12.8~17mg/kg，说明这三种植物的枝叶中一定的 Pb富集，但富集量小。刺槐和紫花苜蓿枝叶的 Cr 含量小于 1mg/kg，高羊茅、银合欢、多花木兰和早熟禾枝叶有不同程度的 Cr 富集，其中银合欢枝叶的 Cr 含量最高，为71.2~200.2mg/kg，平均值为 110.3mg/kg，为根际土壤 Cr 含量的 5 倍左右。除紫花苜蓿外，其余五种植物的枝叶中均有不同程度的 Cu 和 Zn 的富集。

二、护坡年限对护坡植物和根际土壤重金属富集的影响

不同护坡年限的护坡植物及其根际土壤重金属含量见表 9-28~表 9-33。高羊茅根际土壤和根的 Pb 含量随着护坡年限的增加而增加（$p < 0.01$），而枝叶的 Pb 的含量无显著变化，说明高羊茅吸收的铅主要停留在根部。高羊茅根际土壤的 Cd 随着护坡年限的增加而增加，但根和枝叶的 Cd 含量却无显著变化，说明高羊茅对 Cd 有很好的抗性，阻止Cd 进入植物体内。根际土壤、高羊茅根和枝叶的 Cr 含量均随着护坡年限的增加而降低。Cu 和 Zn 具有相似的变化规律，根际土壤和高羊茅根的 Cu 和 Zn 含量随护坡年限的变化不显著，但枝叶中的含量随护坡年限的增加而增加。

表 9-28　不同年限高羊茅枝叶、根、根际土壤重金属浓度的均值和概率

元素		年限/年				p_{value}
		1	5	9	16	
Pb	根	12.4	14.7	16.2	18.6	<0.01
	枝叶	<0.001	<0.001	<0.001	<0.001	—
	根际土壤	24.1	38.4	57.2	72.1	<0.01
Cd	根	<0.001	<0.001	<0.001	0.004	—
	枝叶	<0.001	<0.001	<0.001	<0.001	—
	根际土壤	0.86	1.99	3.34	3.87	<0.01
Cr	根	14.4	13.2	10.7	6.8	<0.01
	枝叶	79.2	64.2	52.9	27.7	<0.01
	根际土壤	43.7	26.5	14.6	11.8	<0.01
Cu	根	13.1	13.4	13.6	14.0	0.551
	枝叶	7.4	8.9	11.4	15.6	<0.01
	根际土壤	21.3	15.6	16.4	14.8	0.126
Zn	根	70.9	73.5	79.5	88.7	0.041
	枝叶	59.6	64.8	84.3	117.5	<0.01
	根际土壤	171.7	152.8	154.2	141.4	0.09

表 9-29　不同年限多花木兰枝叶、根、根际土壤重金属浓度的均值和概率

元素		年限/年				p_{value}
		1	5	9	16	
Pb	根	7.1	8.2	8.7	9.9	0.017
	枝叶	13.4	18.5	21.6	24.2	<0.01
	根际土壤	26.8	35.9	52.4	63.5	<0.01
Cd	根	<0.001	<0.001	<0.001	0.004	—
	枝叶	<0.001	<0.001	<0.001	<0.001	—
	根际土壤	0.71	1.86	2.92	4.17	<0.01
Cr	根	119.5	84.9	55.2	44.8	0.067
	枝叶	15.1	12.4	9.8	8.75	<0.01
	根际土壤	41.9	28.3	13.4	11.6	<0.01
Cu	根	9.6	8.7	9.8	4.1	0.168
	枝叶	11.0	9.6	11.5	5.3	0.037
	根际土壤	20.2	16.3	16.7	15.4	0.146
Zn	根	51.9	63.8	55.3	65.4	0.142
	枝叶	50.5	66.9	57.6	61.4	<0.01
	根际土壤	174.2	151.8	148.9	149.9	0.216

表 9-30　不同年限银合欢枝叶、根、根际土壤重金属浓度的均值和概率

元素		年限/年				p_{value}
		1	5	9	16	
Pb	根	0.16	0.35	0.54	0.68	<0.01
	枝叶	<0.001	<0.001	<0.001	<0.001	—
	根际土壤	24.3	34.9	47.7	67.1	<0.01
Cd	根	0.12	0.34	0.71	1.03	<0.01
	枝叶	0.65	1.33	2.41	3.69	<0.01
	根际土壤	0.46	1.49	2.6	3.7	<0.01
Cr	根	13.6	9.5	7.8	6.4	<0.01
	枝叶	199.2	182.1	167.3	111.2	<0.01
	根际土壤	40.2	20.4	13.1	11.6	<0.01
Cu	根	14.4	13.7	14.3	13.9	0.316
	枝叶	15.3	12.6	13.1	11.4	0.221
	根际土壤	21.5	15.4	16.8	14.9	0.127
Zn	根	87.9	82.6	86.5	74.8	0.163
	枝叶	89.3	63.5	62.2	47.8	<0.01
	根际土壤	164.3	143.2	146.1	136.8	0.155

表 9-31　不同年限刺槐枝叶、根、根际土壤重金属浓度的均值和概率

元素		年限/年				p_{value}
		1	5	9	16	
Pb	根	17.5	19.7	22.6	26.3	<0.01
	枝叶	5.8	9.7	12.8	18.9	<0.01
	根际土壤	25.9	44.5	56.2	67.9	<0.01
Cd	根	<0.001	<0.001	0.003	0.003	—
	枝叶	<0.001	<0.001	<0.001	<0.001	—
	根际土壤	0.52	1.47	2.88	3.76	<0.01
Cr	根	24.4	19.8	16.4	18.7	<0.01
	枝叶	0.02	<0.001	<0.001	<0.001	—
	根际土壤	41.6	26.5	12.9	11.6	<0.01
Cu	根	15.4	13.8	14.3	13.9	0.279
	枝叶	16.3	12.6	13.1	11.5	0162
	根际土壤	20.5	14.5	15.8	13.7	0.056
Zn	根	87.9	82.1	84.5	73.8	0.221
	枝叶	91.3	60.1	62.2	46.4	<0.01
	根际土壤	165.3	142.6	144.1	136.8	0.0751

表 9-32　不同年限早熟禾枝叶、根、根际土壤重金属浓度的均值和概率

| 元素 | | 年限/年 | | | | p_{value} |
		1	5	9	16	
Pb	根	23.4	28.5	32.2	36.3	<0.01
	枝叶	5.9	10.6	13.4	16.1	<0.01
	根际土壤	23.1	36.7	52.6	64.5	<0.01
Cd	根	0.07	0.08	0.11	0.14	0.749
	枝叶	0.1	0.18	0.26	0.57	0.114
	根际土壤	0.62	1.43	2.94	3.87	<0.01
Cr	根	28.5	37.4	53.6	60.2	<0.01
	枝叶	14.4	29.4	46.2	73.4	<0.01
	根际土壤	37.3	22.5	13.7	12.1	<0.01
Cu	根	28.9	18.6	19.0	13.9	0.037
	枝叶	41.3	22.65	23.9	5.1	<0.01
	根际土壤	20.3	15.8	16.4	14.7	0.184
Zn	根	49.4	81.1	62.9	55.8	<0.01
	枝叶	41.4	124.9	68.5	58.4	<0.01
	根际土壤	168.3	141.9	150.5	143.3	0.159

表 9-33　不同年限紫花苜蓿枝叶、根、根际土壤重金属浓度的均值和概率

| 元素 | | 年限/年 | | | | p_{value} |
		1	5	9	16	
Pb	根	16.2	17.6	20.2	22.2	0.112
	枝叶	<0.001	<0.001	0.015	0.02	—
	根际土壤	25.6	34.8	53.3	67.1	<0.01
Cd	根	<0.001	<0.001	0.003	0.004	—
	枝叶	<0.001	<0.001	<0.001	<0.001	—
	根际土壤	0.59	1.89	3.05	4.1	<0.01
Cr	根	579.1	364.5	421.8	284.7	<0.01
	枝叶	0.52	0.40	0.36	0.31	0.248
	根际土壤	34.9	12.5	13.4	11.9	0.113
Cu	根	<0.001	<0.001	0.01	0.02	—
	枝叶	<0.001	<0.001	<0.001	<0.001	—
	根际土壤	20.6	15.4	16.2	15.1	0.358
Zn	根	0.17	0.11	0.16	0.15	0.646
	枝叶	<0.001	<0.001	<0.001	<0.001	—
	根际土壤	170.9	148.2	152.6	147.1	0.143

多花木兰、刺槐和早熟禾根的枝叶以及根际土壤中各金属元素的含量随护坡年限的变化规律与高羊茅相似。银合欢枝叶和根的 Cd 的变化与高羊茅和多花木兰显著不同，随着护坡年限的增加，银合欢枝叶和根的 Cd 含量显著升高（$p<0.01$）。除紫花苜蓿根中的 Cr 含量随着护坡年限的增加显著降低外（$p<0.01$），紫花苜蓿枝叶和根的其他四种重金属浓度随护坡年限的变化不显著。

三、重金属在护坡植物中的富集和转移

护坡植物的 BF 和 TF 值见表 9-34、表 9-35。不同植物具有不同的 BF 和 TF 值。六种护坡植物对 Pb、Zn、Cd 的 BF 值为 0.001~0.76，均小于 1，表明虽然 Pb、Zn、Cd 在土壤中的含量相对较高，但六种植物对其的吸收却很少。多花木兰、早熟禾和紫花苜蓿对 Cr 有较好吸收，其 BF 值分别为 3.1、1.99、20.95。多花木兰对 Pb 的 BF 值为 2，银合欢和早熟禾对 Cd 的 BF 值分别为 3.34 和 2.67，这表明 Pb、Cd 在其相应的植物中具有较好的转移能力。与此相反，所有植物对 Cu 的 BF 值均很低，为 0.001~1.13。除紫花苜蓿外，所有植物对 Zn 的 BF 值均在 1 左右。洋槐和紫花苜蓿对五种重金属的 BF 值均小于 1，说明重金属由根向地上部分的转移能力有限，其根中的重金属含量相对高于地上部分。

表 9-34　护坡植物重金属的富集系数

元素	高羊茅（Festuca arundinacea）	多花木兰（Indigofera amblyatha）	银合欢（Leucanea leucocephala de Wit）	洋槐（Black Locust）	早熟禾（Poa annua L.）	紫花苜蓿（Medicago sativa L.）
Pb	0.36±0.14	0.21±0.09	<0.001	0.51±0.13	0.76±0.21	0.47±0.13
Cd	<0.001	<0.001	0.25±0.1	<0.001	0.05±0.07	<0.001
Cr	0.52±0.35	3.1±0.04	0.4±0.38	0.9±1.15	1.99±1.96	20.95±3.57
Cu	0.81±0.21	0.46±0.21	0.79±0.14	0.77±0.31	1.16±0.95	<0.001
Zn	0.52±0.17	0.34±0.14	0.54±0.11	0.33±0.13	0.41±0.15	<0.001

表 9-35　护坡植物重金属的转移系数

元素	高羊茅（Festuca arundinacea）	多花木兰（Indigofera amblyatha）	银合欢（Leucanea leucocephala de Wit）	洋槐（Black Locust）	早熟禾（Poa annua L.）	紫花苜蓿（Medicago sativa L.）
Pb	<0.001	2±0.45	<0.001	0.5±0.23	0.33±0.12	<0.001
Cd	<0.001	<0.001	3.34±0.98	<0.001	2.67±1.01	<0.001
Cr	4.94±7.56	0.14±0.07	12.97±1.53	<0.001	0.82±0.90	<0.001
Cu	0.84±0.34	1.13±0.57	0.92±0.12	0.45±0.32	0.68±0.66	<0.001
Zn	1.06±0.28	1.11±0.50	0.72±0.31	0.95±0.49	1.09±0.46	<0.001

Rascioa 和 Navari-Izzo（2011）认为，两种类型的高等植物能耐受较高的土壤重金属浓度，分别是富集植物和排阻植物。判断植物是否为富集植物或排阻植物，需要综合考

虑 BF 和 TF 值。排阻植物能阻碍根对重金属的吸收，并能限制重金属从根到地上部分的转移，其 TF<1。富集植物能有效吸收土壤中的重金属并能转移到地上部分，在植物地上部分的器官中蓄积，其 BF≥0.2 且 TF>1（Rascioa and Navari-Izzo, 2011; Pollard et al., 2014）。尽管两类植物具有不同的特征，但它们均依赖植物的耐受性，使植物免受重金属的伤害（Chaney et al., 1997）。排阻植物通过分泌有机酸，与重金属形成复合物或与细胞壁中的阴离子结合，限制重金属进入植物体内。进入根的重金属在根细胞中通过与氨基酸和有机酸形成复合物或者被液泡隔离，减小其对根的伤害，限制重金属向地上部分转移（Hall, 2002）。富集植物的地上部分具有很好的重金属脱毒和隔离能力。

　　高羊茅和刺槐对 Pb 和 Cd 的富集系数（BF）、转移系数（TF）值均小于1，说明这两种植物根和地上部分 Pb、Cd 含量均比较低，是 Pb、Cd 的排阻植物，能有效阻止 Pb、Cd 进入植物体内。多花木兰的 Pb 转移系数为 2，银合欢对 Cd 的转移系数为 3.34，均大于1。多花木兰对 Pb 的 BF 值为 0.21，银合欢对 Cd 的 BF 值为 0.25，均大于 0.2。说明多花木兰对 Pb 有一定的富集能力，银合欢对 Cd 有一定的富集能力。多花木兰根际土壤的 Pb 含量、银合欢根际土壤的 Cd 含量显著低于非根际土壤的 Pb、Cd 含量，进一步证实了多花木兰对 Pb、银合欢对 Cd 的富集作用。这两种植物具有富集重金属的潜力，是理想的护坡植物，在护坡过程中可以通过生物量的收割，减小一定量的重金属污染。

　　一般而言，Pb、Cd 不是植物的必需元素，其转移系数应低于必需元素。就大多数植物而言，Cd、Pb、Cr 的 TF 值比 Cu 和 Zn 低。然而，多花木兰对 Pb 的 TF 值为 2，银合欢对 Cd 的 TF 值为 3.34、对 Cr 的 TF 值为 12.97，早熟禾对 Cd 的 TF 值为 2.67，均高于植物对 Cu 和 Zn 的转移系数。与本书结果相似，Conesa 等（2011）也发现瑞香毛（*Thymelaea hirsute*）对 Pb 的转移系数为 4~8，驼蹄瓣（*Zygophyllum fabago* L.）对 Cd 的转移系数为 5。这可能是 TF 易受很多因素的影响，土壤性质的微小变化都可能使 TF 发生较大变化。

四、根际和非根际土壤重金属元素含量的变化

　　为进一步验证多花木兰对 Pb、银合欢对 Cd、紫花苜蓿对 Cr 的耐受富集能力，本书考察了这三种植物根际土壤和非根际土壤相应元素的含量变化，结果见表 9-36。

表 9-36　护坡植物根际和非根际土壤重金属元素含量

元素	多花木兰				银合欢				紫花苜蓿			
	根际总量	非根际总量	根际有效态	非根际有效态	根际总量	非根际总量	根际有效态	非根际有效态	根际总量	非根际总量	根际有效态	非根际有效态
Pb	65.5	74	4.4	4.0	—	—	—	—	—	—	—	—
Cd	—	—	—	—	2.8	3.42	2.5	2.6	—	—	—	—
Cr	—	—	—	—	—	—	—	—	17.4	43.97	1.4	1.1

　　多花木兰根际土壤的 Pb 含量、银合欢根际土壤的 Cd 含量、紫花苜蓿根际土壤的 Cr 含量均显著小于非根际土壤的含量，说明植物对土壤重金属的吸收富集降低了土壤的

重金属含量，进一步证实了多花木兰对 Pb、银合欢对 Cd、紫花苜蓿对 Cr 的富集作用。多花木兰根际土壤 Pb 有效态含量、银合欢根际土壤 Cd 有效态含量、紫花苜蓿根际土壤 Cr 有效态含量略高于非根际土壤，说明植物可能通过根际分泌物提高重金属元素的有效态含量，促进植物的吸收和利用。多花木兰的 Pb 和银合欢的 Cd 主要集中在地上部分，在护坡过程中可以通过生物量的收割，进一步提高这两种植物对 Pb 和 Cd 的去除能力。

五、富集系数随根际土壤重金属含量的变化规律

富集系数随根际土壤重金属含量的变化如图 9-14 所示。

多花木兰、银合欢和紫花苜蓿的根分别对 Pb、Cd、Cr 有较好的吸收，所以考察了这三种植物根际土相应元素含量与富集系数的关系。与以前的研究结果相似（Williams et al., 2007; Williams et al., 2009; 宋垠先, 2011），Pb、Cd、Cr 分别在多花木兰、银合欢和紫花苜蓿根际土壤中的含量与它们各自的富集系数（BF）呈指数递减关系（图 9-14），相关性高，R^2 为 0.7~0.9。多花木兰随着根际土壤的 Pb 含量升高，其自身 Pb 富集系数减小很快，曲线变化较陡。银合欢和紫花苜蓿的 BF 变化曲线比较平缓。

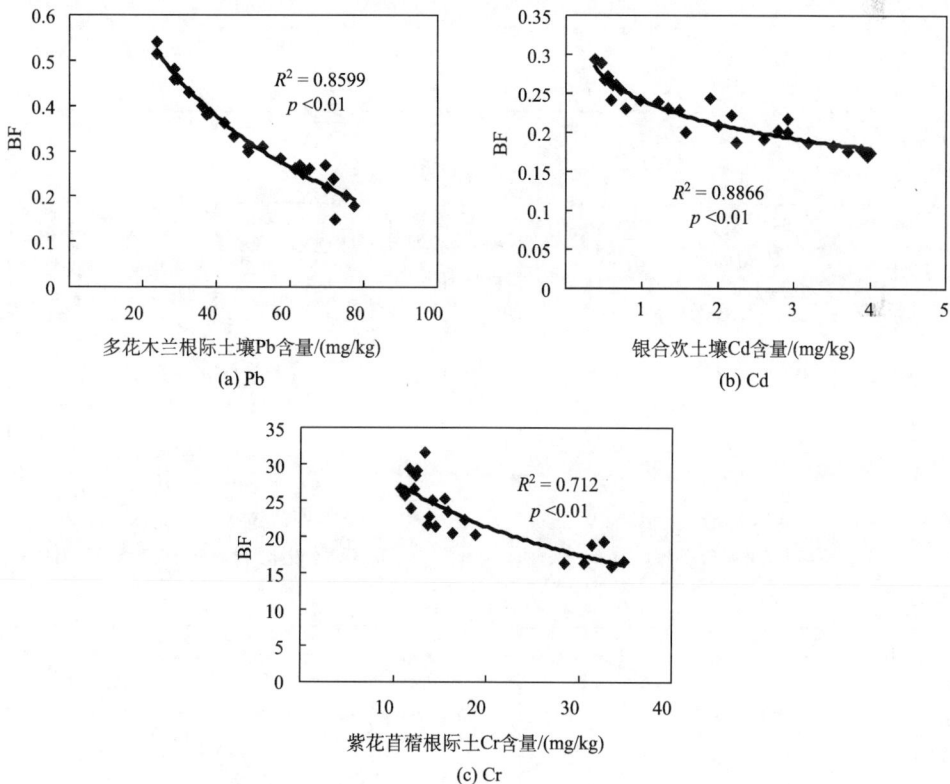

图 9-14　富集系数随根际土壤重金属含量的变化

六、Pb 和 Cd 各化学形态的植物有效性

通过分析多花木兰、银合欢、早熟禾三种植物根际土壤 Pb、Cd 的各化学形态与植

物组织的 Pb、Cd 含量间的相关性来评估其植物有效性，其结果见表 9-37、图 9-15、图 9-16。Pb、Cd 各形态与植物地上部分和根的 Pb、Cd 含量的相关性相似。三种植物地上

表 9-37　护坡植物根际土壤重金属形态与植物中重金属含量的皮尔逊相关系数

护坡植物		元素	总量	可交换态	可还原态	可氧化态	残渣态
多花木兰	地上部分	Pb	0.732	0.991**	0.829	0.348	0.711
		Cd	—	—	—	—	—
	根	Pb	0.463	0.894*	0.574	0.106	0.431
		Cd	—	—	—	—	—
银合欢	地上部分	Pb	—	—	—	—	—
		Cd	0.972**	0.942*	0.675	0.429	−0.106
	根	Pb	—	—	—	—	—
		Cd	0.959*	0.968**	0.552	0.388	−0.152
早熟禾	地上部分	Pb	0.982**	0.531	0.933*	0.921*	0.977**
		Cd	0.774	0.926*	0.100	0.055	−0.497
	根	Pb	0.611	0.989**	0.721	0.204	0.519
		Cd	0.846	0.929*	0.243	0.221	−0.339

*$p<0.05$；**$p<0.01$

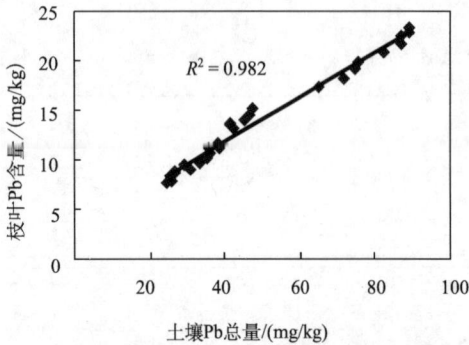

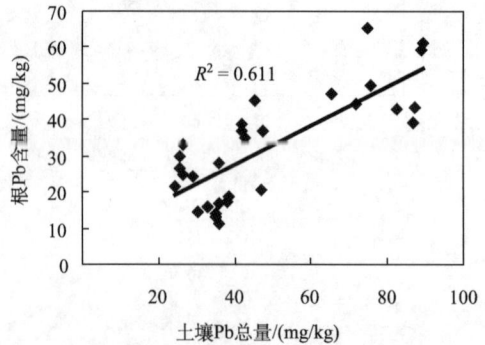

(a) 早熟禾根际土Pb总量与枝叶Pb含量的相关性
(b) 早熟禾根际土Pb总量与根Pb含量的关系
(c) 早熟禾根际可交换态Pb与枝叶Pb含量的关系
(d) 早熟禾根际土壤可交换态Pb量与根Pb含量的关系

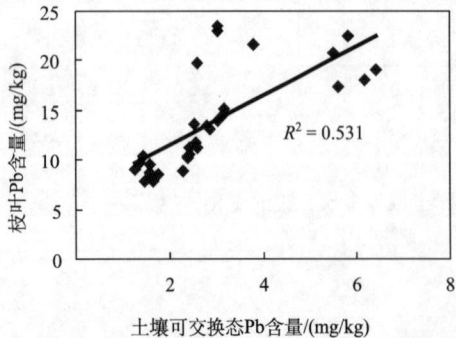

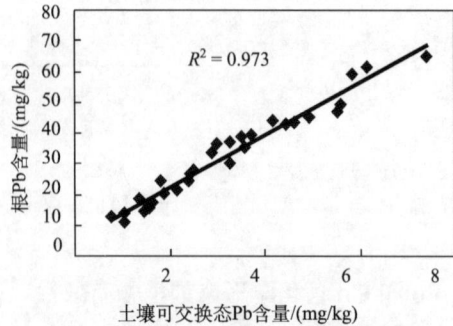

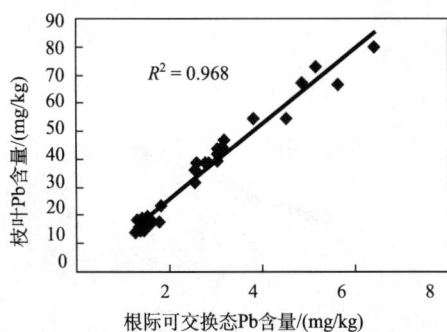
(e) 多花木兰根际可交换态Pb含量与枝叶Pb含量的关系

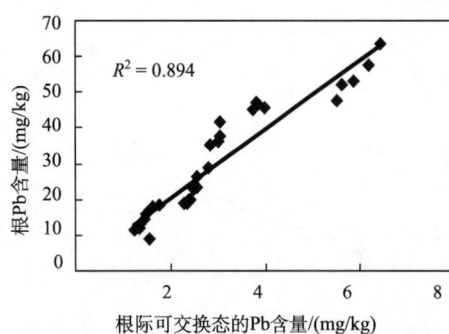
(f) 多花木兰根际可交换态Pb含量与根Pb含量的关系

图 9-15　根际土壤 Pb 化学形态与护坡植物 Pb 含量的相关性

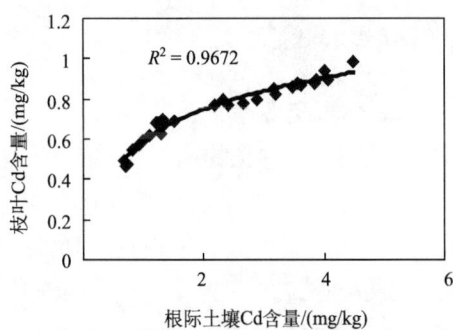
(a) 银合欢根际土壤Cd含量与枝叶Cd含量的关系

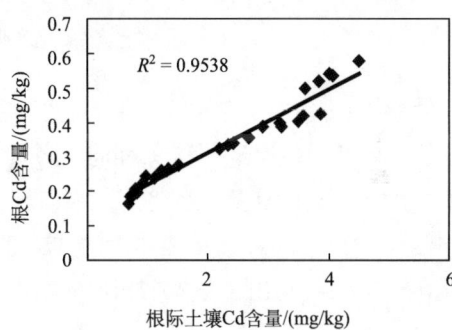
(b) 银合欢根际土壤Cd含量与根Cd含量的关系

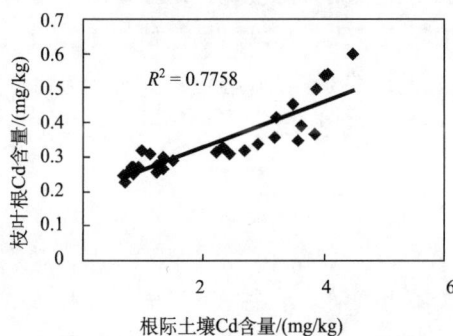
(c) 早熟禾根际土壤Cd含量与枝叶Cd含量的关系

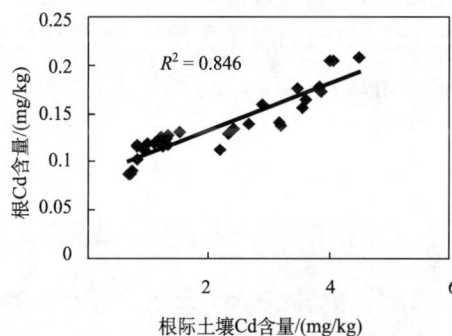
(d) 早熟禾根际土壤Cd含量与根Cd含量的关系

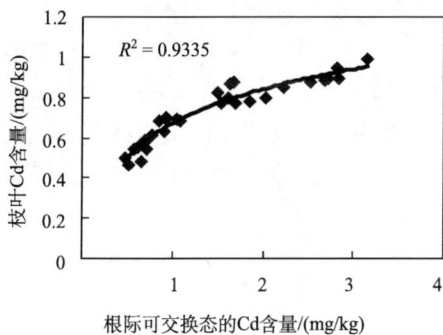
(e) 银合欢根际可交换态Cd含量与枝叶Cd含量的关系

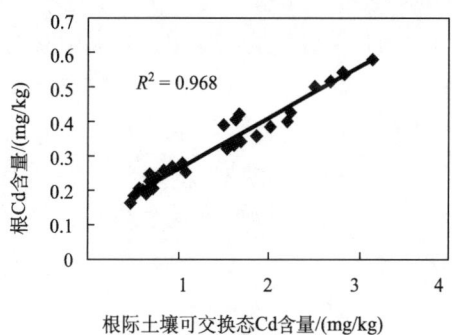
(f) 银合欢根际可交换态Cd含量与根Cd含量的关系

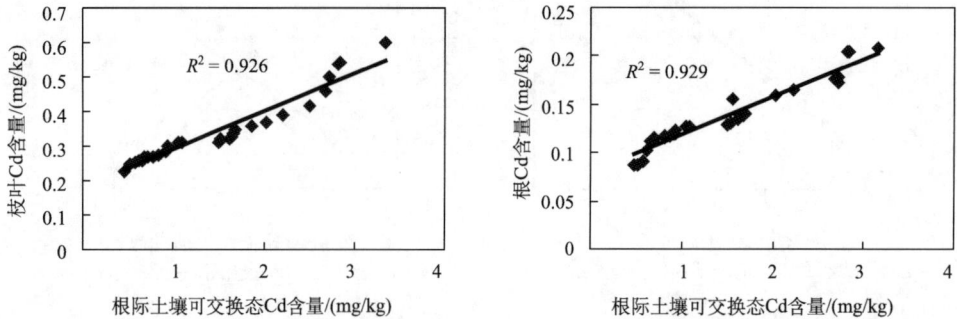

(g) 早熟禾根际可交换态Cd含量与枝叶Cd含量的关系　　(h) 早熟禾根际土壤可交换态Cd含量与根Cd含量的关系

图 9-16　　根际土壤 Cd 化学形态与护坡植物 Cd 含量的相关性

部分的 Pb、Cd 含量几乎均与其可交换态呈正相关，表明可交换态的 Pb、Cd 能在这三种植物的韧皮部中快速地转移（Khan et al., 2013）。然而，三种植物地上部分的 Pb、Cd 含量与 Pb、Cd 的其他三种形态无显著相关性，表明这三种形态难以在植物中转移。另外，银合欢的 Cd 含量和早熟禾的 Pb 含量均与其根际土壤含量呈正相关。Taylor 和 Crowder（1983）得出了与本书相似的结果，他们发现湿地植物中的重金属含量与根际沉积物的重金属总量呈显著正相关。在本书中推测银合欢和早熟禾的根系分泌物、代谢物以及根际微生物的代谢物使重金属由紧密结合态向松散结合态转化，从而促进了植物对其他形态的吸收利用，进而使植物中的含量与根际土壤重金属总量呈正相关（Lin et al., 2004; Kim et al., 2010）。由以上分析可知，可交换态的 Pb、Cd 与植物地上部分，以及根的 Pb、Cd 含量均呈正相关，因此根际土壤可交换态的 Pb、Cd 含量能比较准确地反映植物中的 Pb、Cd 含量。

七、根际土壤有机质与护坡植物重金属元素含量的关系

土壤中由植物根部分泌出的有机络合物及土壤 pH 对于重金属元素的活性具有重大的影响（Cattani et al., 2006; Bravin et al., 2009）。一般认为土壤有机质能促进植物对重金属元素的吸收。本书分别考察了多花木兰和早熟禾根际土壤有机质含量与其枝叶和根中 Pb 含量的相关性，结果如图 9-17、图 9-18 所示。根际土壤有机质含量与植物内 Pb 的含量无显著的相关性。与此相似，银合欢和早熟禾根际土壤有机质含量与这两种植物内 Cd 的含量无显著相关性。植物体内重金属元素的积累是多种因素综合作用的结果，仅通过相关分析无法证实土壤有机质含量是否促进相应植物内 Pb 和 Cd 的吸收，还应该采用多因素分析的方法进一步研究证实。

(a) 早熟禾根际有机质含量与枝叶Pb含量的关系　　　　(b) 早熟禾根际有机质含量与根Pb含量的关系

(c) 早熟禾根际有机质含量与枝叶Cd含量的关系　　　　(d) 早熟禾根际有机质含量与根的Cd含量的关系

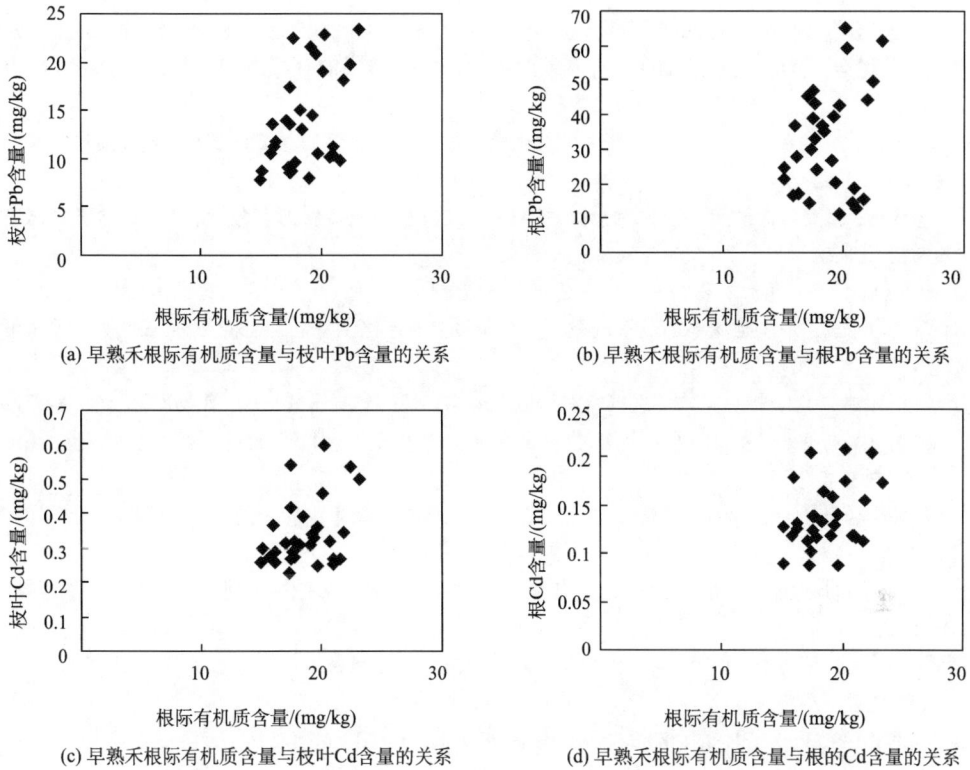

图 9-17　早熟禾根际土壤有机质含量与其 Pb 和 Cd 含量的相关性

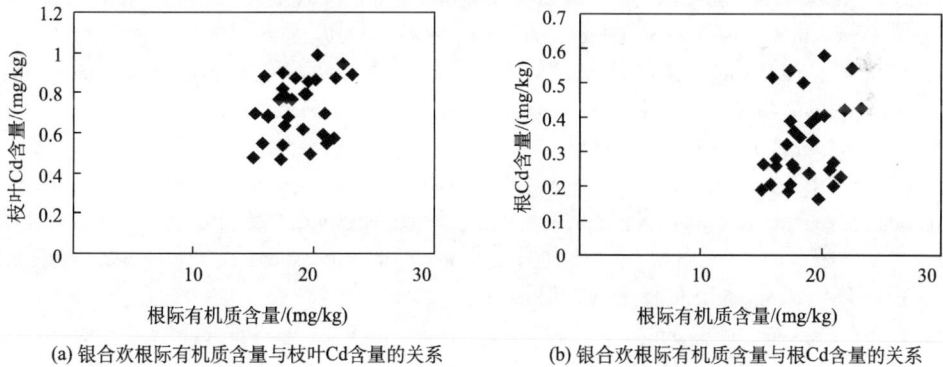

(a) 银合欢根际有机质含量与枝叶Cd含量的关系　　　　(b) 银合欢根际有机质含量与根Cd含量的关系

图 9-18　多花木兰根际土壤有机质含量与其 Cd 含量的相关性

参 考 文 献

陈黎萍, 艾应伟, 于燕华, 等. 2008. 川中丘陵区铁路旁土壤重金属含量及化学形态研究. 化学研究与应用, 20(5): 552-556.

陈秀端. 2013. 西安市表层土壤重金属污染的环境地球化学研究. 西安: 陕西师范大学博士学位论文.

董世魁, 崔保山, 刘世梁, 等. 2008. 滇缅国际通道沿线紫茎泽兰(*Eupatorium adenophorum*)的分布规律及其与环境因子的关系. 环境科学学报, 28(2): 278-288.

李瑞萍, 王安建, 曹殿华, 等. 2009. 云南兰坪金顶铅锌矿区土壤中Pb分布特征. 地球学报, 30(1): 72-78.

鲁春霞, 谢高地, 李双成, 等. 2004. 青藏铁路沿线土壤重金属的分布规律初探. 生态环境, 13(4): 546-548.

潘根兴, 成杰民, 高建琴, 等. 2000. 江苏吴县土壤环境中某些重金属元素的变化. 长江流域资源与环境, 9(1): 51-55.

钱枫, 杨仪方, 张慧峰. 2011. 北京交通环境 PM_{10} 分布特征及重金属形态分析. 环境科学研究, 24(6): 608-614.

宋垠先. 2011. 长江三角洲沉积物和土壤重金属生态地球化学研究. 南京: 南京大学博士学位论文.

王成. 2013. 长三角地区土壤—小麦系统微量元素迁移的地球化学特征. 南京: 南京农业大学博士学位论文

王金惠, 杨知建. 2011. 护坡植物的选择及对护坡土体稳定性的影响研究进展. 作物研究, 5(1): 84-87.

王再岚, 何江, 刘玉虹, 等. 2006. 鄂尔多斯地区公路两侧土壤重金属污染特征. 南京林业大学学报(自然科学版), 30(2): 15-19.

张慧峰, 钱枫, 宋洋, 等. 2010. 城市交通对道路周边土壤重金属污染影响的研究. 河北科技大学学报, 31(1): 57-61.

召莉. 2012. 江西省高速公路沿线环境介质中重金属污染特征及其影响因素研究. 南昌: 南昌大学博士学位论文.

朱立禄, 阎百兴, 王莉霞. 2010. 第二松花江下游稻田土壤重金属含量特征及来源分析. 应用生态学报, 21(11): 2965-2970.

Abrahim G M S, Parker R J. 2008. Assessment of heavy metal enrichment factors and the degree of contamination in marine sediments from Tamaki Estuary, Auckland, New Zealand. Environmental Monitoring and Assessment, 136(1): 227-238.

Achilleas C, Nikolaos S. 2009. Heavy metal contamination in street dust and roadside soil along the major national road in Kavala's region, Greece. Geoderma, 151(3-4): 257-263.

Ahumada I, Gudenschwagcr O, Carrasco M A, et al. 2009. Copper and zinc bioavailabilities to ryegrass(*Lolium perenne* L.)and subterranean clover(*Trifolium subterraneum* L.)grown in biosolid treated Chilean soils. Journal of Environmental Management, 90: 2665-2671.

Ai Y W, Chen Z Q, Guo P J, et al. 2012. Fractal characteristics of synthetic soil for cut slope revegetation in the Purple soil area of China. Canadian Journal of Soil Science, 92(2): 277-284.

AlfVen T, Elinder C G, Carlsson M D, et al. 2000. Low-level cadmium exposure and osteoporosis. Journal of Bone and Mineral, Research, 15(8): 1579-1586.

Baltrėnas P, Vaitiekūnas P, Bačiulytė Ž. 2009. Investigation of soil's contamination with heavymetals by railway transport. Journal of Environmental Engineering and Landscape Management, 17: 244-251.

Bochet E, Garcia-Fayos P. 2004. Factors Controlling Vegetation Establishment and Water Erosion on Motorway Slopes in Valencia. Restoration Ecology, 12(2): 166-174.

Boussen S, Soubrand M, Bril H, et al. 2013. Transfer of lead, zinc and cadmium from mine tailings to wheat(Triticum aestivum)in carbonated Mediterranean(Northern Tunisia)soils. Geoderma, 192: 227-236.

Bradshaw A D. 1997. Restoration of mined lands using natural processes. Ecological Engineering, 8: 255-269.

Bravin M N, Tentscher P, Rose J, et al. 2009. Rhizosphere PHG radient controls copper availability in a strongly acidic soil. Environmental Science and Technology, 43(15): 5686-5691.

Bukowiecki N, Gehrig R, Hill M, et al. 2007. Iron, manganese and copper emitted by cargo and passengertrains in Zurich(Switzerland): size-segregated massconcentrations in ambient air. Atmospheric

Environment, 41(4): 878-889.

Burkhardt M, Rossi L, Boller M. 2008. Diffuse release of environmental hazards by railways. Desalination, 226: 106-113.

Cattani I, Fragoulis G, Boeeelli R, et al. 2006. Copper bioavailability in the rhizosphere of maize(ZeamaysL.)grown in two Italian soils. Chemosphere, 64(11): 1972-1979.

Chaney R L, Malikz M, Li Y M, et al. 1997. Phytoremediation of soil metals. Current Opinion in Biotechnology, 8(3): 279-284.

Charlesworth S, Everett M, McCarthy R, et al. 2003. A comparative study of heavy metal concentration and distribution in deposited street dusts in a large and a small urban area: Birmingham and Coventry, West Midlands, U K. Environment International, 29(5): 563-573.

Chen X, Xia X H, Zhao Y, et al. 2010. Heavy metal concentrations in roadside soils and correlation with urban traffic in Beijing, China. Journal of Hazardous Materials, 181: 640-646.

Chlopecka A. 1996. Forms of Cd, Cu, Pb, and Zn in soil and their uptske by cereal crops when applied jomtly as carbonates. Water, Air, and Soil Pollution, 87(1): 297-309.

Clemente R, C Paredes, Bernal M P. 2007. A field experiment investigating the effects of olive husk and cow manure on heavy metal availability in a contaminated calcareous soil from Murcia(Spain). Agriculture Ecosystems and Environment, 118: 319-326.

Conesa H M, María-Cervantes A, Álvarez-Rogel J, et al. 2011. Influence of soil properties on trace element availability and plant accumulation in a Mediterranean salt marsh polluted by mining wastes: Implications for phytomanagement. Science of the Total Environment, 409: 4470-4479.

Davila A F, Rey D, Mohamed K, et al. 2006. Mapping the sources of urban dust in a coastal environment by measuring magnetic parameters of Platanus hispanica leaves. Environmental Science and Technology, 40(12): 3922-3928.

Fan W H, Jia Y Y, Li X M, et al. 2012. Phytoavailability and geospeciation of cadmium in contaminated soil remediated by Rhodobacter sphaeroides. Chemosphere, 88(6): 751-756.

Fonseca B, Figueiredo H, Rodrigues J, et al. 2011. Mobility of Cr, Pb, Cd, Cu and Zn in a loamy sand soil: a comparative study. Geoderma, 164: 232-237.

Franco-Hernández M O, Vásquez-Murrieta M S, Patiño-Siciliano A, et al. 2010. Heavy metals concentration in plants growing on mine tailings in Central Mexico. Bioresource Technology, 101(11): 3864-3869.

Fuentes A, Lloréns M, Sáez J, et al. 2004. Simple and sequential extractions of heavy metals from different sewage sludges. Chemosphere, 54(8): 1039-1047.

Gardea-Torresdey J L, Peralta-Videa J R, G de la Rosa, et al. 2005. Phytoremediation of heavy metals and study of the metal coordination by X-ray absorption spectroscopy. Coordination Chemistry Reviews, 249: 1797-1810.

Guo Z H, Megharaj M, Beer M, et al. 2009. Heavy metal impact on bacterial biomass based on DNA analyses and uptake by wild plants in the abandoned copper mine soils. Bioresource Technology, 100(17): 3831-3836.

Hakanson L. 1980. An ecological risk index for aquatic pollution control: a sedimentological approach. Water Research, 14(8): 975-1001.

Hall J L. 2002. Cellular mechanisms for heavy metal detoxification and tolerance. Journal of Experimental Botany, 53(366): 1-11.

He JY, Ren Y F, Wang FJ, et al. 2009. Characterization of cadmium uptake and translocation in a cadmium-sensitive mutant of rice(*Oryza sativa* L. ssp. *japonica*). Archives of Environmental Contamination and Toxicology, 57(2): 299-306.

Houben D, Pircar J, Sonnet P. 2012. Heavy metal immobilization by cost-effective amendments in a contaminated soil: Effects on metal leaching and phytoavailability. Journal of Geochemical Exploration, 123: 87-94.

Kabala C, Singh B R. 2001. Fractionation and mobility of copper, lead, and zinc in soil profiles in the vicinity of a copper smelter. Journal of Environmental Quality, 30: 485-492.

Kabata-Pendias A. 2001. Trace Elements in Soils and Plants(third ed). Florida: CRC Press.

Kasuya M, Aoshima K, Katoh T, et al. 1992. Natural history of Itai-itai disease: a long-term observation on the clinical and laboratory findings in patients with Itai-itai disease. In: Cook M E, Hiscock S A, Morrow H, et al(eds.), Proceedings of the Seventh International Cadmium Conference New Orleans. London: Cadmium Association: 180-192.

Khan K, Lu Y, Khan H, et al. 2013. Heavy metals in agricultural soils and crops and their health risks in Swat District, northern Pakistan. Food and Chemical Toxicology, 58 : 449-458.

Khan S, Khan M A, Rehman S. 2011. Lead and cadmium contamination of different roadside soils and plants in Peshawar City, Pakistan. Pedosphere, 21(3): 351-357.

Kim K H, Kim S H. 1999. Heavy metal pollution of agricultural soils in central regions of Korea. Water, Air, and Soil Pollution, 111(1): 109-122.

Kim K R, Owens G, Naidu R. 2010. Effect of root-induced chemical changes on dynamics and plant uptake of heavy metals in rhizosphere soils. Pedosphere, 20(4): 494-504.

Lee S H, Kim E Y, Hyun S H, et al. 2009. Metal availability in heavy metal-contaminated open burning and open detonation soil: Assessment using soil enzymes, earthworms, and chemical extractions. Journal of Hazardous Materials, 170(1): 382-388.

Li Q S, Chen Y, Fu H B, et al. 2012. Health risk of heavy metals in food crops grown on reclaimed tidal flat soil in the Pearl River Estuary, China. Journal of Hazardous Materials, 227: 148-154.

Liang J, Shohag M J I, Yang X E, et al. 2014. Role of sulfur assimilation pathway in cadmium hyperaccumulation by Sedum alfredii Hance. Ecotox. Environ. Safe. , 100: 159-165.

Lin Q, Chen Y X, He Y F, et al. 2004. Root-induced changes of lead availability in the rhizosphere of *Oryza sativa* L. Agriculture, Ecosystems and Environment, 104(3): 605-613.

Liu H, Chen L P, Ai Y W, et al. 2009. Heavy metal contamination in soil alongside mountain railway in Sichuan, China. Environmental Monitoring and Assessment, 152(1-4): 25-33.

Lorenzo R, Kaegi R, Gehrig R, et al. 2006. Particle emissions of a railway line determined by detailed single particle analysis. Atmospheric Environment, 40(40): 7831-7841.

Lu C X, Cheng J M. 2011. Speciation of Heavy Metals in the Sediments from Different Eutrophic Lakes of China. Procedia Engineering, 18: 318-323.

Lu Y, Gong Z T, Zhang G L, et al. 2003. Concentrations and chemical speciations of Cu, Zn, Pb and Cr of urban soils in Nanjing, China. Geoderma, 115(1-2): 101-111.

Ma J H, Chu C J, Li J, et al. 2009. Heavy metal pollution in soils on railroad side of Zhengzhou-Putian section of Longxi-Haizhou railroad, China. Pedosphere, 19(1): 121-128.

Malawaka M, Wilkomirski B. 2001. An analysis of soil and plant(Taraxacum officinale)contamination with heavy metals and polycyclic aromatic hydrocarbons(PAHs)in the area of the railway junction Iława Główna, Poland. Water, Air, and Soil Pollution, 127: 339-349.

Markus J, McBratney A B. 2001. A review of the contamination of soil with lead II. Spatial distribution and risk assessment of soil lead. Environment International, 27: 399-411.

McLaughlin M J, Parker D R, Clarke J M. 1999. Metals and mieronutrients-food safety issues. Field Crops Researeh, 60(1-2): 143-163.

MeLaughlin M J, Parker D R, Clarke J M. 1999. Metal sand micronutrients-food safety issues. Field Crops Research, 60(1-2): 143-163.

Mohsen S, Loretta Y L, Mahdiyeh S. 2012. Heavy metals and polycyclic aromatic hydrocarbons: pollution and ecological risk assessment in street dust of Tehran. Journal of Hazardous Materials, 273: 9-17.

Nabuloa G, Oryem-Origa H, Diamond M. 2006. Assessment of lead, cadmium, and zinc contamination of roadside soils, surface films, and vegetables in Kampala City, Uganda. Environmental Research, 101(1): 42-52.

Olajire A A, Ayodele E T. 1997. Contamination of roadside soil and grass with heavy metals. Environment International, 23(1): 91-101.

Olawoyin R, Oyewole S A, Grayson R L. 2012. Potential risk effect from elevated levels of soil heavy metals on human health in the Niger delta. Ecotoxicology and Environmental Safety, 85: 120-130.

Özcan M M, Juhaimi F A. 2012. Determination of heavy metals in bee honey with connected and not connected metal wires using inductively coupled plasma atomic emission spectrometry(ICP-AES). Environmental Monitoring Assessment, 184(4): 2373-2375.

Paschke M W, DeLeo C, Redente E F. 2000. Revegetation of roadcut slopes in Mesa Verde National Park, U S A. Restoration Ecology, 8(3): 276-282.

Plakhotnik V N, Onyshchenko J V, Yaryshkina L A. 2005. The environmental impacts of railway transportation in the Ukraine. Transportation Research Part D: Transport and Environment, 10(3): 263-268.

Pollard A J, Reeves R D, Baker A J M. 2014. Facultative hyperaccumulation of heavy metals and metalloids. Plant Science, 217: 8-17.

Rascioa N, Navari-Izzo F. 2011. Heavy metal hyperaccumulating plants: How and why do they do it? And what makes them so interesting? Plant Science, 180(2): 169-181.

Rauret G, López-Sánchez J F, Sahuquillo A, et al. 1999. Improvement of the BCR three-step sequential extraction procedure prior to the certification of new sediment and soil reference materials. Journal of Environmental Monitoring, 1(1): 57-61.

Rehman S. 2011. Lead and cadmium contamination of different roadside soils and plants in peshawar city, Pakistan. Pedosphere, 21(3): 351-357.

Shi G T, Chen Z L, Xu S Y, et al. 2008. Potentially toxic metal contamination of urban soils and roadside dust in Shanghai, China. Environmental Pollution, 156(2): 251-260.

Sun Y B, Zhou Q X, Xie X K, et al. 2010. Spatial, sources and risk assessment of heavy metal contamination of urban soils in typical regions of Shenyang, China. Journal of Hazardous Materials, 174(1-3): 455-462.

Sutherland R A, Tack F M G, Ziegler A D. 2012. Road-deposited sediments in an urban environment: A first look at sequentially extracted element loads in grain size fractions. Journal of Hazardous Materials, 225: 54-62.

Taylor G J, Crowder A A. 1983. Uptake and accumulation of heavy metals by Typha latifolia in wetlands of the Sudbury, Ontario region. Canadian Journal of Botany, 61: 63-73.

Turkdogan M K, Kilicel F, Kara K. 2000. Heavy metals in soil, vegetables and fruits in the endemic upper gastrointestinal cancer region of Turkey. Environmental Toxicology and Pharmacology, 13: 175-179.

Udom B E, Mbagwu J S C, Adesodun J K, et al. 2004. Distributions of zinc, copper, cadmium and lead in a tropical ultisol after long-term disposal of sewage sludge. Environment International, 30(4): 467-470.

Wang C, Li X C, Ma H T, et al. 2006. Distribution of extractable fractions of heavy metals in sludge during the wastewater treatment process. Journal of Hazardous Materials, 137(3): 1277-1283.

Wei B G, Yang L S. 2010. A review of heavy metal contaminations in urban soils, urban road dusts and agriculturalsoils from China. Microchemical Journal, 94: 99-107.

Williams P N, Lei M, Sun G X, et al. 2009. Occurrence and partitioning of cadmium, arsenic and lead in mine impacted paddy rice: Hunan, China. Environmental Science and Technology, 43(3): 637-642.

Williams P N, Villada A, Deaeon C, et al. 2007. Greatly enhanced arsenic shoot assimilation in rice lead stoel evated grain level seom Paredto Wheat and barley. Environmental Science and Technology, 41(19): 6854-6859.

Willscher S, Mirgorodsky D, Jablonski L et al. 2013. Field scale phytoremediation experiments on a heavy metal and uranium contaminated site, and further utilization of the plant residues. Hydrometallurgy, 131: 46-53.

Zhang H, Wang Z F, Zhang Y L, et al. 2012. The effects of the Qinghai-Tibet railway on heavy metals enrichment in soils. Science of the Total Environment, 439(5): 240-248.

Zhang H, Zhang Y L, Wang Z F, et al. 2013. Heavy metal enrichment in the soil along the Delhi-Ulan section of the Qinghai-Tibet railway in China. Environmental Monitoring and Assessment, 185(7): 5435-5447.

Zhong X L, Zhou S L, Zhu Q, et al. 2011. Fraction distribution and bioavailability of soil heavy metals in the Yangtze River Delta-a case study of Kunshan City in Jiangsu Province, China. Journal of Hazardous Materials, 198: 13-21.

Zhou H, Zhou X, Zeng M, et al. 2014. Effects of combined amendments on heavy metal accumulation in rice(*Oryza sativa* L.)planted on contaminated paddy soil. Ecotoxicology and Environmental Safety, 101: 226-232.